世界に
チャレンジ！

キミにもできる！　キミでもできる！

目次

第2セット
世界に通じるテニスの軸

Chapter 1 テニスの基本

Chapter 2 テニスの基本を英語で表現する

Chapter 3 フィットネス&ボディケア

Chapter 4 メンタル

Chapter 5 日常生活

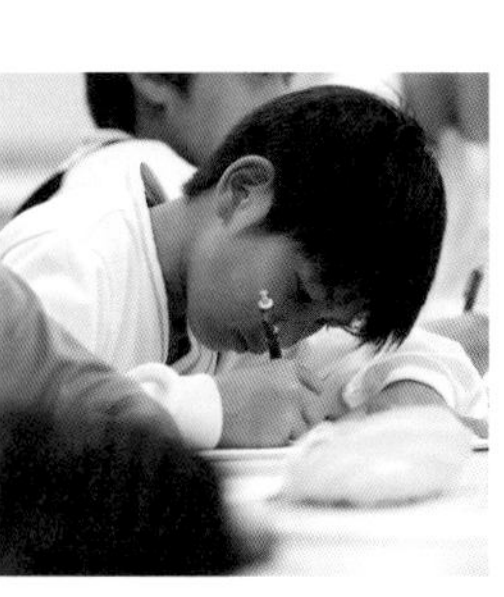

第3セット 日本をテニスの国へ 305

Chapter1 1 土台をつくる

Chapter 2 道筋を立てる

Chapter 3 世界を知る

海外遠征ガイド 先輩のエピソードに学ぶ

Chapter 4

世界へ羽ばたく

カバー&デザイン◎泰司デザイン事務所
編集&ライター◎テニスマガジン、中里浩章、碓井純希
写真◎小山真司、毛受亮介、菅原 淳、井出秀人、川口洋邦、Getty Images
イラスト◎サキ大地

キミはグランドスラムで戦う選手になれる！キミならできる！

僕は自信を持って宣言できます。僕のテニス人生40年以上、さまざまなことを学んできたからこそ、そう断言できます。

世界で戦う選手を輩出したいという想いで始めた〈修造チャレンジ〉も、20年以上の月日が経ちました。実は僕がチャレンジで掲げた目標というのは、世界一ではなくグランドスラムの本戦に入れる選手、つまり世界ランキング１００位以内を目指すことでした。

幸運なことに、錦織圭選手の出現で日本テニスの世界は一気に広がりました。僕の最高46位という壁を、今は日本人選手が扉のように次々と開けてくれています。これには感謝の想いしかありません。

これからの僕のチャレンジは、これまでスタッフとともにつくり上げてきた想いやメソッドを、世界を目指しているジュニアや指導者のみなさんと共有していくことです。

僕はテニスを通じて自分自身を、そして人生を切り拓いてきました。四角いコートから自立心、決断力を学んできました。その考え方を伝授したいのです。

その想いは〝自分の夢の実現〟から始まりました。

ウインブルドンのセンターコートで戦うことが僕のファーストドリームでした。１９９６年、夢のセンターコートでプレーしている最中、ある想いが心に突然やってきました。

「なぜ僕の後に世界で戦える選手が育ってこないのか。こんな夢の舞台でプレーできる日本人選手を育てたい」

これがセカンドドリームの始まりなのです。

僕は日本人男子選手の〝パイオニア的存在〟と評されてきましたが、当時はどのように考え、どのように進んでいけば世界の舞台に到達できるのか、誰も知らない時代です。だから、もがき続けました。

遠回りばかりのテニス人生。でも遠回りをしたおかげで、通常では学ぶことのできない経験や出会いがあり、それが指導者としての今の僕を支えてくれています。自分自身で感じてきた世界への歩み方を、一番の近道を選手たちに伝えることができれば、夢は広がっていくはずです。

日本人男子にテニスは向いていますか？　この質問をされたら僕の答えは「ＮＯ」です。それは技術的なことが理由ではなく、メンタル、心の問題と考えています。欧米とは違い、日本の教育では子供たちがほぼ〝受信〟しながら育っていく、周りに言われた通りに行動し、周りに合わせながら進んでいきます。そのため、自分の想いや考えを伝える〝送信〟が不得意なのです。実は僕もそうでした。だからこそ世界へ出たときに苦労をしました。

キミたちが目指す世界のテニスでは、自分をしっかりと表現する力がなければ１００％、夢には到達できません。なぜなら、世界を目指すということは、ただ単にテニスコートでの戦いだけではないからです。自分より格上の練習相手を探す。世界中を一人で年間10ヵ月も遠征する。すべてのことを自分でこなしていくからこそ、自立と決断の力を身につけなければならないのです。

ただ、性格は変えられなくても、自分の心を変えることはできます。僕自身がもっとも苦労して得たものを低年齢のうちから注入できれば、夢は間違いなく広がっていきます。それはキミ自身でできることなのです。

僕の心を変えてくれたのは世界的な名コーチのボブ・ブレットでした。僕を育て、世界に導いてくれた恩師。彼から学んだことは、テニスだけでなく人間力であり、〝信じる力〟です。

現役を退いてジュニアの強化をすることになったとき、最初にボブに協力を求め、彼は快く引き受けてくれました。なぜなら、低年齢から正しいやり方を指導すれば、日本人も世界的な選手になれるとボブ自身が信じてくれていたからです。

ジュニア合宿で指導者に対して講義をしたとき、ある指導者がボブに対してこんな質問をしました。

「日本人は体格的に世界で活躍できないと思う。背が低くてパワーもない。松岡さんはあれだけの身長があったから世界でも通用するサーブが打てたが、それは稀なことで、普通の日本人の体格では世界に通用することは難しいのではないか」

するとと、ボブはすごい剣幕で怒りを爆発させたのです。

「指導者がそんな考えだから日本の選手が育たないんだ。絶対に日本人にもチャンスはある。世界に羽ばたける！」

涙ながらに訴えるボブの姿を見て、彼の日本テニスに対する本気の想いを感じました。この本ではそんなボブの世界的な指導、考え方も含めて、世界で戦うための要素をわかりやすく伝えていきます。そして、読んでくれているみなさんが自然とジュニア合宿に参加しているかのように感じてもらえたらうれしいです。

僕は世界で戦ってきた選手ではありますが、それぞれの分野の専門的知識はありません。だから〈修造チャレンジ〉では世界へ導ける最高のチームをつくり上げました。技術、フィットネス、ボディケア、メンタル……。テニスにおいて、僕が知る最強の指導者たちを集めました。

この本は、これまで〈修造チャレンジ〉に参加してくれた200名以上のジュニア選手たちを指導する中でつくり上げてきた、僕とボブをはじめとするスタッフたちの想いをひとつにまとめたものです。

さあ、ジュニアテニスプレーヤーのみなさん、家族や指導者のみなさん、そして、テニスを愛するみなさん、世界を目指しましょう！

夢にチャレンジしよう！
キミならできる！
信じてる！

この本を一番に伝えたい人、それはボブ・ブレットさん。この本をつくりながら、ボブの考えが〈修造チャレンジ〉の軸になっていると改めて感じました。その彼が2021年1月に他界されました。突然のことでした。僕にとって恩師であり、友達であり、人生を変えてくれた人。僕ができることはただ一つ。ボブの想いをたくさんの日本選手に注入していくことです。

本気の想いが詰まったこの本をボブ・ブレットに捧げます。

松岡修造

世界にチャレンジ
1
第1セット
SET

心、技、体。この3つがすべて整うことは、スポーツだけでなく何事においても大事だと言われています。錦織圭選手が世界ランキング4位に入ったときにこんなことを言っていました。

「テニスはメンタルが90%を占めている」と。それくらいメンタル、心はテニスにとって大事なのです。さらにもうひとつ、「世界一の選手になるにはより〝タフ〟にならないといけない」とも言っていました。

僕は、テニスというのは心が100%だと思っています。

技も、体も、心によって支えられている

技

この本を通して技術を習得していく中で、心がいかに重要であるかに気づくはずです。世界で通用する技を身につけるためには、現時点でキミが持っている打ち方や戦術を変えなければならないことも出てきます。そんなとき、キミの心には正しい技へと変えていく勇気があるでしょうか。

体

背丈の低い日本人選手の場合は特に体の使い方、体の鍛え方がテニスを変えていく大きな要素となります。つらいとき、苦しいとき、我慢をしなければならないとき、あきらめそうになるとき、キミの心がしっかりとしていれば、体はキミのテニスを支えてくれるのです。

だからタフになりましょう。どんな困難な壁であろうとも、タフであれば乗り切れます。ジョコビッチ、フェデラー、ナダル……、世界的な選手はみなタフです。タフになるのに年齢は関係ありません。この本を通じて、今こそキミもタフになるときです。

この字をキミは何と読むだろうか。
世界の舞台で戦うために
絶対に身につけなければならないこと。

1 感じる力

2 NEVER GIVE UP ネバーギブアップ力

3 忍耐力

テニスは奥が深いスポーツです。選手の人間味や人柄、私生活での過ごし方や言動がそのままプレーに表れてきます。

ただ単に一所懸命テニスをすれば、世界が近づいてくるわけではありません。海外のジュニアたちとテニスをする条件を比べたとき、テニスができる時間、対戦相手、学校の環境など、「遅れをとっている」と感じることもあるでしょう。

だからこそ、日本人選手は〝質〟で勝負していきたい。具体的に考えて行動する力を持つことができれば、十分に世界で戦っていけると僕は考えています。

まずは僕が現役時代、そしてジュニア指導を通じて学んだ、日本人選手にとって必要な「世界へチャレンジするための〝7つの力〟」を、キミたちに伝えていきたいと思います。

〝7つの力〟はすべて今すぐにできるものであり、キミ自身で変えていくことができるものばかりです。つまり、キミのテニスにかける想いがどれだけ本気なのか、試されるものでもあるのです。

さあ、僕と一緒に自分のテニス探しをスタートさせましょう！

4 想像力・5 決断力・6 表現力・7 人間力

世界にチャレンジするための7つの力

1

感じる力

人は見たり聞いたり、そして何かを感じながら生活をしています。テニスに関しても、この〝感じる力〟がキミを成長させるのです。

世の中には多くの情報が溢れています。現代の子供たちは「感受性微弱」といって、いろいろなことを感じる力が弱くなっているとも言われています。でも、〝感じる力〟はいつでも大きくすることができるのです。そのためには、具体的に「感じる」練習が必要となります。

「感じる！」とひと言で言っても、どこでどんなふうに感じればいいのでしょうか。体だけでなく、自分が持っているありとあらゆるところを使って感じることが大切です。

感じることで自分のテニスがどれだけ変わっていくのか、自分自身でイメージしながらチャレンジしてみましょう。

る！

目で感じる！

ラリー中、ボールだけを見てみましょう。ひとつのところに気持ちを集めます。ミスをしようが何が起きようが、ボールだけを見ていきます。ボールだけを目で追いかけ、感じてください。

すると、不思議な現象が起きてくるはずです。テクニックや試合への不安など、余計なことを考えなくなり、過去のことも未来のことも考えず、今ここ、目の前のボールだけに集中することができます。自然と無我の境地、ゾーンに入っていくことができます。

特に大事な試合前の練習のとき、調子が悪いとき、気持ちが入らないときなどに取り入れてみると効果抜群です。

耳で感じる！

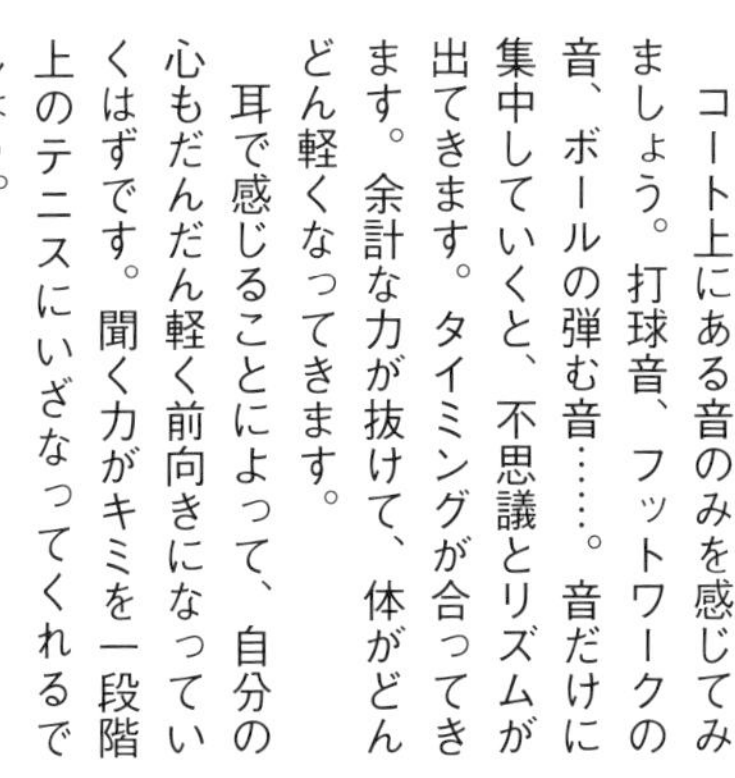

コート上にある音のみを感じてみましょう。打球音、フットワークの音、ボールの弾む音……。音だけに集中していくと、不思議とリズムが出てきます。タイミングが合ってきます。余計な力が抜けて、体がどんどん軽くなってきます。

耳で感じることによって、自分の心もだんだん軽く前向きになっていくはずです。聞く力がキミを一段階上のテニスにいざなってくれるでしょう。

構える

テニスの基本中の基本といえば〝構え〟です。正しい構えを感じてください。そして構えとは〝準備〟です。しっかりとした準備ができていれば、どんなショットにも対応できます。

そのためには、しっかりとしたパワーステップが必要です。地面を叩きつけるくらい力強く踏むことによって、相手のショットに対する最高のファーストステップが踏めます。構えを感じることによって、心にも体にも大きなエネルギーが生まれてくるのです。

さあ、誰にも負けない構え、準備を身につけましょう。

ねらう

ここで質問です。キミはボールを10球打てるとします。1球目から10球目までの中で、何球目に最高のショットが打てればいいと思いますか？ 3球目？ 5球目？ それとも最後の最後に渾身の10球目？

キミが世界を目指したいなら、「1球目」と答えてくれるはず！ そう、1球目からねらうのです。何となく打つボールなんてありません。最初の1球目からしっかりねらってください。どこにどんなボールを打っていくのか、しっかりと決断して、自分の心で打っていきます。

そのためにも〝ねらう〟のです。打つ場所を決めて、ねらうことによって、キミのテニスは向上していきます。

さあ、『エースをねらえ！』（僕にさまざまな気づきをくれたテニス漫画のタイトル）。

球種を感じる

テニスのショットには、さまざまな回転があります。ヘビートップスピン、トップスピン（エッグボール）、スライス、ドライブ……。その場、その場で球種を変えることでチェンジ・オブ・ペース、相手のテニスを迷わせ、狂わせ、崩すことができます。

　そのためにも、普段の練習からボールを打つ前にどの球種にするのか、しっかりと決断して打っていきましょう。そして相手はどんな球種が苦手なのか、感じる力を持ってください。正しい球種を得ることで、キミのテニスの幅はグッと広がります。

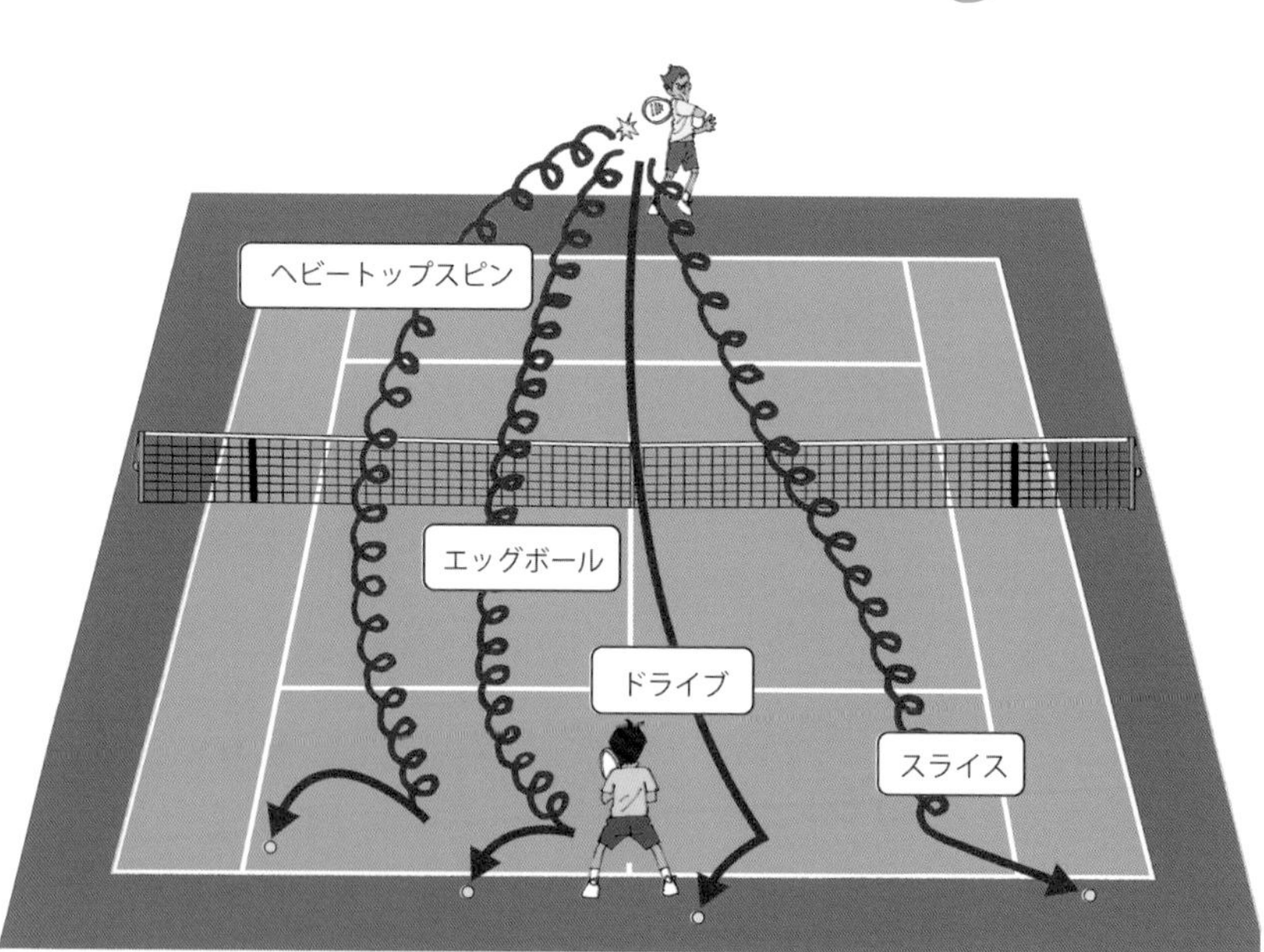

スピードを感じる

テニスでは「打つ場所（コース）」「回転」「スピード」の３つのコントロールが必要です。そこで感覚的に25％、50％、75％、１００％と、自分の中でスピードの配分を決めて打つ練習をしてみましょう！

スピードを落とすことは、ただ〝合わせて〟打つこととは違います。すべて同じフォームで打っていく中、体の使い方を変えることでボールのスピードをコントロールする術を学んでください。

１００％のスピードは、相手に時間を与えないという良い点もありますが、相手がいる場所に打った場合はそのスピードを活用されてしまいます。逆に25％のスピードはボールに勢いがない分、相手からすると力を加えなければならないボールです。そして、それが深いボールであればあるほど攻撃しにくくなります。

このようにテニスにおけるスピードを知ることが大事なのです。スピードを操ることで〝３Ｄテニス〟〝立体的なテニス〟をつくり上げていきましょう。

1、2、3、4と歩く中で正しいリズム、体の使い方、ボールのとらえ方を覚えていきます。

右利きのフォアハンドの場合は、「1」が右足、「2」が左足、「3」が右足、「4」で打ちます。「1、2、3、4」と歩きながらスイングしていきましょう。

「1」「2」「(3)ステップ」「(4)ヒット」、「1」「2」「(3)ステップ」「(4)ヒット」……声を出しながらチャレンジしてみましょう。

一方で3から4にかけて、ステップする前に打とうとして、スイングが始まってしまうのは間違いです。4で左足をしっかり踏み込んでからスイングを始めましょう。

そのために大事なのは、しっかりと正しい「(3)ステップ」をすることです。そのとき右足のつま先を前ではなく、サイド方向に向けていればOK。そこが、すべての力を蓄えるときです。そして右足の力を使ってボールをヒットしていきます。

1、2、3、4で 基本を感じよう！

フォアハンド、バックハンド、ボレー、スマッシュ、サービス、すべてにチャレンジ！

「3」から「4」の間にスイングし始めてはいけない

歩いて、歩いて、歩いて、ヒット

「3」は"間"をイメージ

キミのテニスはいつも“前”にある

心も体も〝前〟。どんなときも〝前〟で感じてテニスができれば、キミは最強になれます。

まずは、パワーポジションの姿勢で両手を前に出してグルグル回してみてください。その位置こそ、キミがいつも感じるべき場所であり、ボールをとらえていく場所になります。普段みんなは、感じている位置が体の真横か後ろにありませんか？

だから打点が遅くなり、心も後ろ向きで、守りのテニスになってしまうのです。

心もテニスも〝前〟。そうすれば、相手から攻撃されて打つポジションが後方へ下がったとしても、自分の目も体も心も〝前〟で攻撃し続けることができます。

前！　前！　前！　そこからキミのテニスは始まっていくぞ！

マイスペースを感じよう

僕がジュニアを指導する上で常に言い続けていることは、「間をつくる」「スペースをつくる」ということです。思い描いたショットを打つには時間的なゆとりが必要。相手が打った瞬間に動き出し、最適なポジションに入ることで、自分の体の前にスペース（空間）が生まれます。

しっかりとマイスペース（自分にとっての最適なスペース）をつくることができれば、一瞬の間でも、すごくゆったりとした時間に感じることができます。相手のポジションもしっかりと見え、どこにスペースが空いているのかも感じることができるのです。

マイスペースができれば、マイペース（自分の流れ）でプレーできる！

予測ができれば相手の打つ場所がわかる

30-30

予測というのは相手を研究し、ショットの打ち方を感じ、次にどこに打ってくるかを見極めていくものです。だからこそ1球1球、相手を感じながら打つことが大切。その積み重ねが自然と、相手のショットを予測できる力に変わっていくのです。

あの選手は30－30でのセカンドサービスではフォアにくる確率が高い……、バックのパスはほとんどクロスに打ってくる……など。相手のクセを知り、分析することによって予測できるようになります。

予測の達人になってくると、試合中、大事なときほど体が自然と返球される方向へ動いてくれるようになります。トッププレーヤーは、相手が打つ前から動いていることが多いですが、そうでないと広いコートをカバーできないのです。それができるのはもちろん世界レベルの予測力を持っているからであって、言い換えると、彼らは誰よりも〝感じる力〟が強いのです。

トッププレーヤーの試合を観るときは、何となく観るのではなく、選手の〝次の動き〟を感じてみましょう。そして、予測してみましょう。キミの〝予測〟が、キミのテニスを変身させます。

イメージショットが上達の秘訣

「キミならできる！」――この言葉は、僕がこれまでに何度も発してきた言葉です。

実は人は言葉を発するとき、先に一度、頭の中で叫んでいるといいます。声の大きさ、感情、表情……すべてを明確にイメージし、実際に頭の中で話しています。そして、そのイメージをそのまま伝えているだけです。

テニスも一緒です。自分が打つ前に「ここからどこにどんなボールを打つか」を決断して、一度頭の中でイメージショットを打っています。あとはイメージ通り、そのショットをなぞるだけでいいのです。

だからこそ、正しいイメージができている選手ほど上達します。イメージが正しければ、必ず思い通りのショットが打てるようになります。

このことが理解できたら、キミはもう何もイメージせず、ただ単に目の前のボールを打つということはしないでしょう。イメージがすべて！

勝つ選手と負ける選手の違いは何だと思いますか？　負ける選手は、ボールに合わせて動きながらプレーしてしまいます。このテニスでは夢がないと僕は思います。ボールを待っている。自分の意思がない。ただただ頑張って走り回り、ボールを拾って返すだけ。そんなテニスでは面白くないでしょう。

僕は、キミたちに自分主体でテニスをしてもらいたいのです。飛んでくるボールに向かって常に自分から先に動き出し、どこにどんなボールを打つのか、自分の心を乗せて打っていきましょう。

ボールに操られるのではなく、常に自分が主体となってボールを操ることができれば、キミのテニスは世界へ近づいていきます。

ジャストアウトはナイスショットだ！

あれだけ小さなボールを20m近く離れた場所からラケットを使ってコントロールするのです。テニスはそもそも難しいスポーツ。ボール数個分、外れるのは当たり前のことです。

だから数個分の差は「ナイスショット！」、ただし次は少しだけ、ボール数個分ほどコートの内側に打ってみましょう。

僕は選手たちがミスをしても「ナイスショット！」「それは正しい！」と何度も声をかけています。せっかく前へ進んでいるのですから、キミのテニスを後退させるような考え方はもったいない！

正しい構え、正しいポジション、正しい打ち方から打ち込んだショットが、ボール数個分の差でアウトになるケースはよくあります。そのとき、キミがどう感じるかが大事です。

「ミスしてしまった」「ダメなショットだった」と自分を追いつめますか？　そんなことをしていたらもったいないです。僕なら「ナイスショット！」と自分を褒め称えます。

世界の素振りを感じよう

残念ながら、僕が今まで見てきたジュニアたちの中で、正しい素振りを習得できていた選手はほとんどいません。僕から見れば、ただ単にラケットを振っているように見えました。

大事なことは、実際にボールを打っているかのように感じて素振りをすることです。そのためにはまず目線が重要になります。みんなは目線が下になり、ボールをとらえるときには顔が横を向いてしまいます。しかし、実際にテニスをするときは、首を傾けることはないし、目線は前。その姿勢から体をひねることで威力が発揮されます。ですから、どんなときも首をまっすぐにしてボールをとらえます。

ボールを打つのだから当然、相手のコートから飛んでくることもイメージして、ボールを目で追いかけ、ヒットしていくことも大事です。そしてスピード、球種、場所（コース）と、すべてをイメージして（決断して）スイングしていきます。

それができればもう素振りではありません。まさにキミはボールをしっかり打っていることになります。正しい素振りはキミのテニスを間違いなくレベルアップしてくれるぞ！

”テークバック＆ヒット“自分のリズムを感じよう

正しいリズムで、正しいショットを打つ──それが簡単にできる練習法があります。「テークバック！」、そして「ヒット！」。この2つのワードによってキミのテニスのタイミングは劇的に変わっていくに違いありません。

相手が打った瞬間に「テークバック！」と叫びます。そこで一気に肩をターンさせ、準備が完了します。次はボールを打つ瞬間に「ヒット！」と叫びます。すると、とんでもないパワーショットを放てるはずです。

ほとんどの選手は「テークバック！」と言う瞬間が、相手のボールがネットを越えたタイミングになっています。それは準備が遅いということです。そして「ヒット！」と言う瞬間も遅いです。おそらくボールがラケット面に当たってフォロースルーが終わるときに発しているのではないでしょうか。

「テークバック！」と「ヒット！」を正しいときに発することができれば、キミのリズムはバッチリです。だからこそ、叫びながら体の反応を感じてください。すると信じられないくらいシャープに動いてくれるはずです。今までに体験したことがないショットにきっとなっているでしょう。

さあ、なるべく大きな声でやってみましょう。試合中などは、心の声でチャレンジだ！

本当の世界のテニスコートを感じよう

キミはテニスコートの広さを正確に説明できますか？　実はキミたちが知っているテニスコートと、グランドスラムで戦っているトップ選手たちのテニスコートでは、大きさのとらえ方が違います。

グランドスラムでのプレーでは、選手はフェンスぎりぎり、後ろの審判に当たってしまうくらい、コートの後ろまで下げられることがあります。また、左右は観客席に入ってしまうくらいまで、とんでもない角度のボールもあり、ものすごい距離を走ることになります。

言い換えると、角度のあるボール、重いエッグボール、弾むボールをキミが持つことができれば、相手をより走らせることができ、相手にとってのコートがどんどん広くなっていくというわけです。

グランドスラムの5セットマッチの試合時間は、長ければ5時間にもなります。だから強靭な体力をつけるとともに、コートを幅広く使うショットが打てるようにならなければなりません。そう考えれば、ただ単に何となくボールを打つということはなくなるはずです。アングルショット、エッグボール、スライスと、さまざまなショットを習得しなければいけません。

さあ、世界のテニスコートの大きさを頭に入れて、これからは世界基準でプレーしていきましょう。

世界のテニスコートはこんなに広いのだ！

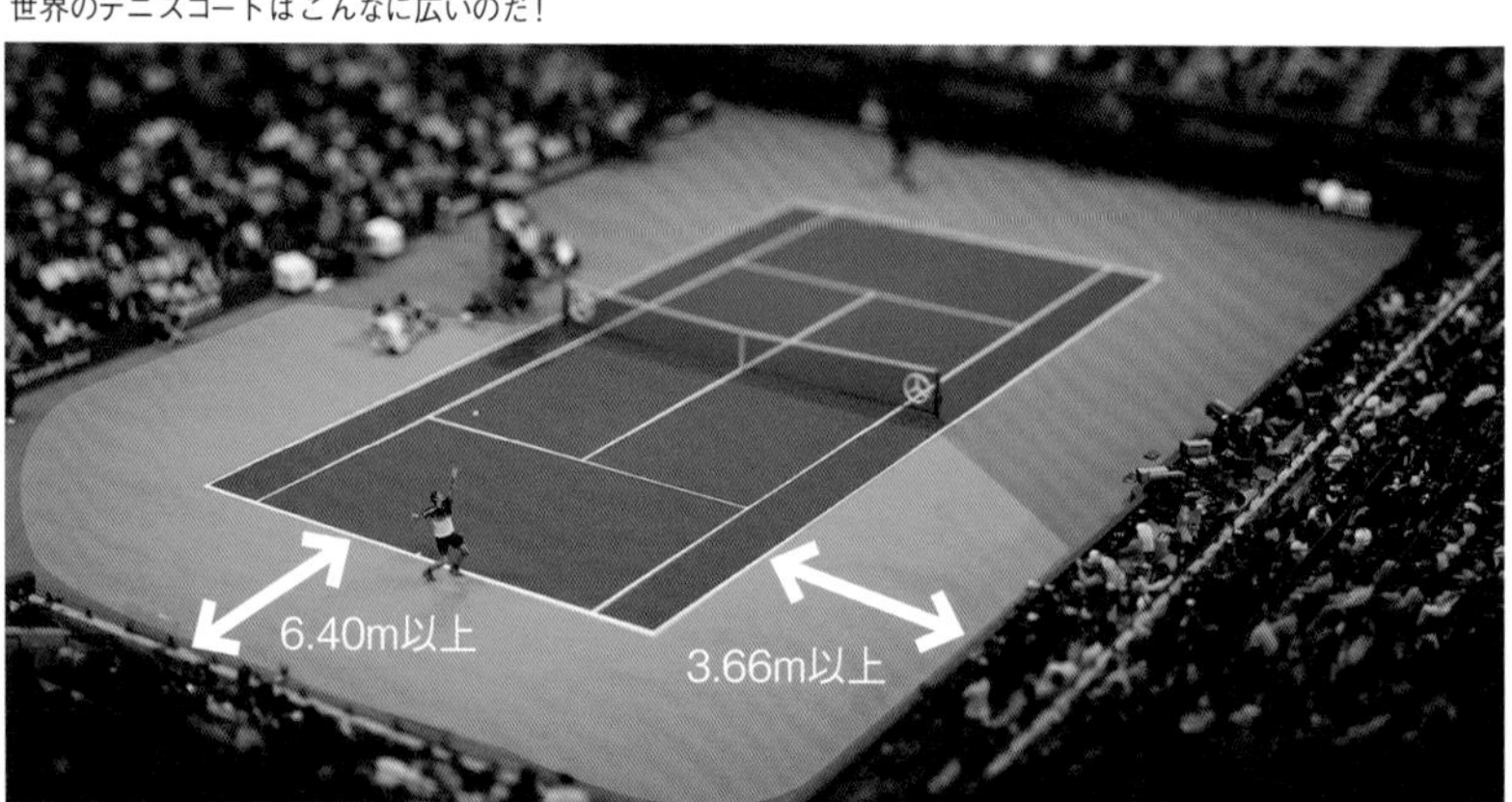

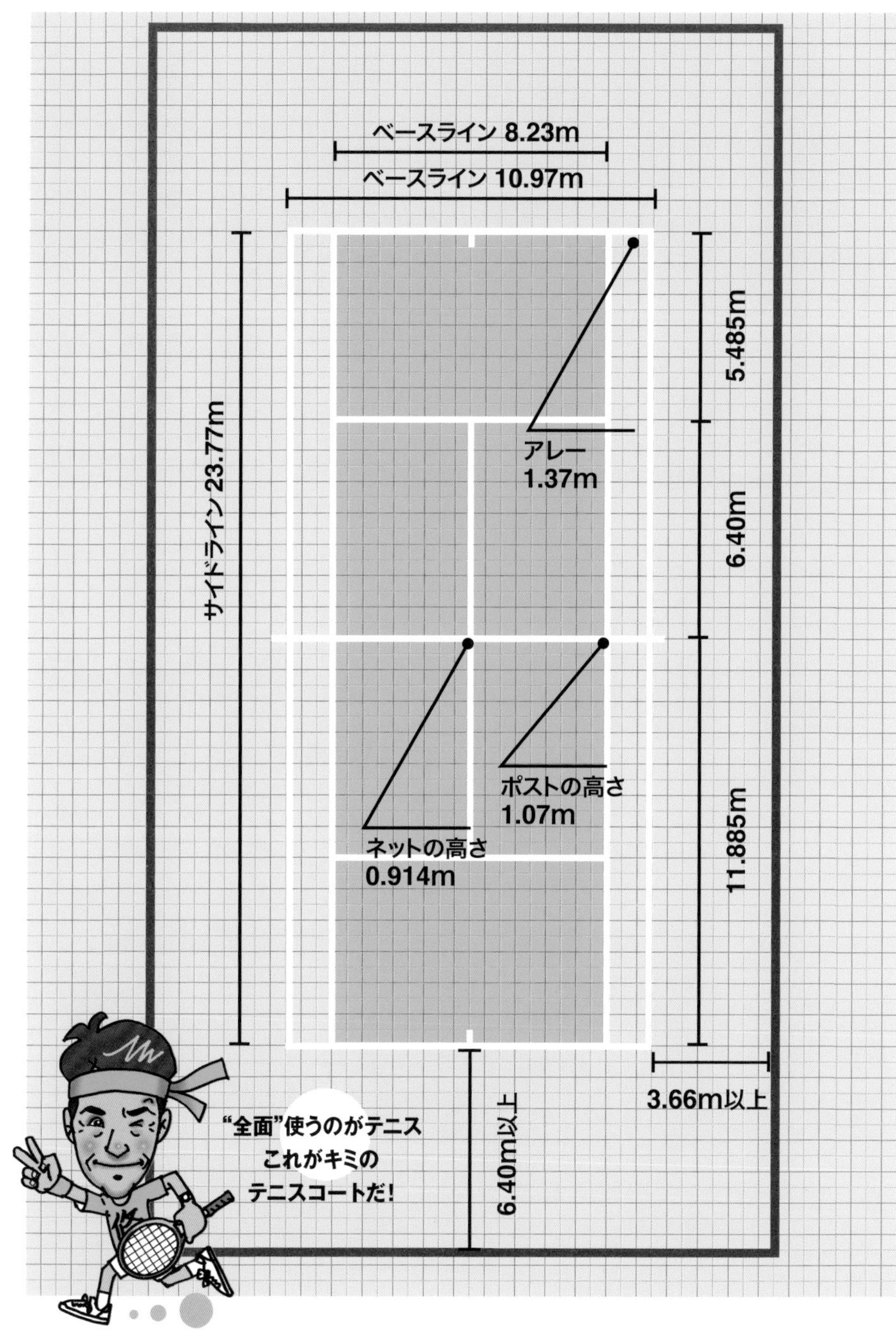
ベースライン 8.23m
ベースライン 10.97m
サイドライン 23.77m
5.485m
アレー
1.37m
6.40m
ポストの高さ
1.07m
ネットの高さ
0.914m
11.885m
3.66m以上
6.40m以上
“全面”使うのがテニス
これがキミの
テニスコートだ!

チャンスはチャンスと感じよう

ブレークポイント、セットポイント、マッチポイント……。キミはチャンスがやってきたときに、「絶対にポイントを取りたい」と思うあまり、いつも以上に力が入ってしまって本来のプレーができず、チャンスをピンチに変えてしまうことが多くありませんか？

そんなときは「チャンスはチャンス」としてとらえていきましょう。チャンスのときほど平常心、いつもと変わらない心が必要です。そのためにも心を鍛えていく必要があります。ポイントを失ったっていいのです。試合は終わっていません。次のチャンスをつかめばいいだけの話です。

さあ、チャンスをチャンスにしていきましょう！

頑張らないように頑張る

ウインブルドン4回戦に勝ち、ベスト8へ（1995年）

今から不思議なことを言います。

「頑張らないように頑張れ！」

頑張らなくていいの？ と考えたキミは勘違いをしないように。いずれ僕の言っている意味がわかるときがくるはずです。

僕が現役でプレーしていたときは一所懸命に頑張ることがすべてだと思っていました。それも大事なことなのですが、本当は体の力が抜けてリラックスしているときが一番、パワーを生むことができます。7割くらいの力の入り具合が最適と言われています。緊張したり、力が入ったりしたときに、トランポリンで飛び跳ねてからプレーしてみると、ビックリするくらい力が抜けて、シャープなショットを打つことができるようになります。本当です。

力むこと、正しくない頑張りをすることや間違った一所懸命は、体力を奪っていくことになります。どうか、かつての松岡修造にはならないで……。

心呼吸で感じよう

テニスは、不安やマイナスなことがいっぱい試合中に襲ってくるスポーツです。その中で深呼吸をすることは大事なことです。深呼吸には、自分の呼吸を落ち着かせる力があります。

でももうひとつ、〝心の呼吸〟を学んでください。心の中にあるモヤモヤやマイナスな気持ちを思いっきり全部吐き出してしまいましょう。ネガティブが心の中にいるから、イライラや弱気がやってきます。だからこそ、心で吸うのはポジティブなものだけにしたいのです。

心呼吸は試合中、必ずキミを救ってくれるはずです。

感じよう、みんなの想いを

試合が始まればコートの中ではひとりきり、自分だけの力で戦わなければならない……本当にそうでしょうか？

キミには家族、コーチ、一緒に戦ってくれる仲間がいるに違いありません。だからこそ、苦しいときほど感じてください、みんなの想いを。

キミは決してひとりではありません。

2

NEVER GIVE UP ネバーギブアップ力

苦しいとき、辛いとき、あきらめたくなる瞬間がテニスでは何度も訪れます。体のギブアップ。相手に振り回され、ボールに追いつけない。もう動けない……。心のギブアップ。相手が強くて勝てない。自分のテニスが信じられない……。そうやって心も体もあきらめてしまうのです。

そういう人に僕は言いたいのです。何のためにキミはテニスをしていますか？　と。調子がいいときや、試合で気持ちよく勝っているときは、苦しいでしょうか？　辛いでしょうか？　調子がいいときや勝っているときに「ネバーギブアップ！」なんて言う選手はいません。「ネバーギブアップ」という言葉は、うまくいかないときにやってく

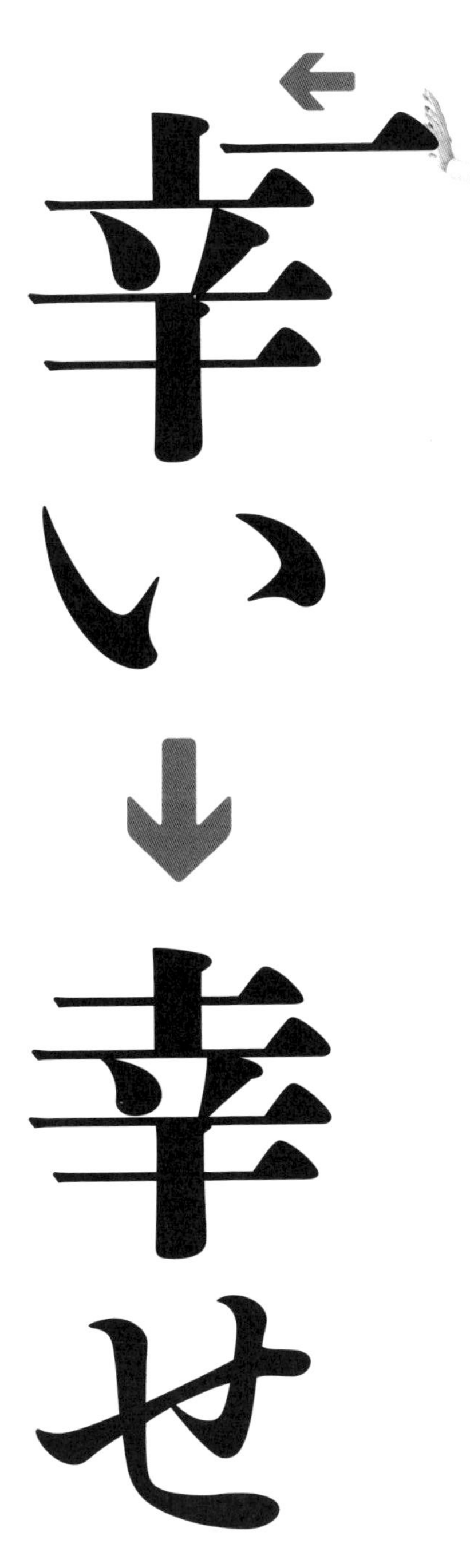

る思いなのです。

そして「ネバーギブアップ」は、自分の心と体をもう1段階、プッシュしてくれる言葉にもなります。

「ワンモアプッシュ！」――限界を決めるのは自分自身なのですから、辛いときには「あと1球！」、そんな思いでプレーしてみましょう。

「辛い」という漢字に「一」を足せば、「幸せ」が待っています。「キツい、もうダメだ」と辛く感じるときほど、テニスは一番成長するのです。

自分との勝負で、自分をあきらめてはいけません。自分の夢にネバーギブアップ！

世界にチャレンジするための
7つの力

3

テニスには、耐えて忍ぶという力が必要です。我慢できずに強打してしまう。一か八かで勝負する。そんな経験がキミにもあるのではないでしょうか？

テニスは相手よりも1球多く返すスポーツです。簡単に決まらないようにできているのです（相手が強ければ余計に）。

正しい状況、正しいボールがくるまでは忍耐が必要です。もちろん同じことを繰り返すというのは誰でも面倒くさいと思うし、やりたくないものです。でも、その反復力こそ正しいショットを体に染み込ませることができる唯一の方法なのです。

だから忍耐が必要です。それをやり続けることができる選手が、世界で活躍できる選手になれるのです。覚えておいてほしいことは、

忍耐は決してつまらないものや退屈なものではないということです。忍耐力を鍛えることによって、我慢する力、辛抱する力がついてきます。

だからこそ、自分のための練習をしましょう。誰かに強制されてやる練習ではなく、自分の意志で耐えることを学んでいってくださ い。それが身についたら面白いことが待っていますよ。キミが忍耐、我慢をコントロールできるようになるのです。

そして、耐えて忍ぶからこそ、自分の心がどんなときも動じなくなっていきます。忍耐という言葉が前向きにとらえられるようになったとき、キミは次のレベルに上がっているぞ！

世界にチャレンジするための7つの力

4

テニスの醍醐味は何かと聞かれたら、僕は「想像力」と答えます。自らがどんなプレーをするのかを自由に想像し、そのイメージ通りのテニスを表現する。まさにテニスゲームをしているような感覚でテニスができたら、どんなに楽しいことでしょう。

そんなテニスをする選手を見つけたときの衝撃、今でも鮮明に憶えています。全国選抜ジュニア12歳以下に出場していた錦織圭選手です。体格も背も、他の選手に比べたら小さかった当時の錦織選手ですが、別次元のテニスをしていました。錦織選手の〝想像テニス〟は、僕の想像をはるかに超えていました。

僕は普段、選手がボールを打つ際に、そのポジションから相手の場所を見極め、どこにどんな回転で、どのくらいのスピードで打つかをチェックします。その選択が合っているかどうかをチェックして、指導していきます。

「ボールを落としているぞ」「そこからはクロスではなく、ストレート」「焦らず、一度高いボールを打って時間をつくっていこう！」など、細かい指示を出しています。

ただ、錦織選手に対してはそれができませんでした。なぜなら、彼が僕の想像をはるかに超える選択をしていたからです。「そんな場所から角度をつけたアングルショットを放つの？」「今、ここからドロップショット？」「そこでストレートに打てるの？」など、驚きの連続だったのです。そして小学6年生だった錦織選手から、僕は今まで以上に想像力の大切さを学ばせてもらったのでした。

想像することは楽しいことです。どんどんいろいろなショットにチャレンジしてください。想像力が増していけば、どんなに大柄でパワーのある欧米の選手だって怖くなんかありません。最高のイメージを持って挑んでいきましょう！

ここでキミをテストしよう

さて、ここでテストをします。これは実際にジュニア合宿で行っているものです。コーチのみなさんは参考にしてください。テストを始めるまでに選手にはやり方の説明はしますが、「何が目的か」は説明しません。ですから、これを読むみなさんも、自分ならこういうふうにやると想像してみてください。

コーチは選手がどんなプレーをするのかチェックをします。

ターゲットを置く

コートにはグラウンドストロークのテスト用として、バックコートにターゲットゾーンを設定します。コートの両隅に縦、横ラケット３本分のスペースをつくります。そこをねらってください。

コーチの球出し

コーチはどこにどのようなショットを打つか指示をしないで、フォアハンド、バックハンドに交互に以下のことを考慮して、球出しをしてください。

❶普通に左右に球出し
❷少し浅いボールも含めた球出し
❸バックハンド側について、少しセンター寄りのボールも含めた球出し

テスト❶

左右にくるボールを打ってみよう 合計10球

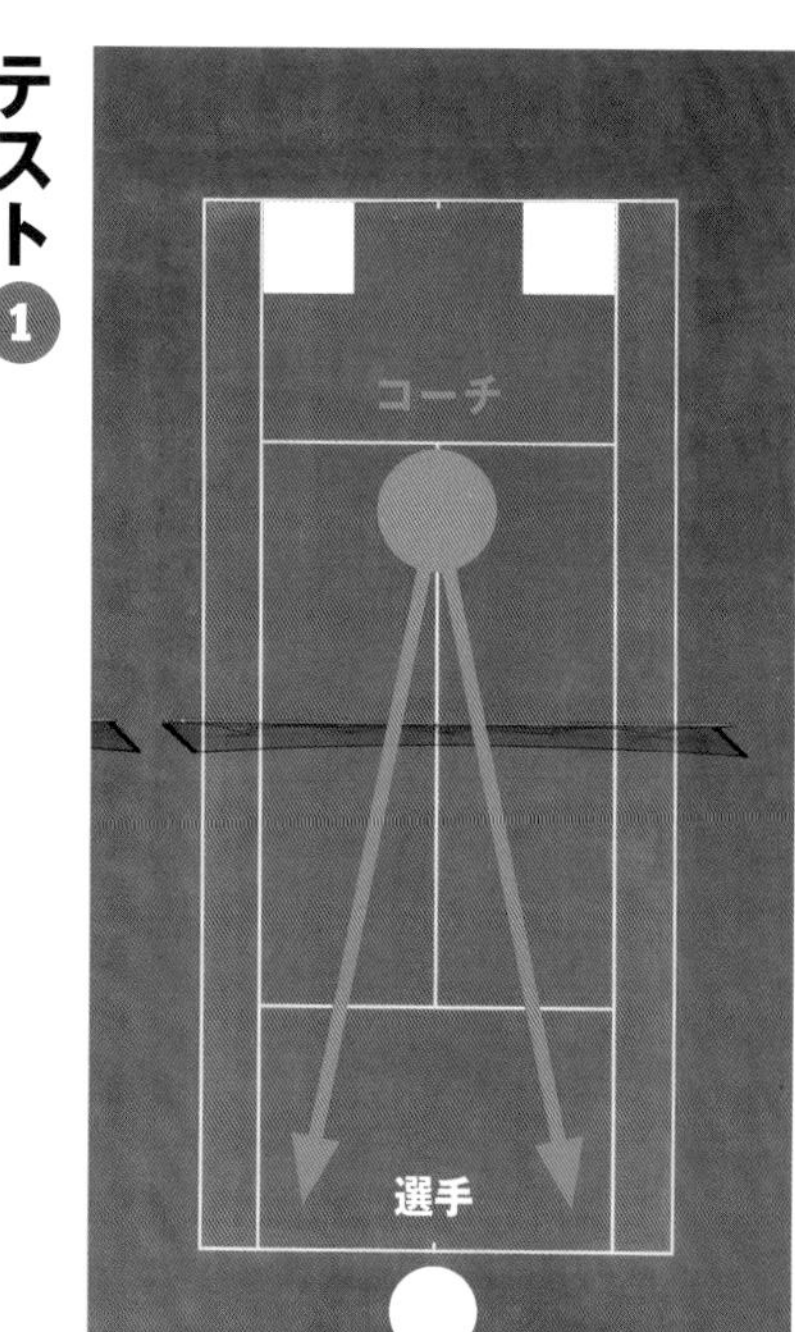

想像してみて！

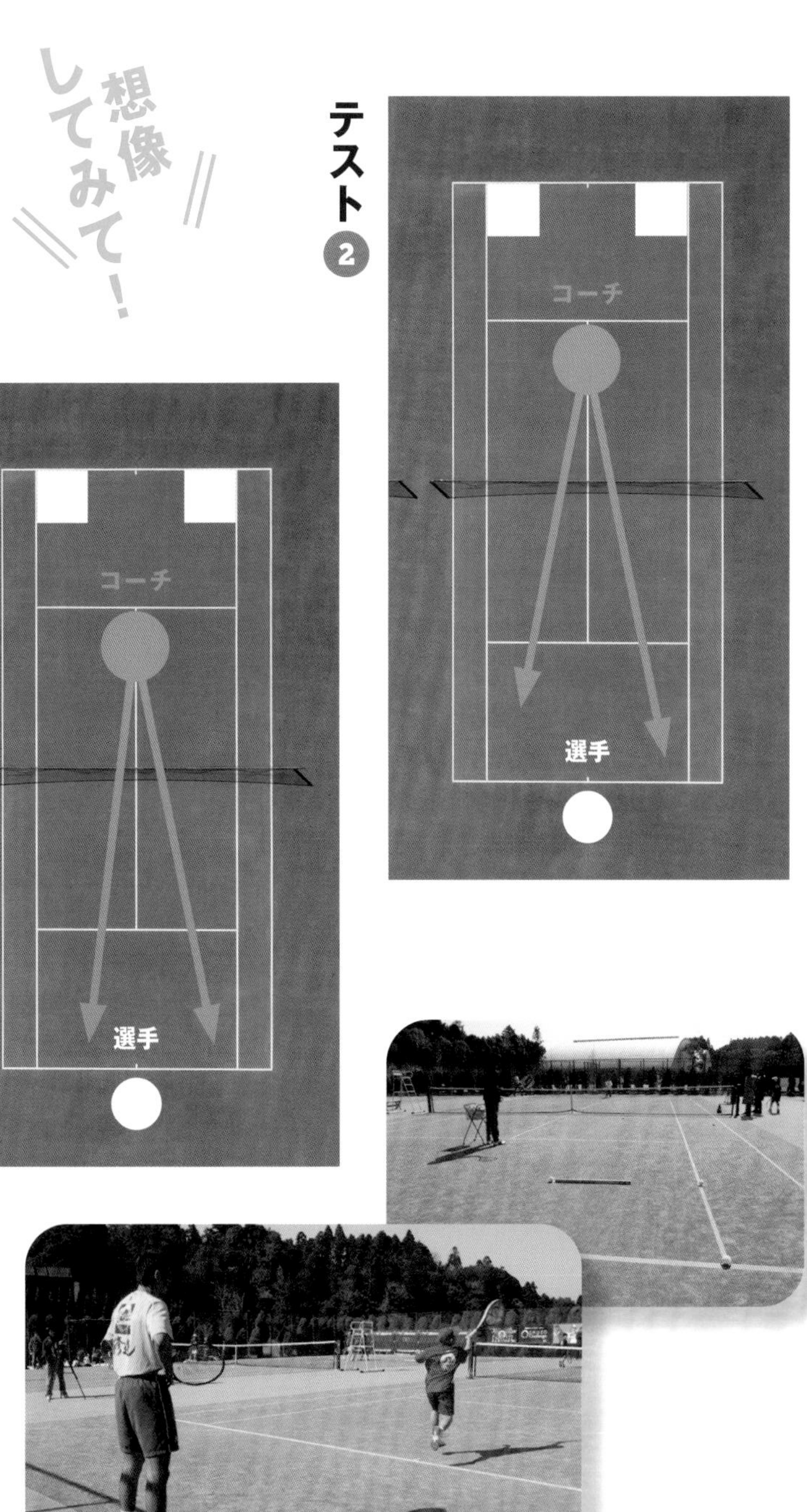

正解

テスト 1

普通に左右に球出し

10 球ともダウン・ザ・ライン、もしくはクロスコート、同じ場所に打っていませんか? 普段、コーチから「どこへ打ちなさい」と指示をされていることが多く、自分で一球一球考えて打つことをしていないのではないですか?

すべてのショットで相手がいることを想像し、自分で「どこへどんなボールを打つか」を考えてプレーしましょう。

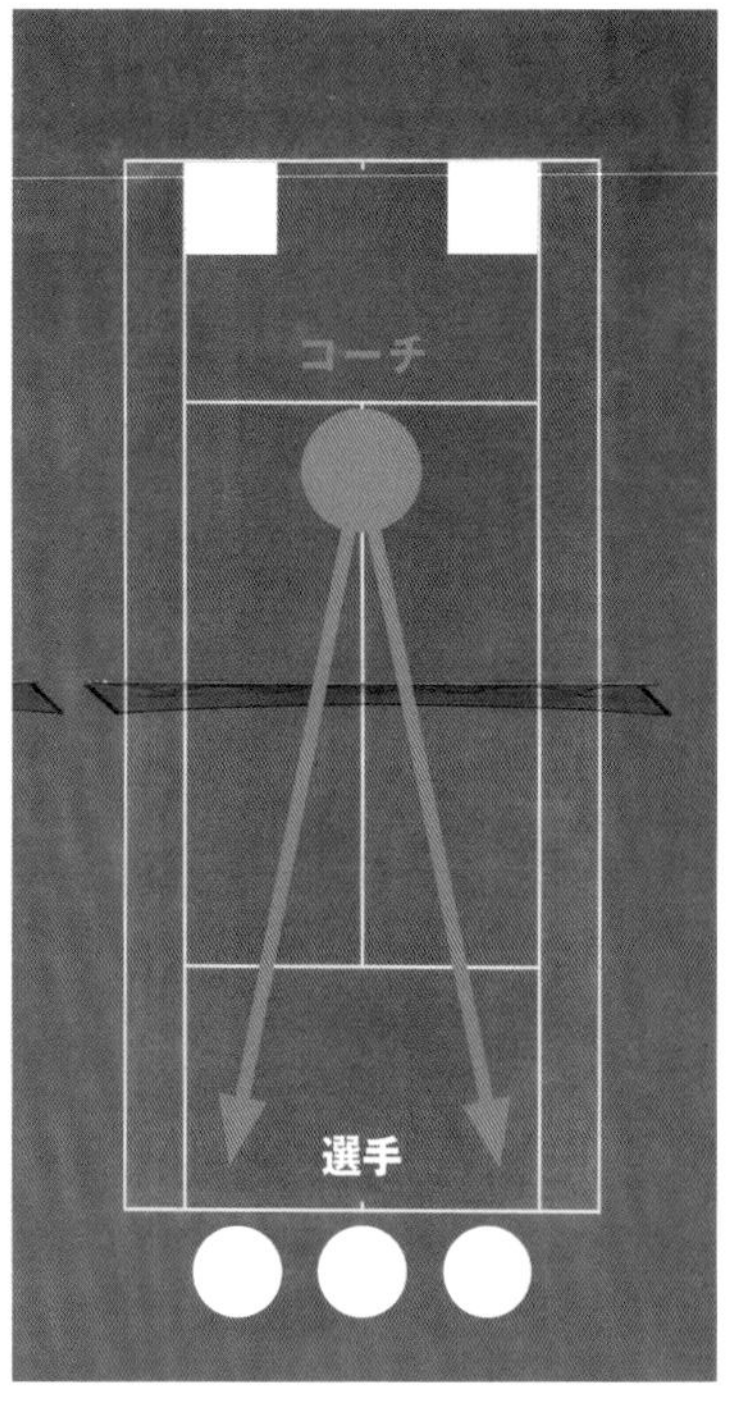

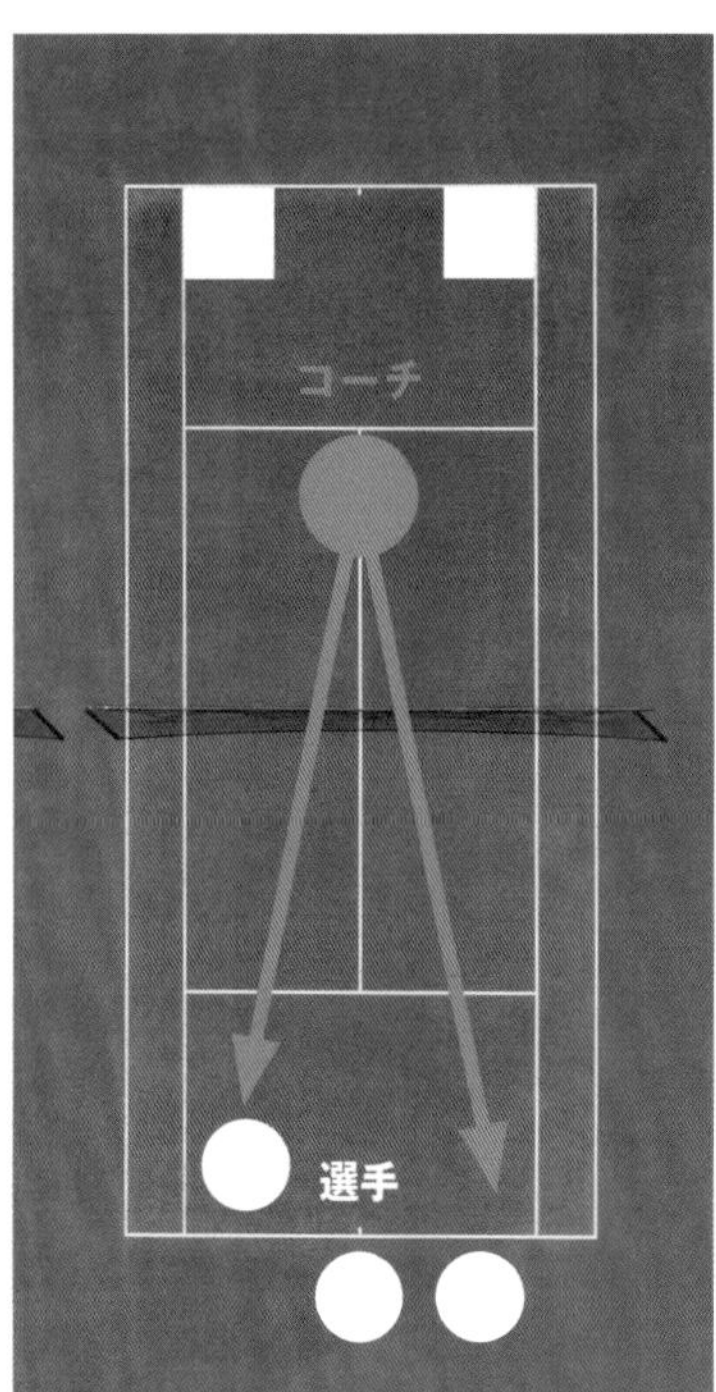

テスト 2

少し浅いボールも含めた球出し

いつも同じ場所で打っているのではありませんか? テニスは同じボールは二度ときません。少し浅いと感じたら(即気づくこと!)、自ら動きましょう。

チャンスボールがくると想像しながらショットを待つことが大事なのです。キミの足に接着剤がついているような、ベースラインの後ろにいるフットワークからは“おさらば!”しましょう。

攻撃するボールとつなげるボール、そうしたショットの見極めをすること、感じて想像していくことが大切です。

テスト 3

バックハンド側について、少しセンター寄りのボールも含めた球出し

いつものようにフォアとバックを交互に打っているだけだったりしませんか？ フォアハンドはキミにとって大きな武器です。ならば、どんどんフォアハンドに回り込んで打っていきましょう。武器を使っていくのです。

そのためには、キミはいつも“フォアハンドで打つ”ことを想像しておくことが大事です。この想像力を身につければ、キミが構えるポジションも自ずと変わっていくはずです。

**キミは、ボールに操られていないか？
キミが、ボールを操るんだ！
そのためには正しい想像力を身につけ、気づき、フットワークを使って自ら動くことが必要だ。**

日本の選手は真面目です。一所懸命です。ただし、言われたことを一所懸命やる力はありますが、自分から決断し、行動を起こす力をもっともっと鍛える必要があります。

テニスは相手がいるスポーツです。同じ練習を繰り返す中でも、どれだけ自分が想像力を使ってプレーできるか、それによって同じ練習でもまるで違う練習にすることができます。その想像力が上達の鍵になるのです。

何となくボールを打つのではなく、一球一球、よく考えて、想像しながらプレーできれば、必ずキミのテニスは世界に近づくはずです。

イメージトレーニングでキミのテニスは変わる

イメージトレーニングというのは、テニスをしなくても、まさにプレーしているかのように脳も体も反応するようにしてくれるものです。他の競技でも、アスリートがケガをして運動ができない状態の中、イメージトレーニングを続けたことで新しい技などができるようになった、というのはよくあることです。

さあ、キミも一段階上のテニスをイメージトレーニングによって手に入れよう！

1

目を閉じてイスに座って姿勢を正し、ゆっくりとリラックス。3分ほど腹式呼吸をして気持ちを落ち着かせる

2

目を開いて、
姿勢はそのままで
自分が真似してみたい
トップ選手のプレー、
ショットを映像で観る

3

ふたたび目を閉じて、
自分がそのプレーをしている
イメージを明確にする

4

1〜3を
何度か繰り返す

5

コートに出て、
そのショットを
チャレンジしてみる

キミは
そのショットを
手に入れているはずだ！

キミに決断力はありますか？　テニスでは常に決断力を求められます。相手のボールに反応して、どこにどんなボールを打つのかを瞬時に決めて打ち返さなければなりません。常に決断力が必要なスポーツなのです。

広いテニスコートにはたった一人。ボールがくるたびに「どこに打とうかな〜？」などと、考えている時間も、誰かに聞く時間もありません。「うどんとそば、どっちが食べたい？」と聞かれて、「どっちでもいい」。「今日の夕飯、何食べたい？」と聞かれて、「何でもいい」。「明日どこに行きたい？」と聞かれて、「どこでもいい」と答える。キミ

たちはそんな言葉ばかり使っていませんか？

考えることを放棄して誰かに決めてもらうということは、とても楽なことです。この悪いクセを低年齢から意識して直していきましょう。どんなに小さなことでも「自分で考えて決める」ということを繰り返していけば、自然と決断力が身につき、大きな武器になるのです。

ときには間違った決断をしてしまうこともあるでしょう。でも大丈夫。そこから反省して学んでいけば、より正しい決断ができる自分に成長できます。

さあ、自分で決める力をつけていきましょう。

世界にチャレンジするための7つの力

6

世界で戦うためにどうしても身につけたいのが、表現力です。人間には喜怒哀楽がありますが、日本人は僕も含めて、残念ながら自分の想いを表現することが不得意です。

僕が選手として世界にチャレンジしたとき、もっとも苦しんだのがこの表現力でした。そして実は、今まで〈修造チャレンジ〉に参加してきた選手の中でも、もっとも表現力を苦手としていたのが、みんなにとって憧れの錦織圭選手です。僕は彼に対して、自分を表現することの大切さを低年齢から伝えることが使命だと感じていました。

なぜ、日本人は自分の考えや想いを伝えることが苦手なのでしょうか。それは教育も関係していると思います。学校の授業では、ほぼ先生の言葉を聞いている、つまり受信していることが多いので、自ら送信する、意見を言う機会があまりないように感じます。言われたことをきちんと受け止めて実行する力はあっても、自らつくり出し、発信することがなかなかできません。

では、海外ではどうでしょうか。授業中に生徒はどんどん手を挙げて自らの意見を言っていきます。そこには正解、不正解はありません。だから低年齢から自分の考えをしっかりと伝える力を身につけていくのでしょう。

テニスは自分の想いを伝えるスポーツです。だから表現力も大切な武器のひとつだと思って、自分の想いを表現する力をつけていってください。

僕たちは普段の生活において、自ら想像して決めていくことが少ないです。でも、その中で自らの表現の仕方を工夫することですべてが変わっていきます。表現が前向きであれば、思い通りに体は動き、結果にもつながっていくのです。だからこそ、どんなときも消極的な言葉や態度はコートに持ち込まず、そんな言葉が自分の中で湧いてきても打ち消す。そして前向きな表現に変換できる、そういう術を僕は伝えていきたいのです。

表現力はコートでの姿、言動にも大きく関係してきます。悲しいときには泣いて、うれしいときには飛び上がって喜んでいいのです。自分の喜怒哀楽をしっかりと表現し、相手に伝えましょう。キミの想いをポジティブに表現してみてください。

自分の想いを伝える

僕が12歳で初めてアメリカに行ったときのことは忘れもしません。フロリダにあるテニスキャンプで練習をしたとき、アメリカのある選手が僕に大事なことを教えてくれたのです。

彼は僕よりも年齢が低く、テニスも僕のほうが上でした。にもかかわらず、「もっとレベルの高いコートで練習をさせてほしい」とか「強い選手とどんどん試合をさせてほしい」と、超自信ありげにコーチに伝えていたのです。そして、僕よりも上のレベルの選手がいるコートで練習を始めました。僕は驚きを隠せなかったし、正直に言ってうらやましかったです。

あのときの僕にはそんな表現はできませんでした。そんなことを言ったら怒られるんじゃないか、生意気だと思われるんじゃないか、そんな想いが先に頭に浮かんでしまったからです。

でも、それではダメなのです。自らどうしたいかを伝える力がないと世界では通用しない、そう気づいたアメリカ遠征でした。

セイコースーパーテニスのエキシビションマッチでプレー
(中3 / 1982年)

本気の想いを伝える

プロになってすぐの時期はスポンサーもつかず、お金がないため、たったひとりで世界中を転戦することになります。当然、練習相手もいません。でも、試合会場に行ったら練習相手を探さないと練習ができないのです。日本人が自分だけだったらどうするでしょうか？

僕は勇気を振り絞って、会場に来ている選手に聞いてみました。

「僕と練習してください！」

全選手にお願いしましたが、結局、誰にも相手にしてもらえませんでした。しかも、話しかけても顔も見てくれない状況です。

当然だと思いました。みんな僕と一緒で、自分よりも強い相手と練習したいのです。当時ではあまりいなかったアジア人の「誰だ？」という選手と、練習したいと思うはずがありません。でも僕は、世界で戦うことを決めたからそこにいるわけで、断られたからといって黙って引き下がることはできない。そう覚悟を決めて、テニスクラブの入り口で何度も何度も繰り返し、選手たちにお願いをしました。

何日もテニスクラブの入り口で声を掛けまくっていたら、ついに、たまたま練習相手を決めていなかった選手から「じゃあ、やろうか？」と声をかけてもらうことができました。

その選手との練習で、僕は自分が持っているすべてを出してプレーし、思いっきり自分を表現しました。どんなボールも追いかけて打ち返すように努力しました。体全体を使ってプレーで自分を表現することによって、相手選手は「またやる？」と言ってくれたのです。

僕の本気の練習が相手に伝わったのだと思います。そこからどんどん練習相手が増えていき、やがて自分より強い相手とテニスをする機会が増えていきました。それが僕のテニスをどんどん上達させてくれたのです。

ボブと世界の舞台へ（1987年）

小さな一歩でも、それは大きな一歩なんだ！

知らない人に話しかけること、大勢の人の前で自分の想いを伝えることに対して、恥ずかしい気持ちが先に出て動けなくなってしまうという経験は誰にでもあることです。でも、それがキミの成長を止めてしまっているということに気づいてほしい。

ジュニア合宿では、テニスの練習やトレーニングだけでなく、体全体を使って自分の想いを表現して相手に伝える、ということをやっています。おそらくそれは、参加している選手たちが一番イヤだと思っていることでしょう。テニスが強くなりたいのに、どうしてそんな恥ずかしい思いをしなければならないのか、そう思っている選手たちがいるのも僕は知っています。

でも、イヤだと思うことをやってみるのと、まったくやらないのとでは、どちらが成長すると思いますか？ 僕は前者のほうが成長すると思っています。

ジュニア合宿では、表現力をつける練習として主に次の2つのことをやっています。

ひとつ目は「英語で話す」。最近は低年齢から海外遠征に行くジュニアが多くなっています。当然、コミュニケーション言語は英語です。学校で英語を習っているかいないかは関係なく、絶対に必要になってくるものです。

もちろん、英語を話せて聞ければ最高ですが、それだけがすべてではありません。上手に英語が話せないのがダメだと考えるのではなく、わからなくても、まずどうにかして相手に伝えるということを考えることが重要なのです。

遠征先のジュニア大会で優勝して、スピーチを求められることもあります。英語を話せないからと、表彰式で黙っていたら、ただ時間だけが過ぎていきます。そこでキミは誰かが助けてくれるのを待ちますか？

　ジュニア合宿では、「あなたはグランドスラムで優勝しました。優勝スピーチをしてください」などと、英語で話さなければならないシチュエーションをつくっています。これをすると、ただ黙ったまま、時間だけが過ぎていくという選手もいれば、勇気を出して「サンキュー」、そして「アイ・アム・ハッピー」と答える選手もいます。

　ふたつ目は、「音楽を感じたままに踊る」。3つのジャンルの違う音楽を流して、それを聴いて感じたまま体で表現するという練習です。選手たちはたぶん、英語を話すことよりもイヤだと思っているでしょう。どうにも動けず、ただジッと立っているだけの選手もいれば、最初は恥ずかしくてまったく動けなかった選手が、少しずつ少しずつ、腕だけ、足だけ動かすようになったり、反応はさまざまです。

　英語と音楽。ここで大切なことは、何もしないのか、ちょっとでも前に進むのか、この2つの違いによって大きな差ができてしまうということなのです。

　勇気を出して何かしら英語を発した選手、少しでも音楽に合わせて体を動かした選手の顔は、明らかに目の輝きが違います。翌日のコートでも、自信に満ちたテニスをしているのを僕は感じています。こんな些細なことからでも、やるかやらないかで大きな差が生まれてくるのです。

　小さな一歩が、キミのテニスにとって大きな一歩になるということを知ってください。

2015年バルセロナ（ATP500）で優勝し、表彰式でスピーチをする錦織圭選手

チャレンジを表現しよう

思うようなプレーができない、雨や風が強くて集中できない、そんなときにキミはどんな表現をしていますか？

　弱気な表現は筋肉にも伝わり、パワーや瞬発力などが低下してしまいます。逆にポジティブな言葉を発し、強気な表現をすることでキミのパフォーマンスは上がっていくのです。自分の体調やテニスの調子が悪いときほど、言葉や態度には気をつけましょう。


　さあ、キミのチャレンジを表現しよう！　試合中の精神状態は図のように表すことができます。試合を投げるということは、テニスをあきらめてしまうということ。「怒り」が悪い方向へいくとそうなってしまいます。逆に緊張や不安からくる「ビビり」は決して悪いことではありません。大丈夫です、図を見てください。「チャレンジ」のすぐそばにいるのです。

　さあ、自分チャレンジ！　キミが挑んでいるとき、キミのテニスは輝いているはずだ！

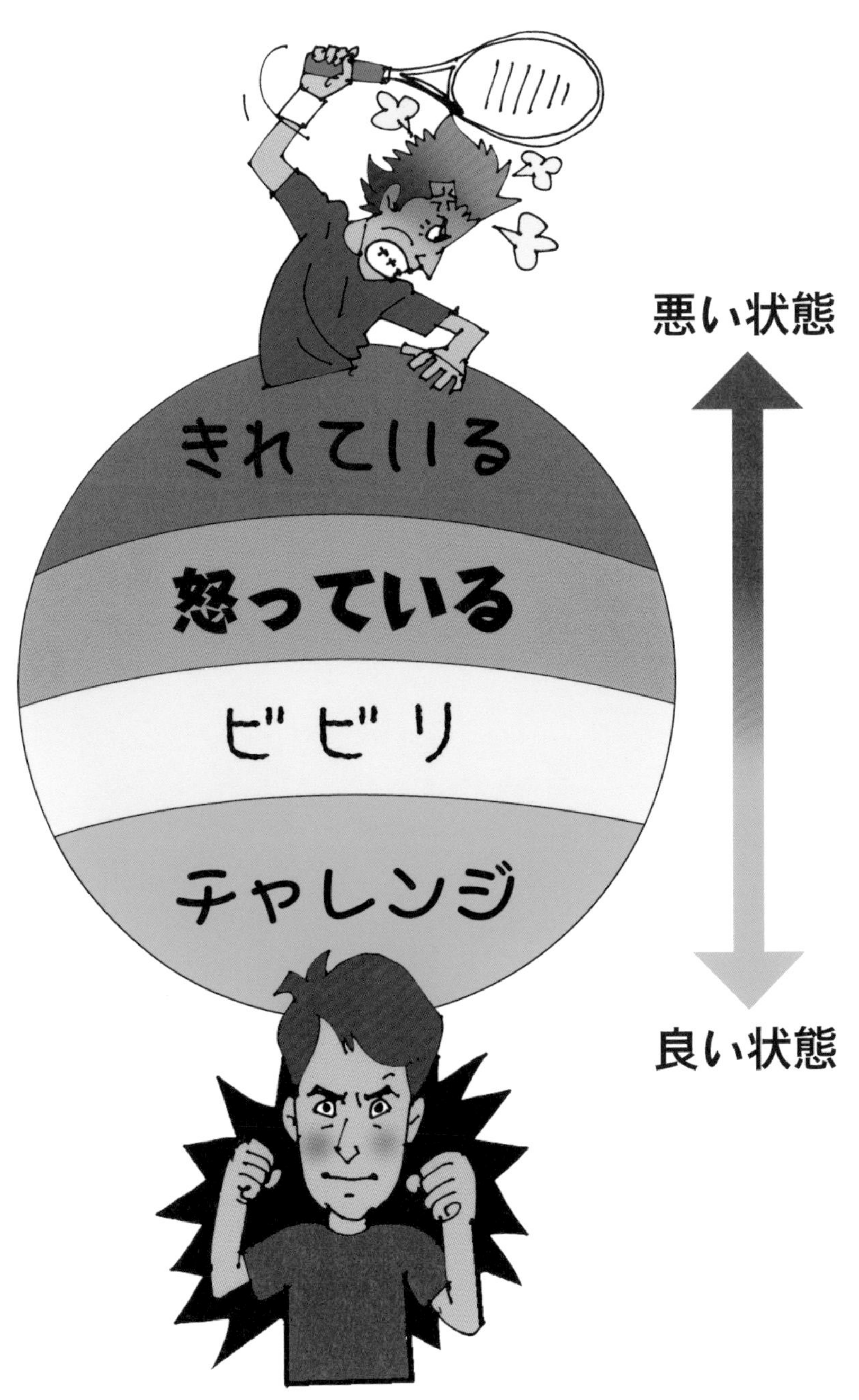
悪い状態
きれている
怒っている
ビビリ
チャレンジ
良い状態

テニスコートでは俳優になろう

僕はアメリカで、有名なメンタルトレーナーにこう言われたことがあります。

「修造、テニスコートでは俳優になれ！　どんなときでも強い自分を演じるんだ」

僕は、ミスをしても、まるでポイントを取ったかのように胸を張り、誰よりも自信を持って歩く練習を繰り返しました。演じることで、どんなにマイナスな思いが出てきても、ポジティブに表現できるように変わっていったのです。

強い自分を表現して演じることで、自分自身が前向きになることができ、そして相手もポジティブな態度をとっている僕を見て、「メンタルが強い！」「自信を持っている！」と、そんな気持ちにさせることができました。

世界のテニスコートで演じる力をつけた僕は、なんとその後、日本のテレビドラマで俳優デビューすることもできました（笑）。演じること、表現することは楽しいものです。さあ、キミもテニスコートで俳優になりましょう！

上を向いてテニスをしよう

体の表現というのは、キミの心をコントロールしてくれます。ポイント間やエンドチェンジのときに、下を見ながら表現している選手が多いです。僕はいつも上を向いて表現しています。なぜなら、下にはネガティブなものがいっぱいあるからです。「できない」「無理」「勝てない」、そんな言葉を発する、表現をするときのキミは必ず下を向いているはずです。

でも、「頑張る!」「できる!」「あきらめない!」、そういうポジティブな表現をしているときは上を向いているに違いありません。上には、キミを前向きに導いてくれる力があるのです。

さあ、何があっても顔を上げて、上を向いてテニスをしましょう。

キミにもできる！ポジティブ表現

チャレンジ 1

「できない」→「できる!」

「無理」→「大丈夫!」

「もうダメ」→「何とかなる!」

「失敗しないように」→「成功する!」

「力むな」→「自然体で自分らしく!」

「疲れた」→「よく頑張ってるぞ!」

チャレンジ 2

「無理」というのが無理

「できない」というのができない

ネガティブワードを想像したら、そのまま繰り返し言ってみましょう。

マイナスとマイナスを掛け合わせると、プラスになります！

チャレンジ ❸

「もう無理だ」→「『でも』、もうちょっと頑張ってみよう！」
「暑い」→「『でも』、もう少し踏ん張ってみよう！」
「疲れた」→「『でも』、できるところまでやってみよう！」

ネガティブワードを想像してしまったら、「でも」を入れてみましょう。

想像も、ポジティブにとらえる力がつくことによって、キミはどんどん前向きに歩むことができるようになります。そして、どんなときも自信を持って自ら決断する力が身についてくるはず！

7

人間力

僕はキミたちにテニスを通じて強い選手になってほしい、世界の舞台で活躍できる力を持ってほしいと思っています。そのためには、人間力を鍛えることも重要になります。

人間力は、正しいことを自分らしく全うできる力、うまくいかないときに踏ん張って乗りきることができる力です。

僕らは味の素ナショナルトレーニングセンターでジュニア合宿を何度も行っていますが、オリンピック日本代表選手たちが本気で練習しているその場所に掲げられている言葉があるので紹介します。

「人間力なくして競技力向上なし」

さあ、磨いていこう、人間力を！

自分の心に聞け！

自分の心の声を聞ける選手は強いです。

これから世界を目指すキミたちには環境選びなど、さまざまな決断を迫られる場面がたくさん出てきます。そんなときに、自分の心の声を聞いてください。「本当はどうしたいんだ？」「周りの考えに流されていないか？」――自分の心の声は嘘をつきません。

僕は選手から相談されたとき、低年齢であっても絶対にすぐに答えは言わず、必ず「キミはどうしたいんだ？」と聞き返します。

僕には経験があるので、いくつかの答えを提示することはできます。ただ、それを聞いてキミが決めてしまうということは、そこに自分がいないということ。また同じような状況になったときに、自分で考えることをせず、必ず僕に質問してくるでしょう。決断しているのは自分ではなく、僕になってしまいます。僕や周りの答えがなければ、不安で先に進めなくなってしまうかもしれません。

自分で決めるクセをつくっていくためにも、自分の心の声を聞ける力をつけていきましょう。

良心にしたがえば大丈夫

自分自身にとって楽な選択、間違った行動をしてしまうことがあります。そんなときこそ、自分の良心に聞いてみてください。自分の良心はどう感じているのか。あきらめたり、約束を破ったり、人の悪口を言ったり、緊張する場面で逃げたり。そういうとき、キミの良心はモヤモヤしているのではありませんか？

良心に聞いて「ＹＥＳ！」と言っているのなら即行動。キミの良心は、必ず正しい方向にキミを導いてくれます。

緊張さんとプレッシャーさん、ありがとう！

「修造さん、どうしたら緊張しませんか？」「どうしたらプレッシャーがなくなりますか？」

　これはもっとも多い質問。僕は、緊張は自分がつくり、プレッシャーは周りがつくることだと思っています。プレッシャーは、テニスが強ければ強くなるほど大きくなります。期待が大きくなるからです。プレッシャーは周りがつくるからコントロールできません。だから、周りから期待されているということをプラスにとらえて、「『頑張れ』という応援なんだ」と感じていけばいいと思っています。

「緊張は素晴らしい！」

　緊張するのは本気で「勝ちたい」と思っている証拠です。勝ちたいから緊張するのです。だったら緊張をマイナスにするのではなく、仲良くしてみたらどうでしょうか。「緊張」と書かれたリュックサックを背負ってプレーしているところを想像してみましょう。そのリュックサックを重くするのも軽くするのもキミ次第です。

　だから、緊張さん、プレッシャーさんと友達になりましょう。

ミスしたらガッツポーズ

テニスのミスは悪いことでしょうか？　僕はジュニア時代に、ミスをするたびコーチを見ていました。「ミスをすると怒られる」「ミスはいけないことだ」と思っていたからです。本当に失敗を恐れていました。

でも今はこう考えます。

「一所懸命テニスをしている中でのミスは悪くない！」

ミスを怖がれば怖がるほど、自分のテニスは縮こまってしまいます。ダイナミックなテニスができなくなっていきます。そんなテニスは面白くありません。

僕はウインブルドンで戦っていたとき、チャンスボレーをミスした瞬間、ガッツポーズをしました。観客は「？」。何をしているんだ？　と、もちろん不思議な顔をしていました。でも僕にはそんなことは関係ありません。なぜなら、ミスをして気を落としていたら、マイナスマインドが体にも心にも襲ってくるからです。だからミスをしても、いかにも自分がポイントを取ったかのように振る舞うようにしました。

前向きな態度、心でプレーしたほうがいいに決まっています。ただし、同じミスは繰り返さないことです。もしもネットミスをしたら、今度はもっと高いところをねらいます。そう、失敗はキミを成長させてくれるのです。

さぁ、失敗してもガッツポーズを！

大事なときほど自分から

「さあ、自分から！」

僕がここぞというときに自分自身に向けて叫んでいた言葉です。そして選手たちには、大事なポイントのときほど「自分から！」と声をかけてきました。

どうしてもポイントがほしいときは守りに入り、相手のミスを待ち、運任せになりがちです。でも、そんなときこそ自分から攻撃していきましょう。ボールに向かって自分から動き出し、攻めの気持ちでポイントを取りにいくのです。

錦織圭選手にも、大事なポイントをどうしても取れないことが続いた時期がありました。

「次は自分からポイントを取りにいくよう、自分を信じてプレーします」

強い想いでそう語ってくれたことがありました。そのとき僕は、ジュニアの頃から彼の試合で一番叫んでいた言葉を伝えました。「圭、自分から！」と。

自分を信じて前向きにプレーしていれば、たとえポイントが取れなくても、心から納得できるのです。

大丈夫！ 自分から、いケイ（圭）！

いケイ！

負けの中に勝ちがあるんだ！

僕の現役時代の戦績は173勝207敗。負けてばかり、悔しさで寝られないことばかりでした。でもある日、気づいたのです。負けがあるから強くなっているのだと。本気でチャレンジした中で負けたからこそ、自分に足りないものに気づくことができる、勝つための方法が見つかるのだと。

負けたときの選手の行動を僕はよく見ています。自分は弱い、どうせ無理、テニスに向いていない……など、何か言い訳をつくろうとしているように感じることがあります。

一方で、負けを受け入れ、反省して、すぐに練習しに行く選手もいます。そういうとき、負けを大きな力に変えていると感じます。

これからキミたちは何度も負けることがあるでしょう。でも、負けを価値のないものにしないでほしいのです。負けることによって強くなれる。大事なのは、負けたときのキミ自身のとらえ方なのです。

そう、負けはキミを強くする！

負けたときに大事なことはキミ自身のとらえ方

先悔力で後悔なし

いつも大事な場面で失敗してしまう、マッチポイントでありえないミス、こういう経験は僕にもたくさんあります。でも、あるときこう思いました。

試合が終わってから「なぜあんなミスを大事なときにしてしまったんだ！」と後悔するなら、試合前に、本番で失敗したことをイメージしてみればいいのではないかと。そうすると、反省点が先に見えてくるのです。

だから大事な場面で失敗しないように、一所懸命、そのシチュエーションをイメージして練習し、準備した中で試合を迎えられるようにします。これは後ろ向きな考え方ではなく、究極の前向きな考え方なのです。

（こんな言葉はないけれど）先悔したら、あとは全力で進むのみです。

考えろ！考えるな！

「考えろ！　考えるな！」——これは僕が選手たちによく叫ぶ言葉。

テニスは考えてプレーするスポーツです。グランドスラム大会のロッカールームでは、トップ選手たちがチェスなどをしていることがあります。リラックスの意味だけでなく、普段から考える力をつけていく意味もあるのです。

話を聞くとき、テニスをするとき、何となくではなく、しっかりと自分なりに考えて、変えられることは考え、考えられないことは考えないことが大事です。

ただし、これが難しい。考えても仕方ないことを一所懸命考えてしまうのです。「どうして今日は風が強いんだ！」「どうして調子が悪いんだ！」「ラケットがおかしいぞ！」。こうしたことは、プレー中に考えたところで何も変わりません。考えれば考えるほど、心はマイナスに支配されてしまうのです。

ならば、風があるなら「いつも以上に足を動かしていこう」。調子が悪いなら「自分の良いショットを見つけていこう」と考えてみましょう。

前向きな考えはキミのテニスを強くしてくれます。どんな状況でもポジティブに考えられる力をつけていきましょう。

この一球は
絶対無二の一球なり

（福田雅之助さん＝全日本テニス選手権の第1回大会 男子シングルス優勝者）

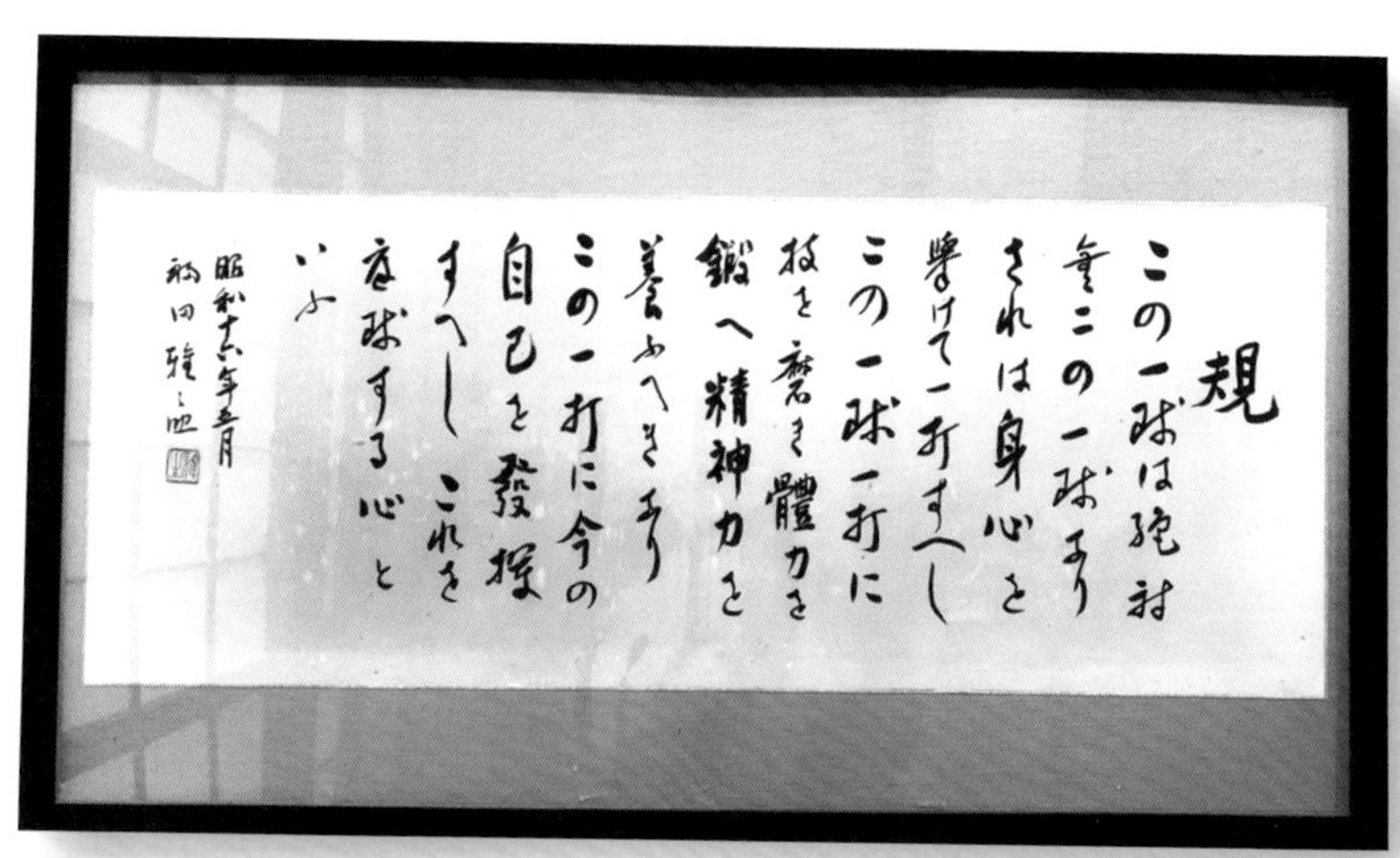

資料提供◎早稲田大学庭球部

僕が人生で一番勝ちたかった試合、プレッシャーがかかった試合が1995年のウインブルドン、ベスト8をかけた試合です。勝ちが見えてきたとき、僕は急に勝つことが怖くなりました。

僕は毎ポイント、心で叫び続けました。声にも出しました。

「修造、この一球は絶対無二の一球なり！」

過去のことを思うと怒りに変わってしまいます。どうしてチャンスボールをミスしてしまったんだ！とか。反対に未来のことを思うと不安になります。もしもこの試合に負けたら……、このポイントを取れなかったら……。

でも、今このときを一所懸命にプレーするしかないのです。僕は福田雅之助先生の言葉とともに、日本人男子選手として62年ぶりにウインブルドン・ベスト8を達成することができました。

〝この一球〟はキミにとって人生に一回だけです。さあ、この一球にすべてを懸けろ！

一番怖い敵は自分なんだ!

勝てないとき、不安なときは、自分をどんどん責めてしまいます。自分が信じられなくなってしまうのです。

だから「自分を信じろ!」——僕が選手たちによく伝える言葉です。僕は今までにさまざまなトップアスリートから話を聞いてきましたが、オリンピックなどの大きな大会のときほど、「自分を信じて頑張りたい!」と、みなさんが口を揃えて言います。

キミは、自分を信じられていますか? 自分にとっての味方でいられますか?

あのロジャー・フェデラーでさえ、長く勝てなかった時期がありました。そのときを振り返り、フェデラーは「自分という一番怖い敵をつくっていた」と言っていました。

フェデラーは自分に打ち勝つために、自分の心の奥に隠れていたテニスを楽しむ気持ちを思い出し、自分のテニスを取り戻していったと言います。最強の敵は自分の中にいる。そして、その自分に勝つための答えも自分の中にある、そういうことなのです。

強い自分も、弱い自分も、すべて自分です。自分との対話をいつも心がけ、自分の中に敵をつくらないように心がけましょう。

目指せ、自分チャンピオン！

成長のスピードは選手によって違います。今まで勝っていた選手に敗れることもあります。家族やコーチからの期待に押し潰されそうになることもあるでしょう。

でも、覚えておいてほしいことがあります。

キミはテニスが好きだからテニスを始めたはずです。大事なことは、どんなときも〝ベストを尽くす〟ということです。結果はどうであれ、どんなときでもあきらめずにベストを尽くす。

弱い自分の心に打ち勝ち、常に一所懸命に前に向かっている人がチャンピオンだと僕は思います。

周りと比較する必要なんてありません。今の自分より少しでも前に進んでいけばいいのです。

さあ、目指そう！ 自分チャンピオン！

同じ言葉を本気になって聞ける選手になろう

「打点が遅い！」「もっと足を動かす！」――コーチから繰り返し同じことを言われていないでしょうか。そして、キミの心の声は「また同じことを言っている」「もう聞き飽きたよ」――どうでしょう、そう思っているのではありませんか？

実は僕もジュニアの頃はそうでした。なぜコーチや親は同じことを繰り返し言うのだと思いますか？　答えはシンプル。キミに対して本気だからです。絶対に変わってほしいと思っているから言うのです。

同じことを言い続けるほうだってたいへんです。どうでもいい人に対して、そんな面倒くさいことは言い続けるわけがありません。キミのことを本気で思っているからこそ、言い続けてくれるのです。

だったら今から〝同じ言葉を言われても聞く力〟というのを持ってみましょう。そうするとキミの聞き方が変わってくるはずです。同じ言葉でも、驚くほど捉え方が変わってきます。

「楽」という字を〝らく〟と読むか〝たのしい〟と読むか

僕は「自立心」と「決断力」を意識することで、人間力は高められると思っています。どうしても自立や決断ができない人は、何か行動したあとに「楽」という言葉を思い浮かべてみましょう。

この漢字には「らく」と「たのしい」という2つの読み方があります。もし自立した行動ができていた場合は、自然と「たのしい」という気持ちが生まれてくるでしょう。自分で考えて決断できたときにこそ、抱くことができる感情です。

一方、誰かにやらされているときは「たのしい」という気持ちは生まれません。むしろ、その中で「らく」をしようと考えているはずです。

心が「楽しんでいた」のか、それとも「楽をしていた」のか、自分に問いかけてみてください。そして、どうすれば自分の心がワクワクできるのか、逆算して行動を決めてみるのもいいでしょう。

「楽しい」という感覚を大切に、人間力を高めていきましょう。

日記を書く、自分を知る

日記は自分を知るために最適なものです。僕はジュニアの頃から日記を書いていて、プロになってからもテニスノート、試合ノートを書き、どんどん増えていきました。日記は自分のために書くものです。だからSNSとは違い、内容を誰かに見られることは考えなくても大丈夫。自分の心の声を記すことが大切なのです。僕は「どうして勝てないんだ！」「世界で戦いたい！」「修造、自分を信じろ！」、こういう心の叫びを記し続けました。

そして、日記はときに自分を助けてくれることがあります。特に精神的に迷いが生じたときに、今までの自分はどうやって克服してきたのか、自分なりの解決法が記されているからです。日記は自分との対話であり、想いを言語化する力にもなります。

キミにとってオンリーワンの日記をつくり上げていきましょう。自分だけが見るものだから、キレイに書く必要はありません。何を書いても恥ずかしくもありません。自分だけに通じれば文章はメチャクチャでもいいのです。

マイナスなことを書いている日もあれば、ポジティブな言葉がたくさん書かれている日もある、それでいいのです。それら書き溜めたことを読み返していくと、自分がどんなときに落ち込むのか、どんなことをして過ごした日は調子がいいのか、今の自分に必要なことを過去の自分が教えてくれます。

日記は、キミにとって最高のサポートをしてくれます。

家族はキミの応援団長だ！

キミが本気でテニスをするようになって、家族の一日はキミの時間を優先して動いているかもしれません。みんなの応援があるからこそ、キミは好きなテニスができるのです。だからといって、家族からの応援をプレッシャーと感じないでください。

　ジュニア合宿では、親から子供たちに手紙を書いてもらうことがあります。その手紙を子供たちに渡す前に、僕は必ずこういう質問をします。

「誰から一番プレッシャーを感じるの？」と聞くと、ほぼ全員が「親」と答えます。その後、親からの手紙を渡すと、ほとんどの子供たちが泣き出します。

「どんなことがあっても応援していくよ！」「一緒に戦っていくよ！」「テニスをしてくれて、一緒に夢を追いかけさせてくれてありがとう」――親の想いが心に響く瞬間です。みんな大泣きしながら、自分を心の底から信じてくれていること、親が最強の応援団であることに気づくのです。

　だから、勝っても負けても大丈夫、試合の勝ち負けなんてちっぽけなことなのです。大事なのは、本気でテニスと向き合っているかということです。

　みんなにわかってほしいことは、これからの人生で、どんなことがあっても、絶対に親はキミを守って応援してくれるということです。

　だから、大好きなテニスにすべてを懸けろ！　家族と一緒に夢を追いかけろ！

出逢い力を身につけろ！

ひとりで世界の舞台には行けません。キミに必要な出逢いが、世界へと導いてくれます。僕にとっては日本で指導してくださったコーチの方々、そして何と言っても世界へ導いてくれたコーチ、ボブ・ブレットがいたからこそ、夢を達成できました。

僕の尊敬する森信三先生がこんな言葉を残しています。

「人間は一生のうちに逢うべき人には必ず逢える。しかも、一瞬早すぎず、一瞬遅すぎないときに。縁は求めざるには生ぜず。内に求める心なくんば、たとえその人の面前にありとも、ついに縁は生ずるに到らずと知るべし」

人は必ず出逢うべき人に出逢える。しかも最高のタイミングで。ただ、求める心がなければ、キミにとって大事な人が目の前を通っても気づかずに過ぎ去ってしまう、ということ。

僕は求めていた。「世界に行きたい！」と、いつも構えていた。だから僕にとって大事な出逢いがやってきたとき、しっかりとつかむことができたのだと思います

さあ、求める力を持ちましょう。体から発していきましょう。キミにとって大事な出逢いが必ずやってくるはずです。

ありがとう！感謝力は周りを変える

テニスができているのは、周りの協力があってこそです。だから〝感謝力〟をつけていきましょう。

僕はオリンピックで戦ってきた日本のメダリストに何度も話を聞かせてもらってきましたが、メダリストの感謝力は本当にすごいです。勝っても負けても、常に「ありがとう！」という想いを大事にしています。

ありがとうは漢字で書くと「有難う」。難有り、と書きます。困難なときほど感謝して、ありがとうという気持ちで進んでいくことが大事なのです。

その感謝力がキミを前に一歩進めてくれます。応援してくれているコーチや家族に「ありがとう！」と、どんどん口に出して言ってみてください。感謝力がつけばつくほど、周りはもっともっとキミを応援してくれます。

テニスができることに、ありがとう！　世界を目指せることに、ありがとう！　最後に僕から、今この本を読んでくれているキミに、ありがとう！

世界に通じるテニスの軸
2
第2セット
SET

テニスの基本

僕らはキミたちの〝未来〟を見ている

テニスがうまくなりたい、強くなりたい、世界で活躍したい――。

ジュニア合宿に参加する選手たちが目指すのは、正しくうまく、そして強くなっていくことです。そのためには、正しい基本を身につける以外に方法はありません。

僕らが見ているのは何でしょうか？　それは、選手が世界で活躍する姿、みんなの5年後、10年後の姿を想像して見ています。今のテニスだけを見ているのではなく、このまま時間を重ねる中で、果たして世界で通用するテニスができるかどうかを見極めているのです。

確かに、ジュニア時代に勝つことも大事なことです。ただ僕らにとっては、「今」ではなく、プロになったときのテニスがすべてになります。だから、試合の結果だけを参考にはしません。

世界で戦える正しい基本を身につけているかどうかも見ています。

僕を世界に連れて行ってくれたコーチ、ボブ・ブレットは、特に基本に関しては変えることを恐れずに積極的に指導します。グリップの握り方やフォーム、ここまで大胆に変えるのか？　と感じるくらい、納得のいくまで正しくしていきます。その理由は、選手の将来を見据え、これまでの長い経験の中で、間違いなく変化が必要だと確信しているからです。

ただ、その指導の内容はいたってシンプルなこと。ボブのすごいところは、短時間でシンプルに、正しい基本のテクニックへと修正していく技術があることです。

僕らはキミたちの〝今〟だけを見ていない

選手の中には、いま勝っていても

〝うまくなりたければ、強くなりたければ、世界に行きたければ、変わることを恐れるな！〟

将来的には厳しいと感じる選手もいます。彼らはきっと「僕は日本の試合に勝っています」と言いたいでしょう。結果を残しています」と言いたいでしょう。でも、僕らが見ているところはそこではないのです。世界へとたどり着くためには、正しい技術、正しい心を身につけることが低年齢から必要です。

ですから、彼らにははっきりと言います。「キミは1、2年すると、今の位置にいられなくなる。周りのテニスから取り残されていく」と。もし、キミがそれを言われたら、どうしますか？　そこであきらめてしまいますか？　それとも自分を変える勇気を持ちますか？　それはキミたち次第です。

この20年、僕は何度も選手たちに言い続けてきました。

〝うまくなりたければ、強くなりたければ、世界に行きたければ、変わることを恐れるな！〟

CHAPTER 1 世界に通じるテニスの軸

ストローク 1

すべてのストロークは重いボールが基本 1

世界で将来活躍するためには、相手にプレッシャーを与える「重いボール」が必要です。重いボールとは4つの基本（左ページ参照）が正しい形で行われたときに生まれます。

コーチは選手に対して最初からこの基本をしっかりと教えることが重要なので、低年齢から体に染み込ませていきます。例えば子供が小さいからといって基本の指導をあと回しにしたりしてはいけません。それは子供の才能にリミットをつくることになります。

日本のジュニアに共通しているテニスの間違いが「守りのテニスが主体」であること、「打点が後ろにある」ことです。ボールをとらえる位置が正しい打点よりも後ろで、そこから手首をこねて、ボールを擦り上げるようにして打っていることが多く見られます。選手本人はトップスピンをかけて、いいボールを打っていると思っているようですが、そのボールの先を見てください。バウンドしたあとに伸びがなく、ボールが軽くなっています。それでは相手にプレッシャーを与えられません。

身につけたいのは相手にプレッシャーをかけられる「重いボール」です。

重いボールを打つための

ストロークの4つの基本

① 構え&準備

素早く構える。
素早く体をターンする

② フットワーク&バランス

ボールに追いついて踏み込むと、時間的な余裕がつくれ、体重を後ろから前に移して打つことができる

③ 打点

一番力が入るところが正しい打点、そこは体の前になる

④ フォロースルー

正しい打点でとらえたら、打球方向へ押し出すようにラケットを加速する。そうすると大きくフォロースルーができる。ストロークはボール5個分くらい前に押し出すようなイメージで

ストローク②

すべてのストロークは重いボールが基本②

ストロークで重いボールを打つための4つの基本を具体的に伝えていきます。1から4までの動きをしっかりと体にも脳にも叩き込むことが必要です。そのためにも、自分のテニスに取り入れるイメージを明確にしながら読み進めてください。

重いボールを打つための4つの基本を身につけることができたら、キミのテニスは世界のテニスへとつながっていきます。さあ、重いボールを自分のものにしていきましょう！

① 構え&準備

③ 打点

② フットワーク&バランス

④ フォロースルー

重いボール（エッグボール）と軽いボールの違い

重いボールは「エッグボール」とも呼んでいます。これは重いボールの軌道が、図のように卵を半分に割ったような形をしているからです。

エッグボールは相手のほうへ向かって高く上がっていったあと、ベースライン付近で急激に落下し、バウンド後は、バックフェンスのほうへ向かって、強く高く弾んで伸びていきます。それによって相手はボールに押されることになるのです。

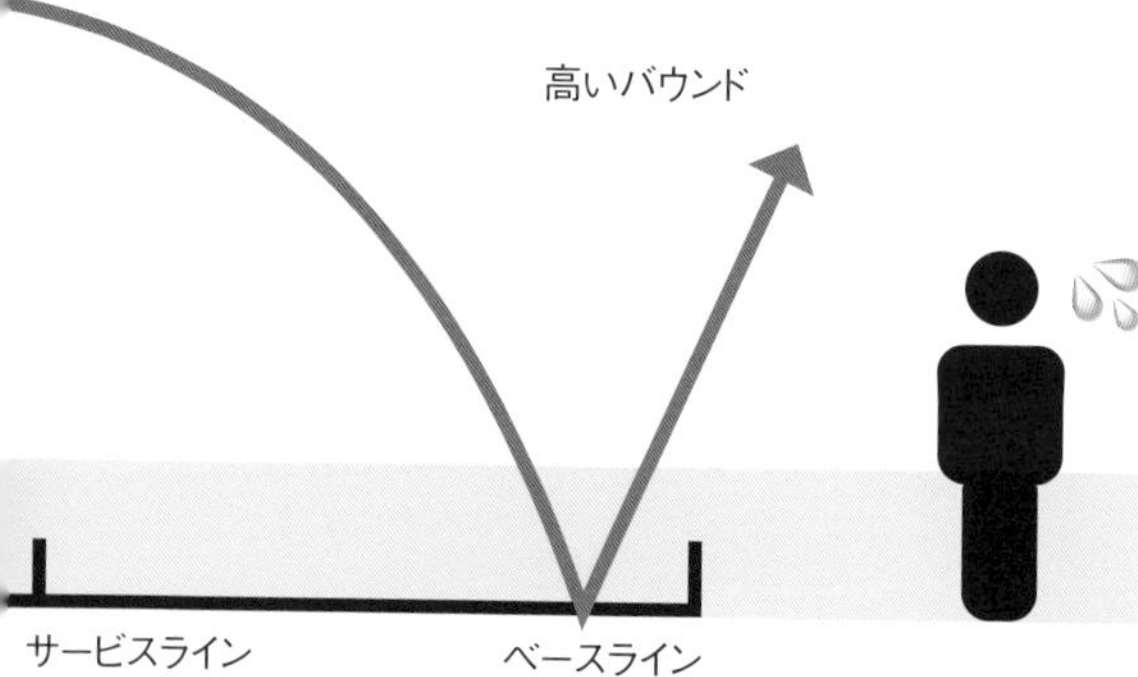

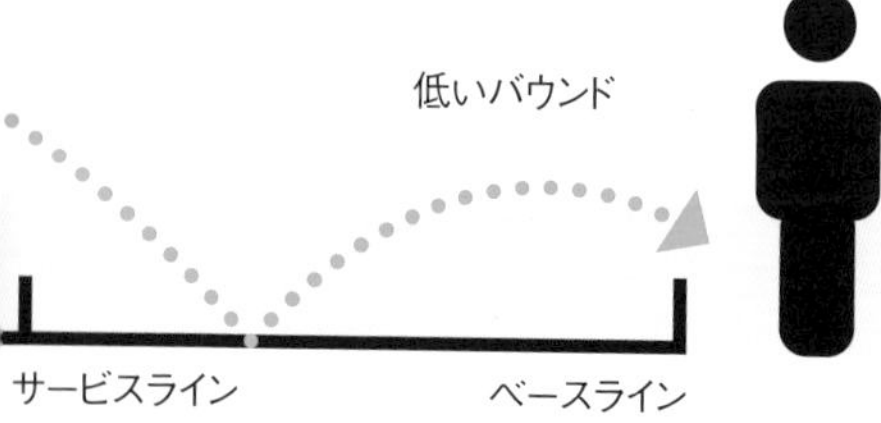

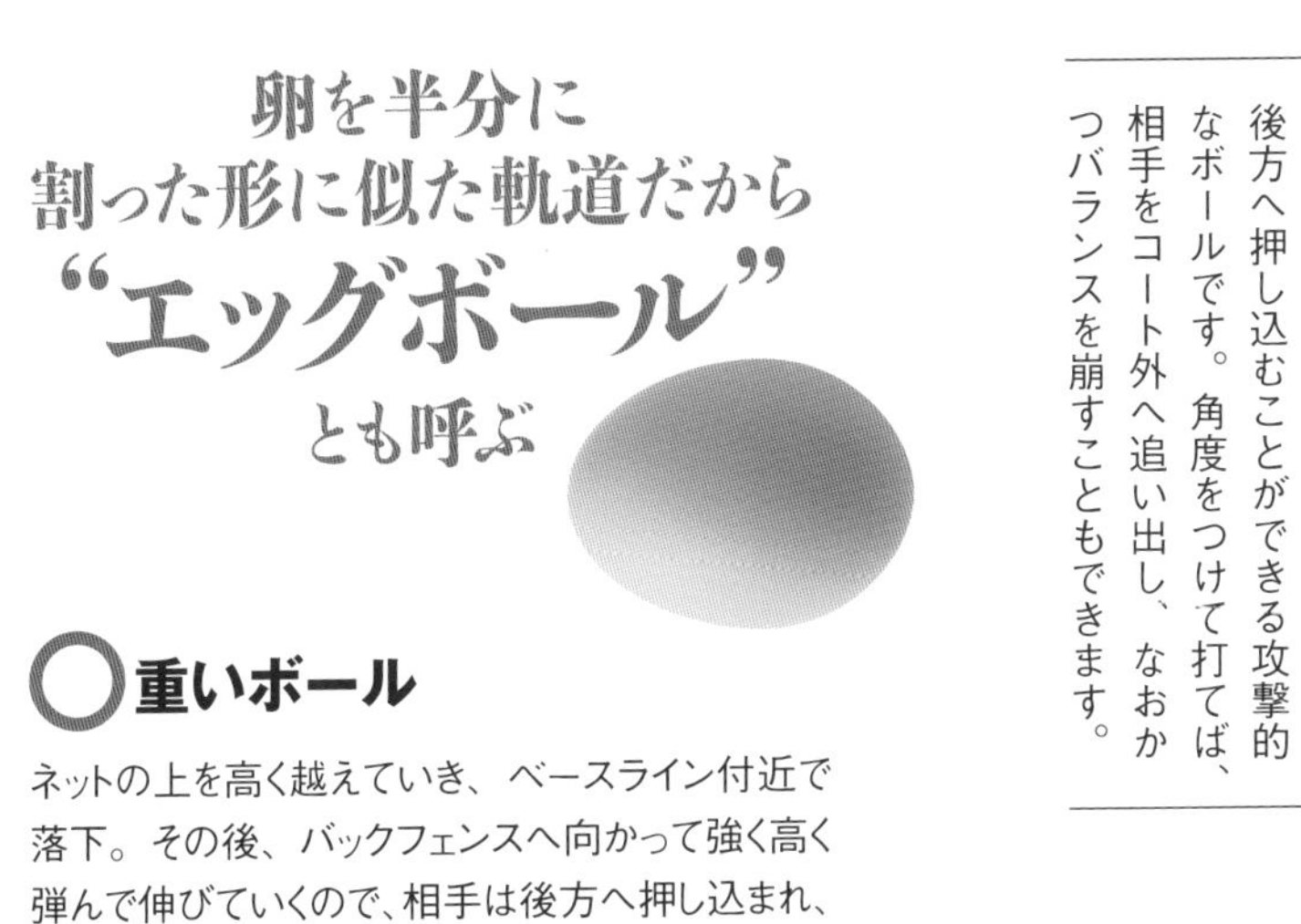

エッグボールはネットの上を高く越えるので安全で、なおかつスピンがしっかりかかっていれば、相手を後方へ押し込むことができる攻撃的なボールです。角度をつけて打てば、相手をコート外へ追い出し、なおかつバランスを崩すこともできます。

○重いボール

ネットの上を高く越えていき、ベースライン付近で落下。その後、バックフェンスへ向かって強く高く弾んで伸びていくので、相手は後方へ押し込まれ、高い打点で食い込まれた格好で打たなければならない。つまりプレッシャーをかけられるショット

高い軌道

ネット

×軽いボール

ネットの上を低く通過、またはボール軌道の頂点がネットの真上になるボールは、サービスライン付近に浅く入り、威力がないので、相手にとっては軽くて打ちごろとなる。つまりプレッシャーをかけられないショット

低い軌道

ネット

構え、準備を早くする

テニスは準備がすべてといってもいいでしょう。早い準備は相手から時間を奪う、すなわち自分の時間をつくるので、焦らず自分中心でショットを決めて打つことができます。それを可能にするためには、まずしっかりとしたスプリットステップ（パワーステップ）、準備が必要です。

スプリットステップは広く、強く

相手がボールを打つ直前にスプリットステップを踏む

（パワーステップ）

最初の正しいスプリットステップが、動き、勢いすべてにおいてエンジンをかけていきます。だからこそ、何となくステップを踏むのではなく、スタンスを広く、地面に叩きつけるようなスプリットステップを身につけてください。実は相手が打ったあとにスプリットステップを踏む選手たちがほとんど。だから動きも遅く相手に主導権を握られてしまいます。しっかりと意識して相手が打つ前にスプリットステップを踏むことによって、相手とボールの見え方が変わってくることを感じられます。

スプリットステップ

スプリットステップはできるだけ広く、そして地面を叩くように強く踏みつけます。相手がボールを打つタイミング（打つ直前）に行いましょう。スタンスは、広ければ広いほど一歩目も早くなりますし、大きくなります。

テークバックは肩を入れるだけ
（体をターンするだけ）

テークバックはラケットを引くということではありません。両手でラケットを持ったまま肩を入れるだけ、すなわち体をターンするだけです。

最初からラケットの先端を後ろに引いてボールを待つと、そこで力が入ってしまい、強いボールが打てません。右利きの場合は、フォアなら左肩、バックなら右肩を相手に見せます。その時点でラケットはすでに後ろにいっているのです。打ち始めれば、体の回転にともないラケットは自然に振られ、スイングしてくれます。

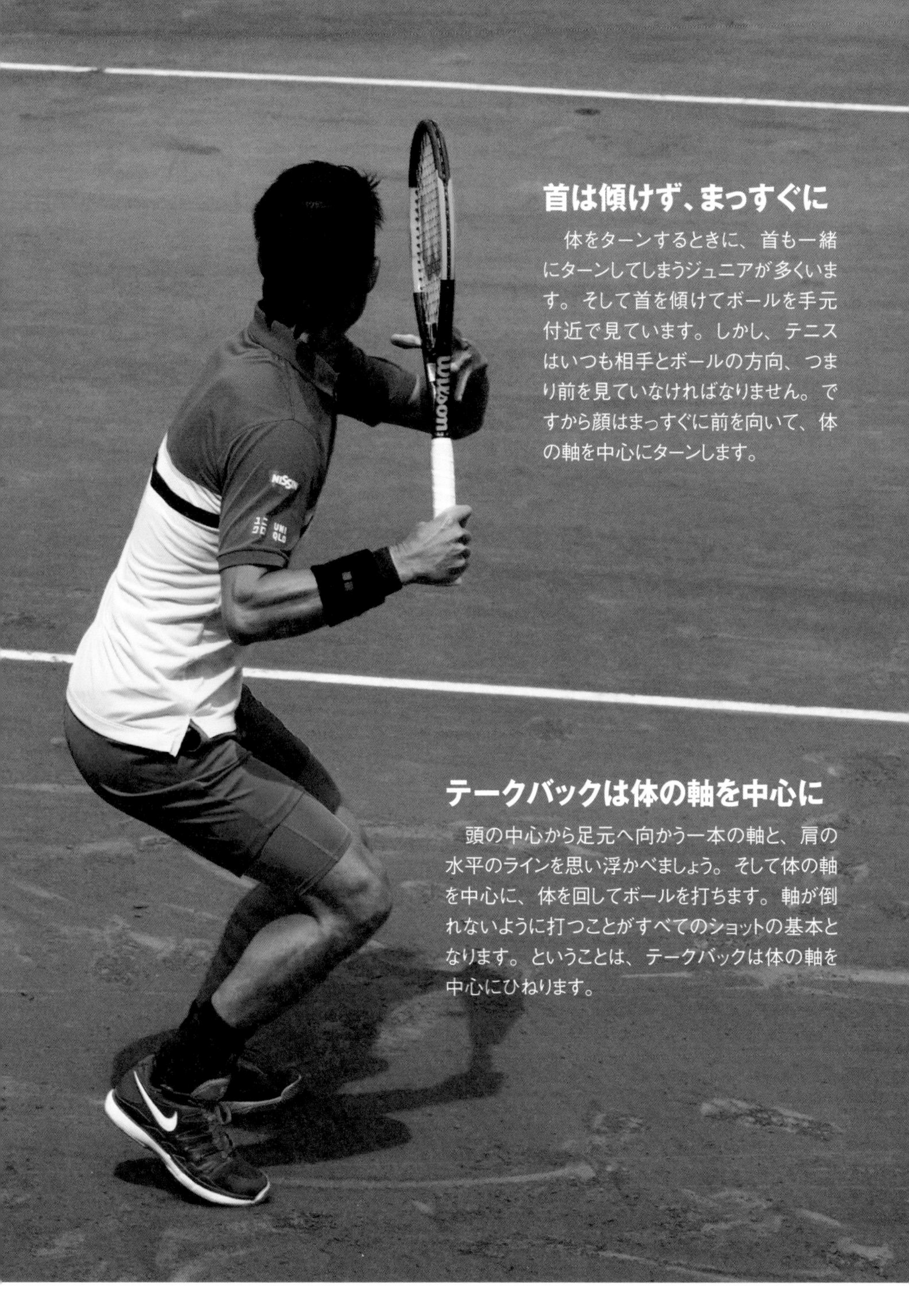

首は傾けず、まっすぐに

体をターンするときに、首も一緒にターンしてしまうジュニアが多くいます。そして首を傾けてボールを手元付近で見ています。しかし、テニスはいつも相手とボールの方向、つまり前を見ていなければなりません。ですから顔はまっすぐに前を向いて、体の軸を中心にターンします。

テークバックは体の軸を中心に

頭の中心から足元へ向かう一本の軸と、肩の水平のラインを思い浮かべましょう。そして体の軸を中心に、体を回してボールを打ちます。軸が倒れないように打つことがすべてのショットの基本となります。ということは、テークバックは体の軸を中心にひねります。

フットワーク 1 一歩目を大きく踏み出す

ここからフットワークを考えていきます。まずは一歩目を大きく踏み出すように意識します。スプリットステップでリラックスし、1歩目を大きく、踏み出していくことで体のバランスがとれ、テークバックした体の前に空間ができます。

ジュニアによく見られるのが狭いスタンスで、細かいフットワークです。これは無駄な動きであると同時に、時間や空間を失い、バランスも崩れやすいです。

大きなステップは時間と空間を獲得できる

狭いスタンス ✕ 細かいステップは無駄な動き

狭いスタンスは細かいステップになり、時間や空間を失うことに

広いスタンス ◯ 一歩目を大きく踏み出す

フットワーク 2 軸足はボールの後ろに

正しく軸足を決めると体の前に空間ができ、ショットに入る前に空間（時間）を使って、余裕をもって重いボールを打つことができます。右利きの場合、フォアハンドは右足、バックハンドは左足をボールの後ろに決める（踏み込む）ようにします。

まるで軸足でボールを「ロックオン」しているようなイメージができれば、ターゲットがはっきりとイメージでき、最強の重いボールを打つことができます。

軸足でボールを「ロックオン」

正しいフットワークが“時間”をつくる

回り込みフォアハンドを含め、フォアで攻撃的に打っていくためには、素早く体をひねり、体の前に空間をつくることです。

そして、正しいフットワークで時間をつくります。正しいフットワークがあれば、ボールに追いついて、そこで時間をつくることができます。

時間があれば、正確に強いショットを打っていくことができ、その際コート全体を見て、相手の様子もしっかり見て、空きスペースに正確に強いショットを打っていくことができるのです。

攻撃的なテニスを展開するためには、自分の体の前に“空間”をつくること、同時にフットワークを使って“時間”をつくることが非常に大切です。

時間的、空間的な余裕があれば打点を前にとれる

フットワーク 3

重いボールを打つスタンス 正しいステップインを! 正しいスタンスを!

○

スクエアまたは セミオープンスタンス

後ろ足(軸足)をボールの後ろにつくようにすると、前足を打球方向に踏み出すことができる

× クローズドスタンス

後ろ足をボールから遠い位置につくと、ボールを打つために前足をクロスするしかなくなる。そうすると体重を乗せた重いボールが打ちづらい

ストロークのスタンスがクローズドスタンスになる選手が多いです。一時代前は、クローズドスタンスが主流でした。横向きになってボールを押し込み、体重移動も後ろから前。しかし今はラケットも進化し、体の使い方の進化もあって打ち方がまったく違います。どれだけ体幹を使って、体をねじる力で重いボールを打つかが大事なのです。

　クローズドスタンスでは体が回りません。右利きなら、フォアハンドは右足を軸にスクエアスタンス、またはセミオープンスタンスにしましょう（左利きの人はその逆）。

　クローズドスタンスは、キミのテニスの幅を狭めてしまいます。正しいスタンスで心も前向きに、オープンにしていきましょう。

○ 仮想ラインがストレート

ボールの後ろに後ろ足（軸足）をセットすると、前足を踏み込んで体重を乗せることができる。仮想ラインのストレートを狙って打つ準備ができている

× 仮想ラインがすでにクロスに向いている

仮想ラインがストレートではなくクロスを向いている。ボールに対して後ろ足が遠く、前足はクロスに踏み込むしかない。体の向きがクロスを向いていて、打点が遅れ、おそらくサイドアウトする

フットワーク 4 正しい準備は相手の足を止める

左端の写真を見てください。正しい準備をすると、相手は一歩も動けなくなります。錦織選手はその準備によって自分の空間（時間）をつくっています。この時間に相手は、錦織選手がどこに打ってくるかがいっさいわかりません。心迷わせる時間です。

ボールのスピードの速い、遅いではなく、正しい構え、準備、タイミングで振り出すことで相手をしとめることができる例です。ストレートにもクロスにも、どこにでも打っていける、まったく予測できない時間になっています。この場面で錦織選手はストレートを選択しましたが、相手はまったく反応できずエースになりました。

相手はどちら（どこ）にボールがくるかわからず動きが止まってしまう。つまり錦織選手は相手の動きを止めることができた

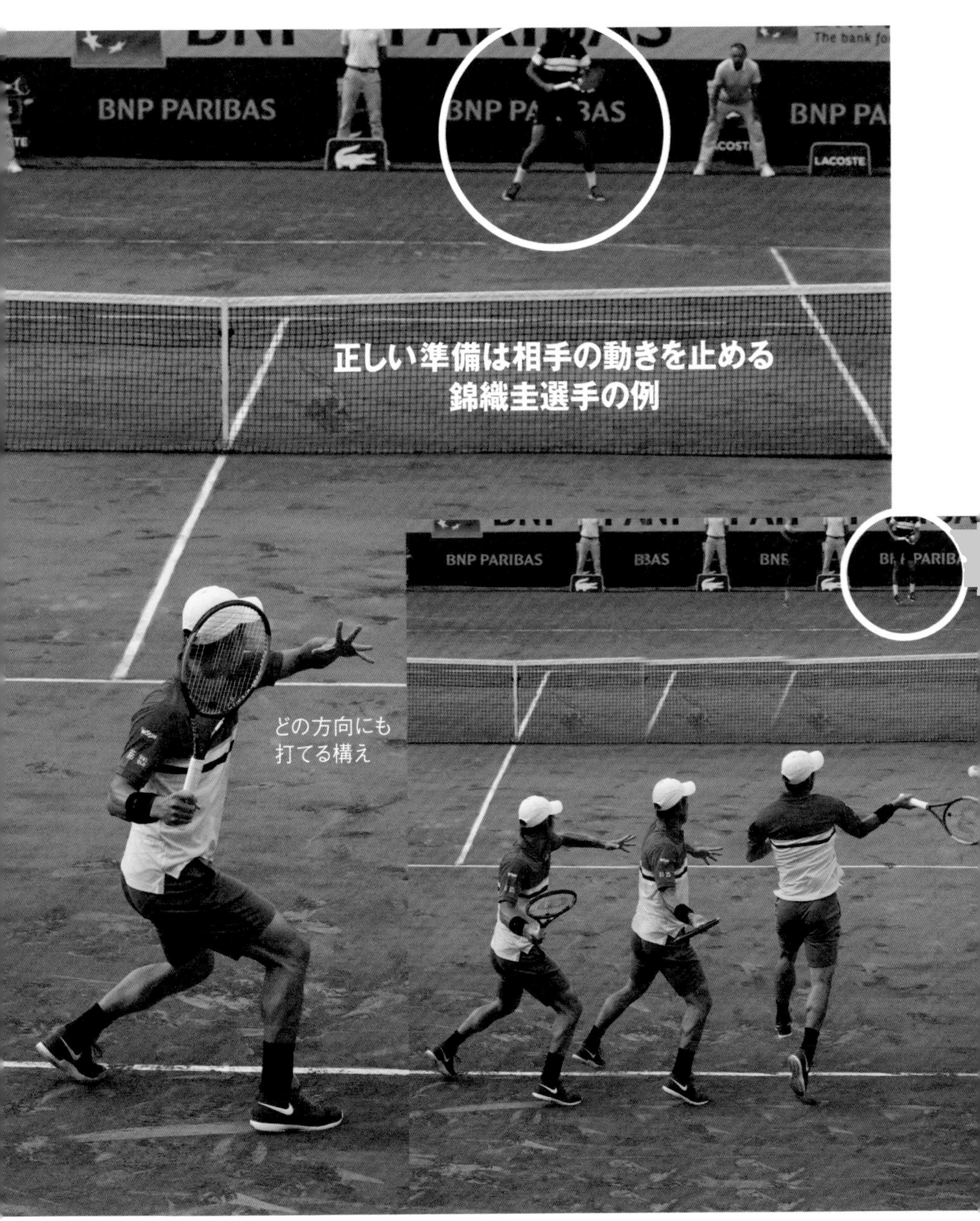

正しい準備は相手の動きを止める
錦織圭選手の例

どの方向にも
打てる構え

フットワーク 5 最初の一歩で後ろに下がるクセを直す

日本人特有の動きです。スプリットステップを踏んだあと、なぜか一歩目で後ろにステップを踏む選手たちがいます。みな、それに気づかず、クセ、習慣にしてしまっているのです。それは守りのテニス、ミスをしないテニス、ボールを落としてつなげるテニスになります。

相手のボールが深い場合は別ですが、スプリットステップの後の一歩目は最初からボールに近づくように、前に踏み込む意識を持つようにします。そうすると自然と攻撃的なテニスを身につけることができるようになります。

なぜ後ろに行く？

最初の一歩を後ろに踏み出した場合

最初からプレーが消極的になる

○ 最初の一歩を斜め前に踏み出した場合

最初からボールに近づくように踏み出せば、無駄な動きもなく時間がつくれ、正確に踏み込むことができる。体重移動もスムーズに行える

素早く準備すれば ゆったり スイングできる

構え、準備は早く、打つときはゆったりと

テークバック！ ヒット！ のチャレンジをしてみましょう。「テークバック！」と叫んだと同時に、フットワーク、軸足、すべてが同時に連動することで素早い準備が完成し、ゆったりとスイングができるようになります。そのゆったり感が、重いボールへとつながっていくのです。

このリズムを体に染み込ませていこう

スイングは正しい準備で始まる

しなりがラケットを加速する

肩を入れてラケットヘッドが立った状態からスイングを始めると、しなりが利いてスイングが加速する。そこでパワーが生まれる

体をターンしたときラケットヘッドは立つ

テークバックで体をターンし、
肩を入れると、ラケットヘッドは立つ

打点は一番力が入るところで打つ

打点が正しければ自然とパワーが生まれ、重いボールが打てるようになります。しかし、ほとんどの選手たちが、打点が後ろになってしまっています。もっとも力の入らない場所で打っているのです。人間が最大限の力を発揮できるのは体の前。ドアを開けたり、物を押したり、普段の行動は、自然と力が入る体の前で行っています。

ボールをコートに入れようと消極的になればなるほど打点は後ろになっていきます。キミたちの目標としている相手は、背丈もパワーもある選手たちです。重いボールで戦うためにも一番力の入る打点（体の前）でテニスをしていきましょう。

打点が遅れ、ボールが軽い

打点が遅れ気味のため、インパクトのあと、すぐに手首が返ってしまう。その結果、ボールが軽くなる

○

打点は体の前

自然と力が入る体の前で
ボールを打つ

CHAPTER 1

世界に通じるテニスの軸

ストローク 14

ボールはネットの上を正しい軌道で通過させる

相手コートに定めたターゲットをねらうにはボールの出発点、通過点、終着点という軌道を正しく想像しよう

テニスはポイントを取るために、どこにどう打つかというプランを想像し、それを表現していくスポーツです。その「どこ」という狙いを定めるとき、実際の視線とボール軌道とは異なるということに気をつけてください。

キミが相手コートに定めたターゲットは、ネットを透かしてしか見えないものです。見たままのイメージで打てば、ボールはネットにかかってしまうことになります。つまり自分の目から見たターゲットは本当の〝目〟ではなく、打点が本当の〝目〟ということです。

このことを知ると、自然とボールはネットの高いところを通さなければいけないことに気づくはずです。ねらったところにボールを打つためには、ネットの上を正しく通過させなければなりません。ボールの出発点、通過点、終着点という軌道を正しく想像しましょう。空間認識がとても重要となります。

自分の〝目〟とストロークの〝目〟

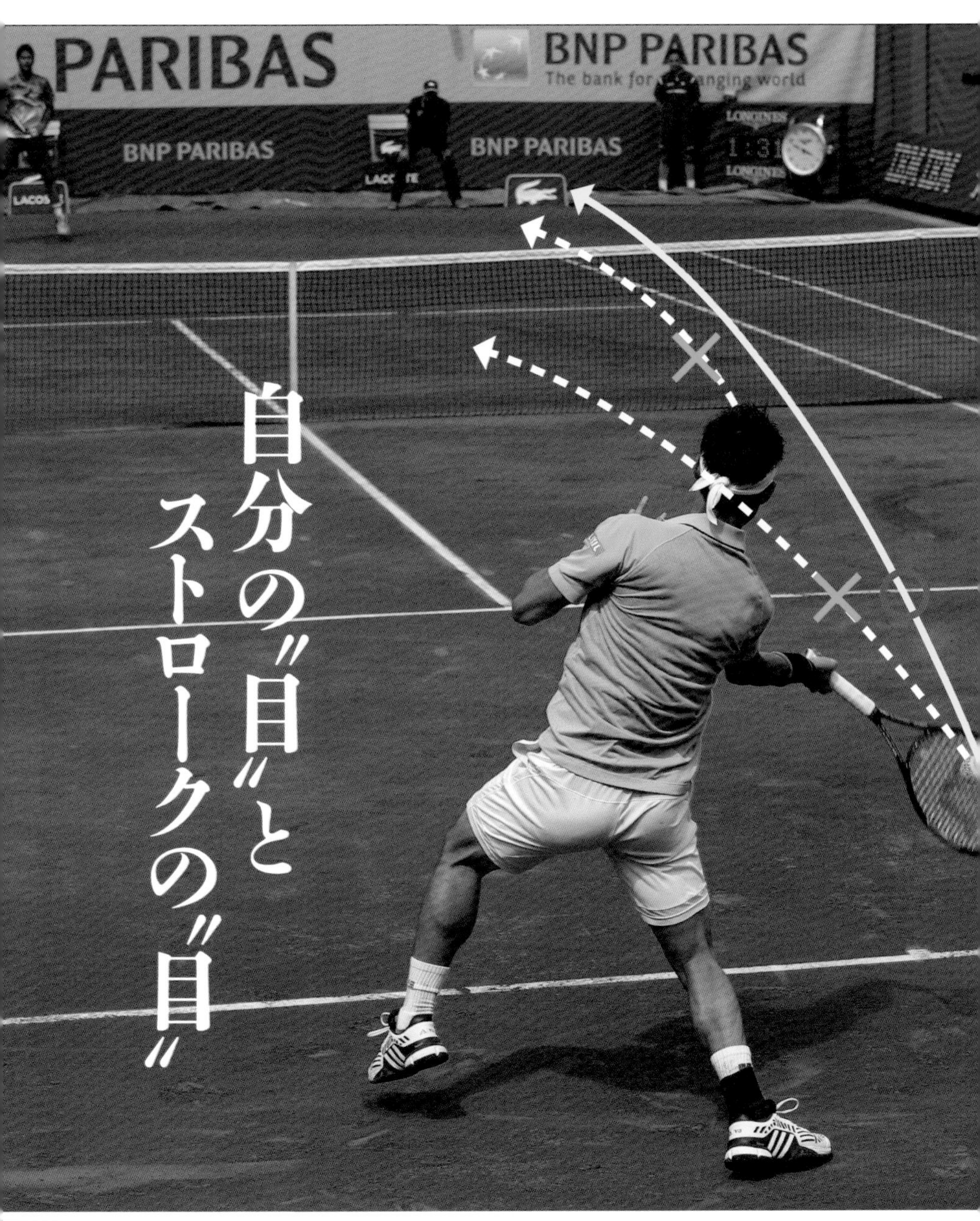

CHAPTER 1 世界に通じるテニスの軸

ストローク 15

加速、そして前方へ大きくフォロースルー

テニスは、ラケットがボールに当たってからが勝負です。どれだけ体全体で打てるか。ボールがラケットに吸いついたままのイメージで押し出します。正しいフォロースルーで重いボールを打っていきましょう。

体全体で押し出してフォロースルー

前方への大きなフォロースルーがボールを重くする

正しい打点は体の前です。ボールを体の前でとらえたら、打球方向へ押し出すように大きくフォロースルーをします。その意識が重いボールにつながります。このフォロースルーは手首を途中でこねることもなく、自然に前方へ押し出されていきます。

重いボールは前に打ち抜くボール5個分

重いボールを打つための4つの基本（88、89ページ参照）を思い出しながら素振りをしましょう。素振りはとても大切で、いつでも基本が確認できます。

正しい打点（体の前）でボールをとらえること、ボールをとらえたあとは、ラケットを打球方向に加速していくこと、そのとき、打点に始まりボール5個分くらい前に打ち抜くようにスイングを加速することです。

写真のようにボールを並べて「ラ

ボールをコートに並べ、仮想ラインをつくる。正しい打点からすべてのボールを打ち抜くつもりで加速。これによって重いボールにつながる“厚い当たり”が自覚できるだろう

イン」をつくるといいでしょう。このラインは打ちたい方向を示す仮想ラインです。このラインでボールが飛んでいくように準備、バランス、打点、体重移動、フォロースルーなどをチェックします。

重いボールに必要な“厚い”当たり

今はラケットの性能がよく、それほど振らなくても簡単にボールが飛んでしまうことから、ジュニアたちはラケットにボールが当たるとすぐに手首を返して、スイングを終わらせてしまう傾向があります。これがいわゆる“薄い”当たりとなり、そのボールはネットの上を低く通過して浅く入り、威力がなく、軽いボールになってしまいます。

ほしいのは重いボールです。そのためには正しい打点でとらえ、体重を乗せながら打球方向へラケットを加速して打ち抜いていきます。これが“重い”ボールにつながるのです。スイング方向をもっと上方へ向ければ、よりスピンがかかり、そのボールはネットの上を高く通過して、深く入って高く弾み伸びていく、重いボールになります。

×ジュニアたちの当たりは“薄い”

○厚い当たり

ボレーの4つの基本

ボレーは世界を目指す上で必要なショットです。だからこそ正しい基本を大切に、世界で通用するボレーを自分のものにしてください。

現在のテニスは、より攻撃的になり、ネットでポイントを終わらせるケースが多くなりました。錦織選手が世界で活躍し始めた頃、守備型のテニスから、より攻撃的なテニスに変わり、ツアー選手はみなネットについてポイントを決めていくことが主流になっていきました。

ボレーはノーバウンドで打つため、より正確なフットワークと技術が求められます。将来世界で活躍するためには、ジュニアの頃から正しいボレーをしっかりと身につけることが大切です。

重いボールを打つための
ボレーの4つの基本

頭の中心から下半身につながる体の軸を「ライン」と考えて、ラインが倒れないようにボールを打つ。打つ前、打つとき、打ったあともラインが崩れないように、バランスを保ってプレーする

1 構え&準備

素早く構える。
素早くラケットをセットする

2 フットワーク&バランス

スタンスを広く、体重を後ろから前に移して打つ

3 打点

一番力が入るところが正しい打点、そこは体の前になる

4 (フォロースルー)

正しい打点でとらえたら、打球方向へ押し出すようにラケットを加速する

ボレーはコンチネンタルグリップで握る

ボレーは基本的にフォア、バックでグリップチェンジをせず、コンチネンタルグリップで握ります。フォアに近いグリップで握っていると手首が不安定で、フォアのローボレーを打つときにはラケット面をかなり上向きにしなければなりません。手首を不自然な形で折らなければならなくなります。またバックボレーも手首が安定せずに、多くはボールをカットしすぎることになります。いずれにしても手首の負担が大きく、ラケット面が安定しないことから、早い段階からコンチネンタルグリップで握り、手首を安定させてプレーすることです。

フォア、バックとも薄いグリップ（コンチネンタルグリップ）で握る

リストを上げる

ボレーはリストを上げます（写真）。前から飛んでくるボールをキャッチするときを考えるとわかりやすいです。手のひらを前に向けて、指先を上にし、手首を甲側に返します。この形をボールの高さに合わせて動かしていくのがボレーの基本的な動きです。つまり、常に「リストアップ」した動きとなります。

ボレーはリストアップしてラケットを持ち、その形を崩さずにラケットのフレームを机（ネット）の上で滑らせるようにスイングします。下方向でもなく、上方向でもなく、あくまで水平にスイングします。

なぜコンチネンタルグリップで握るのか

なぜコンチネンタルグリップ（薄いグリップ）で握るのか。厚いグリップで握ったフォアやバックボレーは手先だけでカットしたボレーになるため、コートに入ったボールはバウンドして止まってしまい、相手に時間を与えるので簡単にパスを抜かれてしまうからです。

正しいボレーはコートにバウンドして滑っていくような重いボレーです。身につけるまでに時間がかかるとしても、将来のキミにとっては大きな武器になるものです。

ボレー 3

正しいスタンスでボレーを打つ

ほとんどのジュニアはボレーの技術が不足しています。ラケットの準備が遅く、グリップの間違いもあって手首が不安定。そのためボールにパワーを伝えられず、結果としてボールに伸びがありません。明らかに練習不足です。

正しいグリップで握り、素早い準備ができるように、正しく構えます。ラケットは体の前に置いて、後ろに引きません。前から飛んできたボールをキャッチするように、手を前に出し、手首だけ引いた形（手の甲側に反った形）でリストを安定させます。あとはスタンスを広く、前に踏み込むだけです。

シンプルなこの技術を身につけるとボールを正確にとらえられるばかりか、相手コートに落ちてから伸びていくボレーになります。質の高いボールになるはずです。

スタンスは広く、前に踏み込む

ラケットは両手で支え、体の前に置く

バックスイングはせず、ラケット面を体の前にセット。飛んでくるボールの方向へ踏み出す

スタンスは広く、ボールの方向へ踏み出す。両膝はボールの方向へ向く

背筋はしっかり伸ばしたまま

スタンスとつま先に注目してください。写真上はスタンスが狭く、後ろ足のつま先が横向きで前足が前向きです。一方、写真下はスタンスが広く、両足のつま先が前を向いています。どちらのほうがよいボレーが打てるかと考えれば、その答えは明らかです。写真下のほうが体の軸が崩れることなく、体重の乗った重いボレーが打て、さらに広いスタンスもあってバランスがよいので次の動作に素早く入れるに違いありません。

チャンスボレーは確実に決める！

世界のトップ選手の共通点として、チャンスボレーをミスしないことが挙げられます。ふんわりと飛んでくるボールは一見簡単に感じますが、タイミングが難しい。ボールを待って合わせようすればするほど、かえってミスにつながるのです。

チャンスボールこそ、自分からボールを迎えにいく感覚、ネットの近くにつめて、もっとも簡単な場所でしっかりと打ち込むことが大事になるのです。

練習の最後に、必ずコーチや友達に球出ししてもらい、チャンスボレーを決める練習をしていきましょう。試合になったとき、チャンスボレーをチャンスに変えることができるはず！

前方へ踏み出してチャンスボレーを決める練習をたくさんやろう

チャンスボレーを決める練習

ジュニアの多くはネットプレーの練習が十分ではありません。体は前進していても気持ちが後ろにあるのを多く見てきました。また、横に動いてしまうケースも多く見られます。正しい姿勢をつくり、前方へ踏み出してボレーを打つことによってコートカバーリングがよくなります。

正しいボレーの動きは横ではなく前

ボレーはしっかりとパンチし、横ではなく前へ向かって動き、体全体を使ってアタックするイメージが必要です。

ラケットを置いて、飛んできたボールを両腕でキャッチしてみましょう。手のひらを相手に見せた形で、両肘が体の前にある状態でボールをキャッチするのが正しい形。これがボレーの、ボールを体の前でとらえるということです（130ページで練習方法を紹介）。

頭の先から足の先まで体の軸を地面と垂直に保つ

ボレーを打つときはスタンスを広く、前に踏み込みます。そして体の軸を地面に対してまっすぐに保ちます。足の先から頭の先までつながる軸をまっすぐに、崩さないようにすることです。よく首を傾げてボレーを打つジュニアがいますが、それは軸＝バランスが崩れ、連続プレーを難しくします。両肩は水平を保ち、バランスをとることを心がけます。

リストの形も重要です。手首は手の甲側に少し返します。「リストアップ」と言います。コンチネンタルグリップで握って、リストが甲側に返った形をキープしながらプレーします。

×横へ動く

足をボールに向かって踏み出せておらず、真横に出していて見るからに打ちづらそう。このあとリカバリーも難しくなるのがわかる

○前方へ足を開脚

ボールの方向へ、十分に足を開脚して踏み出す。足を広げて膝を曲げるとバランスが保てる。正しい姿勢をつくれば、コートカバーリングが向上する

打点は体の前でボールを両手でキャッチする形が理想形

球出しでボレー練習をします。最初は素手でボールをキャッチ。飛んでくるボールの方向に足を大きく踏み込み、膝をしっかり曲げます。このとき両手のひらはボールの方向に向けて上げておいてください（ハンズアップ／Hands up）。手首を甲側に返した形は、あとでグリップに持ち替えたときにラケット面の安定につながります。

次の段階でラケットを持ち、ボールを打ちます。同じようにボールの方向に足を大きく開脚して踏み込み、膝をしっかり曲げることです。

× 手のひらを下げる（落とす）とボール軌道の低いところで、しかも後ろでキャッチしなければならなくなる

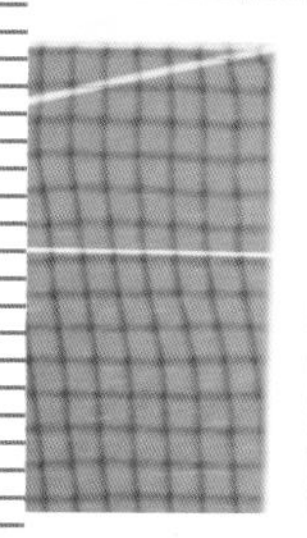

○

「ハンズアップ！」と声がけ。ボールの方向に手のひらを上げて向け、踏み込んでボールをキャッチ。すると打点を前にできるばかりか、高い打点で取ることができる

ボレーのフォロースルー

ラインに沿ってスイングをキープする

ボレーはストロークと比べるとテークバックが短いため、打点からのフォロースルーがより大切になります。打点からフォロースルーにおいては、ラケットヘッドが下がらないようにしましょう。打ちたい方向に対してラケット面が向かっていくイメージを大切にしてください。

バックボレーは片手で打つ 両手ボレーはやめる

よいプレーヤーになるためには、リーチの狭い両手打ちのバックボレーはやめましょう。右利きなら左手をラケットのスロート部分にしっかりと置くこと。そして両手で扉を左右に開くようなイメージでボールを打ちます。

× 両手のバックボレーはリーチが狭い

片手ボレーに変更するも、下に振り下ろしている

○ プッシュアップを意識して、上に押し上げるように打つ

CHAPTER 1

世界に通じるテニスの軸

スマッシュ 1

ロブが上がったらすべてスマッシュで打つ

スマッシュのうまい選手は、大事な場面でしっかりとポイントを奪うことができます。スマッシュのうまい相手に対しては、よりパスも難しくなり、大きなプレッシャーになってしまうのです。だからこそ、スマッシュのとらえ方を変えてみましょう。

まず大前提として、スマッシュはミスをしないことです。相手を追いつめてロブが上がった中、しっかりと決めたときに相手に与えるダメージは大きくなります。

後ろ足を横向きまたは後ろ向きにつく

基本的に足はクロスして打つ

ロブが上がったときに前を向いたままだったり、後ろ足を一歩後方へ下げるだけだったりすると、タイミング的にそれ以上後ろへ下がれなくなり、スマッシュが打てる範囲が狭くなります。

ロブが上がったらはつま先は横向きか後ろ向きについて、前足をクロスして、クロスステップを使います。そうすると大きく下がることができ、後ろ足を横向きにして着地し、体をひねって戻す、地面を蹴るタイミングがとりやすくなります。

大きなステップで動けばジャンピングスマッシュも打てます。このような動きは守備範囲を広げ、スマッシュを確実なものにするので、相手に大きなプレッシャーを与えることができます。

上から落ちてくるボールをダイレクトに打っていくスマッシュは、少しの狂いでミスにつながります。理想は打つ場所よりも少し下がり、正しいフットワークで調整し、前に動きながら打ちにいくことです。ロブが上がったら、ボールを受け取れるくらいの場所に右利きの場合、左手をセットアップし、その手がボールをキャッチするくらいの場所が打点になります。

チャンスボールのミスは、2ポイント失ったのと一緒だと考えましょう。だからこそ、練習のときからスマッシュは全集中で行ってください。

理想は打つ場所よりも少し下がり、
フットワークで調整して
前に動きながら打ちにいくこと

クロスステップで下がる

ジャンピングスマッシュ練習は3ステップでボール軌道に入る

すべてのロブをジャンピングスマッシュで打ちます。ロブが上がったらすぐに横向きをつくることです。つま先を横向きか、後ろ向きにして、大きなステップで後ろに下がります。「1」で大きくクロスステップ、「2」でさらに大きく後ろに下がり、つま先を横向きか斜め後ろ向きにして、かかとから着地。「3」で地面を強く蹴ってジャンプしてスマッシュを打ちます。

「3」で地面を強く蹴ってジャンプ

ジャンピング・スマッシュは大きなステップで動いて「3」のときに右足で地面を強く蹴ってジャンプします。

アングルに打って相手を苦しめる

スマッシュを打つコースも重要です。ただ強く打つだけでなく、コースをねらってアングルに打てば、ボールはコートの外側へバウンドしていき、エースになる確率が高くなります。ただしスマッシュは後方へ下がりながら打つことがほとんどであるため、相手が返球してきたときに備えて、必ずネットへつめ直す、または場合によってベースラインに構え直します。スマッシュを打ったあと気を抜くと、相手に切り返されてしまうことがあるので気をつけましょう。

ストレートへ打つときは状況にもよりますが、エースをねらえない限りあまり効果的とはいえません。返球されれば切り返される可能性もあります。そこでスライス回転をかけるようにすると相手をコートの外へ追い出すことができます。ただし逆クロス（写真）をねらうときよりも距離が短くなるため、強く打つより、回転をしっかりかけて距離（深さ）を調節することが重要です。

逆クロスに打つ場合

スマッシュを逆クロスに打つと相手をコートの外へ追い出すことができる

ストレートに打つ場合

ストレートへ打つときはスライス回転をかけるなどして、相手を動かしたい

サービス 1

消極的な気持ちに〝さよなら〟しようサービスは武器にできる!

僕が世界で活躍することができた理由のひとつは、サービスを武器にできたことにあります。実はボブに会うまで、僕のサービスは無茶苦茶でした。スピードはあっても安定感がなく、プレッシャーのかかる場面ではサービスのアドバンテージを活用することができませんでした。

なぜ活用できなかったかというと、一番の理由は基本のテクニックにあります。構えの姿勢が悪く、ラケットも下がっていて、肝心の打点も低く、後ろでボールをとらえていました。またグリップも厚く、スピンサービスがうまく打てず、セカンドサービスは相手から攻め込まれていました。

そんな僕のサービスを、ボブはすべてにおいて正しい形に変えてくれたのです。そのときの僕は17歳。すでに自分の形、サービスの悪いクセが完全に体に染みついていたので、それを変えることはとても困難でした。でも、ボブは根気強く、繰り返し僕に正しいサービスの型を教えてくれ、僕もあきらめずにチャレンジし続けました。

型だけではありません。球種、コース、スピード、さまざまな状況でどのようなサービスを打てば相手からポイントを奪うことができるのか、正しいテクニックとともにサービスでポイントを奪う方法も教えてくれたのです。

サービスは常に自分がコントロールできます。相手は関係なく、自分の形、心が正しければ有利にポイントを進めることができるのです。

日本人はサービスが苦手……まずはその消極的な気持ちから〝さよなら〟しましょう。自分の武器となる正しいサービスを手にすることができれば、今までとはまったく違うテニスの世界が待っています!

僕は17歳のときに、正しいサービスを覚えるためのチャレンジを始めた。根気強くやり続け、武器にすることができた

サービス ②

サービスも4つの基本が重いボールにつながる

ストローク、ボレーで紹介した重いボールを打つための４つの基本は、サービスにも当てはまります。

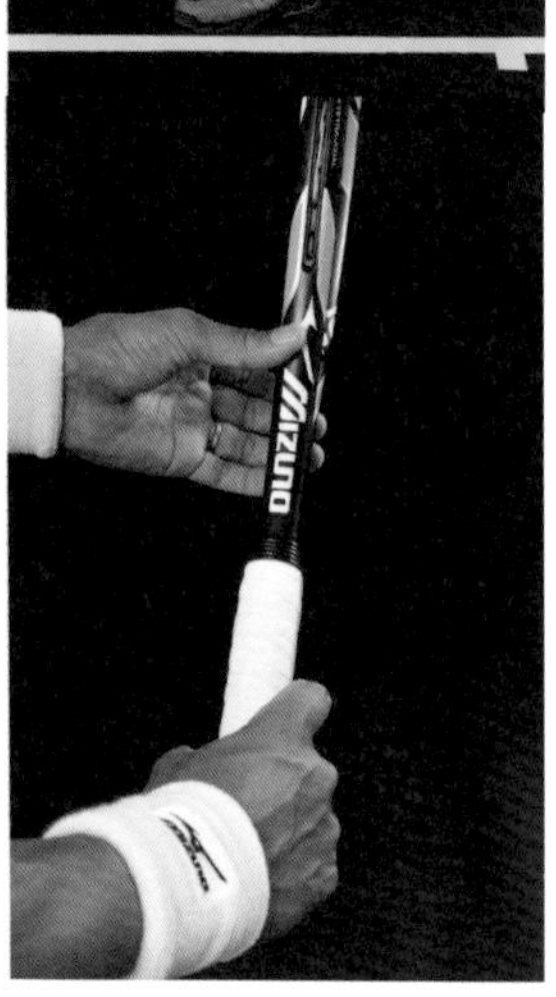

① 構え&準備

クローズドスタンスでコンチネンタルグリップで握り、両手でラケットを支えて構える

④ フォロースルー

サービスは斜め上方向にスイングするため、打球後のフォロースルーは上方で終わり、その後、落下していく

重いボールを打つための
サービスの4つの基本

両足を動かさずに体の使い方を覚えていこう

両足をまったく動かさず、上半身でサービスを打つ練習です。フォームを矯正していくのに役立ちます。特に肩のモーションを正しい動きにするにはよい練習方法です。両肩のバランス、左手の位置（左利きの人はその逆）、ひねり具合、下半身を使わない動きなので、シンプルに修正点が見つかるでしょう。

ポイントがつかめたら、下半身を連動させたサービスを打っていく練習をしましょう。

“筒”の中で打てるバランスを

ラケット一本分程の幅の平行線をイメージします。そのラインで“筒”をイメージしてください。筒の中からはみ出さないように打ってみましょう。バランスがよくなり、トスも自然と前になっていきます。体のひねりも大きくなっていくことを感じるでしょう。

2 バランス

頭の中心から下半身につながる体の軸を「ライン」と考えて、打つ前、打つとき、打ったあともバランスを保って、ラインを崩さないようにする

3 打点

一番力が入るところが正しい打点。そこはもっとも肩に負担のない場所で、スイングは加速しながら打点を通過する

サービスはすべて自分でコントロールできる

サービスはテニスで唯一、相手にコントロールされずに打ち始めることができます。つまり自分次第でサービスの良し悪しが決まるのです。だからこそ正しいテクニック、そして考え方が必要になります。

“ステイ・トール”より大きく自分を見せる

サービスで構えるときは、自分をより大きく見せることです。身長が高くても、低くても関係ありません。サービスは相手にコントロールされるものではなく、主導権を握っているのは自分。だから自分が優位に立っていることを相手に見せていきます。正しい姿勢で、正しい構えで、しっかりと胸を張って、大きな自分、強い自分を相手に伝えていきましょう。

サービスの軌道は変わる

サービスの軌道は身長によって変わります。身長がかなり高い選手は上から打ち下ろすことができ、ボール軌道は直線的に打つことができます。しかし身長が低い選手が同じように打つとネットを越えられません。そこでボール軌道は放物線を描く必要があり、ネットを高く越えてから落とす必要があります。このような正しいボール軌道を理解しておくことが大切です。

その上で、サービスのボール軌道を決めるのは身長だけではないことをアドバイスします。どこをねらい、どんな種類のボールを打つかによって、サービスのボール軌道はどんどん変わります。

"サービスの目"

身長が低いからサービスが入らない、そんなふうに思っていませんか。おそらくサービスが入らないのは身長が低いことが理由ではありません。正しいボール軌道が描けていないからサービスボックスに入らないのです。

サービスの打点は、自分の目よりもずっと上にあります。つまり本当の"目"は"打点"なのです。だから"自分の目"ではなく、"サービスの目"から相手コートにあるターゲットを見るように、想像してください。驚くほどサービスは高いところからスタートしていることがわかるでしょう。そこを通るサービスのボール軌道を思い描くのです。

"入れる"と"ねらう"は違う

サービスはボールを打つ前に、場所、種類をしっかりと決断してねらうことです。何となく打つことは絶対にやめましょう。常に球種、スピード、コースを決めてねらうこと。その積み重ねがサービスを進化させていきます。

テークバックでラケットは担がない

○

ラケットは担がず顔の前

テークバックで右手は顔の前。ここにあると体が回転したときによい力が発揮できる

×

ラケットを肩や背中に担ぐ

テークバックで右手が肩や背中にあると、体が回転しても全身が連動せず、力が発揮できない

サービスは基本的に野球の投球動作と同じです。野球の投球は一番力が入るところ、〝前〟でボールを投げます。サービスも同じです。両方の動作を比べればラケットを持っているかいないか、ただそれだけです。

一番力が入る〝前〟でボールを投げる（打つ）には、テークバックで右手の位置は〝顔の前〟になります。そこから体が回転すると運動がスムーズにつながり、力が発揮できます。ところがテークバックで右手（ラケット）を肩や背中に担ぐジュニアがいます。そこから前で投げる（打つ）のは難しく、結局後ろで投げる（打つ）ことになってしまいます。

体の軸を中心に体を回す

体の軸に対して両肩は常に水平です。サービスを打つときも、両肩は体の軸に対して水平です。ただし最終的には斜め上にジャンプするので、体全体が傾きます。

歩きながら遠投する練習

この練習は歩きながら遠投→サービスを打つ→遠投→サービスを打つを繰り返します。遠投もサービスも同じ動作。

一番大切な肩のモーション

サービスで十分に使いたい大切な部分が肩の動きです。サービスもほかのストロークと同様、体の回転運動で打ちます。そうすると上半身をひねることから始まり、下半身から上半身へ、体幹、肩、肘、腕、手（ラケット）と運動が連鎖していくことで力を発揮することができます。

ところが、運動の途中で肩のモーションが抜けてしまうジュニアが多いです。これは技術的な間違いが引き起こします。特に原因となっているのがグリップの間違いやテークバックです。144ページをもう一度見てください。テークバックでラケットを肩や背中に担ぐと運動が途切れてしまいます。そのため肩を無理に動かして、覆いかぶさるようなフォームになるのです（写真×）。テークバックでラケットが顔の前にあると運動は続いて、肩は回り、肘が上がって前に出てきます（写真○）。

肩の力に頼っている

肩のモーションが使えていない。運動連鎖が途切れてしまい、肩が回らず、その結果、無理に動かすことになる。これは肩を痛める原因になる

野球のピッチャーの肩の使い方こそ正しい

正しい肩の動きを覚えるためには、ラケットを置いて、遠投を行うようにしましょう。野球のピッチャーがボールを投げる動作をよく研究してください。テークバック（顔の前）のあと肩が回り、肘が上がって前に出てくる、自然な動作です。正しい投球動作を覚えることが、正しいサービスフォームを覚えることにつながります。

ただし投球動作が間違っていても、肩の力が強くてボールを遠くへ投げられるジュニアがいます。投法（打法）が間違っていてもある程度、できてしまうのですが、そのままにしておけば必ずリミットがきます。

◯ 肩が回って肘が上がり、前に出ている

お手本にすべきが野球の投球動作。テークバックのあと、フォワードスイングへの切り返しで肩が回り、肘が高く上がって前に出てきて腕が加速していく。それがパワーとスピードを生む

CHAPTER 1

世界に通じるテニスの軸

サービス 6

もっとも力が入る場所 サービスの打点を知る

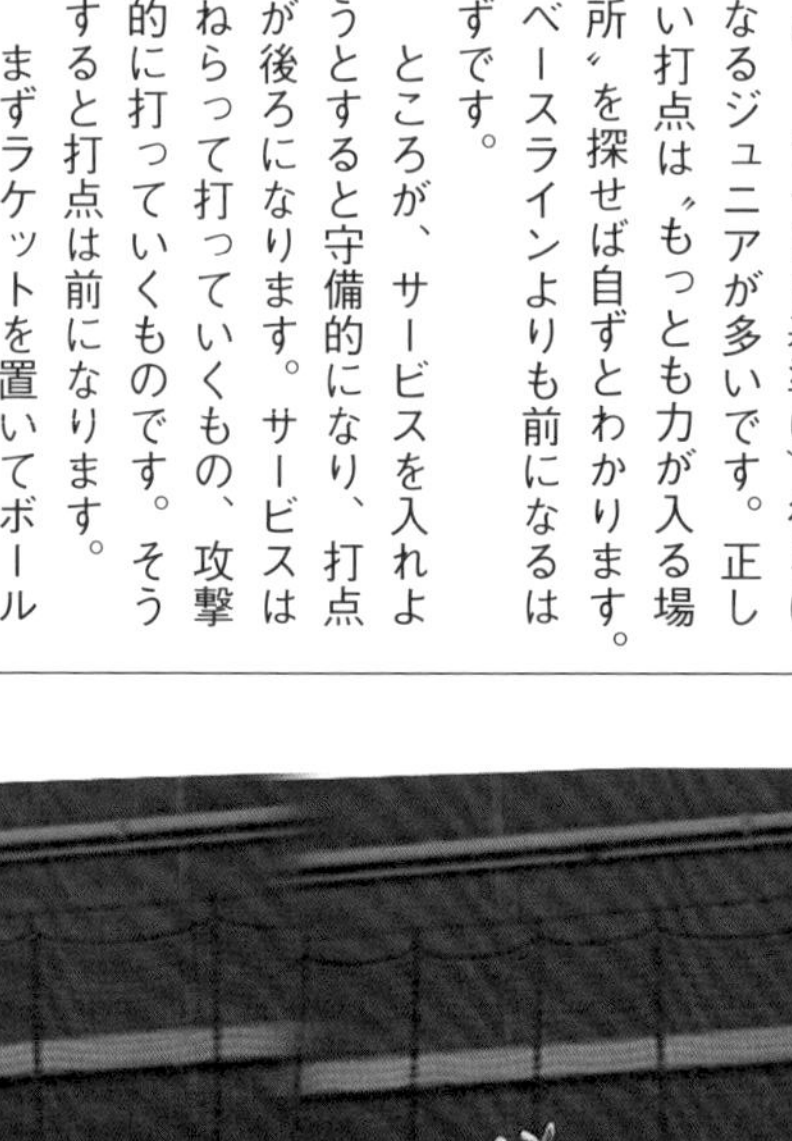

サービスの打点が（ベースラインを基準に）後ろになるジュニアが多いです。正しい打点は〝もっとも力が入る場所〟を探せば自ずとわかります。ベースラインよりも前になるはずです。

ところが、サービスを入れようとすると守備的になり、打点が後ろになります。サービスはねらって打っていくもの、攻撃的に打っていくものです。そうすると打点は前になります。

まずラケットを置いてボールを持ち、投球動作をやってみましょう。ボールを投げるときは誰でも前で投げます。なぜなら力が入るからです。後ろで投げる人はいません。なぜなら力が入らないからです。

ボールを投げるときは誰もが前で投げる。
サービス動作も同じで打点は前だ

サービスはバリエーションが大切

サービスの打法は基本的にひとつで、体の傾きやスイング方向をわずかに変えることで回転をつくります。トスを含め、打法を大きく変えると相手にどんなサービスがくるか予測させてしまうので、トスや打法は変えずに〝わずかな部分〟をしっかり練習していきます。

スピン系サービスはバウンド後に高く弾む

スピン系サービスはボールの左側から右側へ、さらに下から上へこすり上げるイメージです。そうするとボールはネットの高いところを安全に通過し、バウンド後は高く弾むので相手にプレッシャーをかけることができます。

体をやや起こすフラット系、スライス系

スピン系サービスの打法より体をやや起こして、回転を少なくしたものがフラット系サービスで、スピードが上がります。また、スライス系サービスはさらにもう少し体を起こして、その分、スイング方向が変わり、後ろから前へこすり上げるイメージとなり、バウンド後は（右利きサーバーから見て）左方向へ切れていきます。

スイング方向
後ろから前へ

サービスの種類を増やす

セカンドサービスをチェックしていると、ジュニアたちがスピンサービス（あるいはよりスピンが効いたキックサービス）がうまく打ち分けられないことに気づきます。

サービスの目的は相手がリターンしづらいサービスを打ち、主導権を握り、ポイントを獲得することにあります。そのためにはサービスのバリエーションが必要で、スピンとスピードを調整して種類を増やします。

基本の打法を使って、相手のバランスを崩し、相手に攻撃をさせず、なおかつ自分に攻撃チャンスが生まれやすいサービスの種類をそのつど選んで打っていくのです。その際、相手に簡単に予測させず、むしろ騙すためには、トスや打法は変えずに体の傾きとスイング方向をごくわずかに変えることをしていきます。それらを使い分けられるようになりましょう。

スイング方向

左から右へ

CHAPTER 1

世界に通じるテニスの軸

ドリル 1

ドリルのやり方 大切なのは自分で考えて行うこと

ここからは実践的な練習ドリルに入っていきましょう。ボブが〈修造チャレンジ〉で指導してくれたこの20年を振り返ると、年を重ねるほど基本に戻っていくようになりました。だからいま行っている練習は、非常にシンプルなものになっています。

ここから基本となる練習ドリルを紹介していきますが、大切なことはやり方ではありません。ドリルの内容を理解し、自分で自分を修正していくことが目的です。ですからコーチのみなさ

4つの基本を意識してプレーすること。どこへどんなボールを打つのか考えてプレーすること。修正をしながらプレーすること。これらを前提にプレーしていくのと、ただボールを打つだけとでは、同じドリルを行っても得る結果はまるで違うものになります。

んもそのことをよく理解した上で、注意を与えるようにしてください。

ドリルをやったからうまくなるのではありません。ドリルを通してジュニア自身が考えて、課題を学び、必要に応じて修正できるようになることが大切です。それを実践するときは、相当な忍耐力と集中力がないとできません。一打一打で、ここまで紹介してきた「基本」の打ち方を継続すること。基本とは、4つの要素により重いボールを打つこと。それも、どこへどのようにコントロールするかをイメージしながら繰り返していくことです。それを続けていって初めて自分の体に「世界のテニス」が注入されることになるでしょう。

どこへどんなボールを打つかを常に考える、それを継続していくこと。それが当たり前になって、しっかりこなせるようになったとき、そこで初めて自信を手にして試合に臨むことができるようになるのです。

ただボール を打つだけになるな!
よく考えながらプレーしよう

基本ドリル 1

連続ラリー安定した重いボールを身につける

テニスは相手よりも一本多く返す競技です。だからこそ、ミスをしないことも大事なのです。重いボールをコントロールできる、安定したストロークを身につければ、自信をもって試合に挑めます。ただ単にボールを打つのではなく、毎ショット試合で使うボールだと意識してプレーしましょう。

方法

1対1のラリーです。ウォーミングアップとして行うラリーですが、50往復という目標で行ってください。立つポジションを考えて、タイミングをとるためのスプリットステップを必ず行い、足から動きます。軸足を決めてスペースをつくり、打点、フォロースルーなど4つの基本を実践します。

50往復という目標があるため、緩くつなげるボールになりがちですが、ボールの軌道は高すぎず、低すぎず、質を落とさないことです。集中力とリラックスが必要。ミスをしたらカウントは0（ゼロ）。連続して目標回数を達成すること。上達すると3〜5分で目標は達成できます。

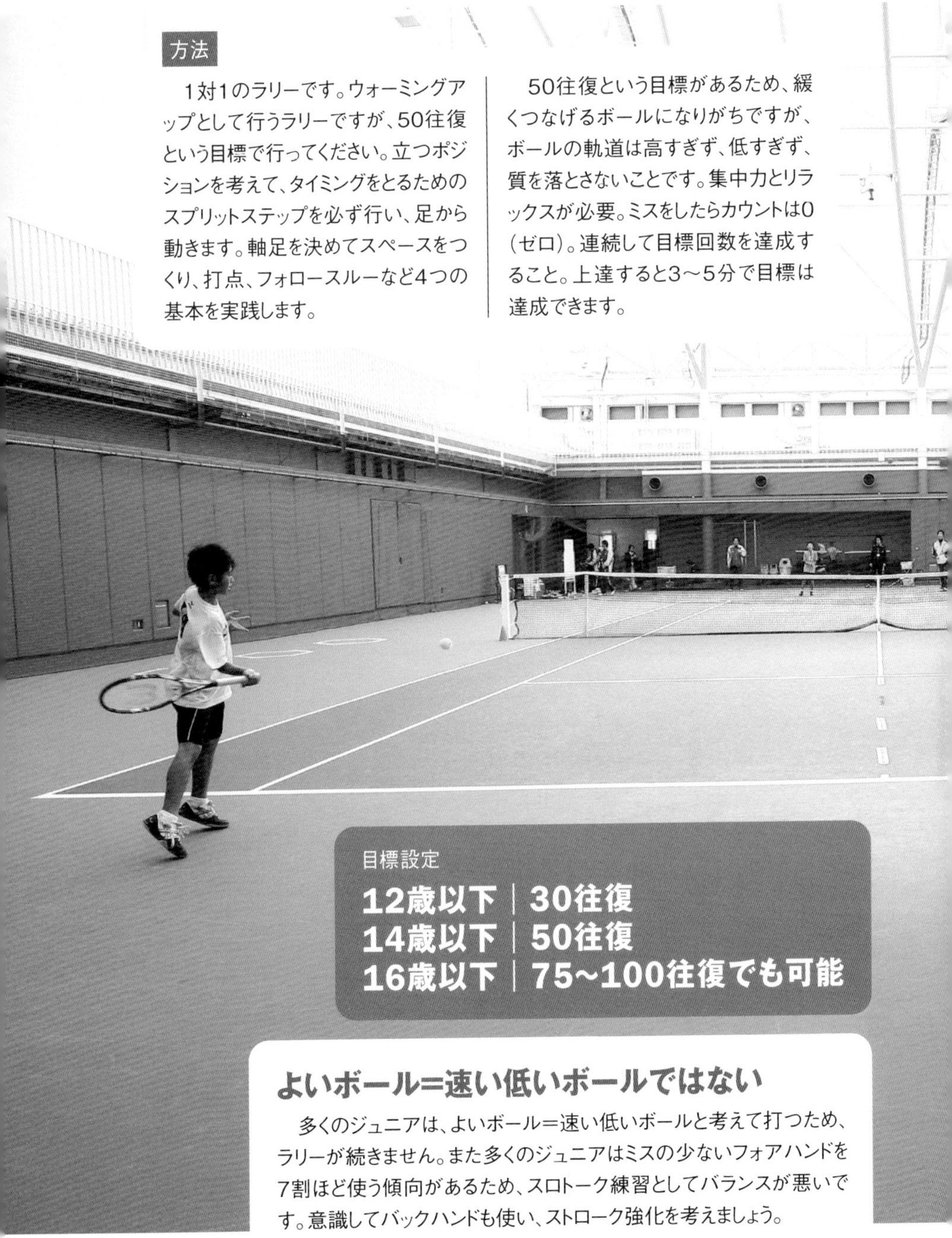

目標設定

12歳以下 | 30往復
14歳以下 | 50往復
16歳以下 | 75〜100往復でも可能

よいボール=速い低いボールではない

多くのジュニアは、よいボール＝速い低いボールと考えて打つため、ラリーが続きません。また多くのジュニアはミスの少ないフォアハンドを7割ほど使う傾向があるため、スロトーク練習としてバランスが悪いです。意識してバックハンドも使い、ストローク強化を考えましょう。

基本ドリル 2 6球ターゲットラリー クロスのバリエーションを増やす

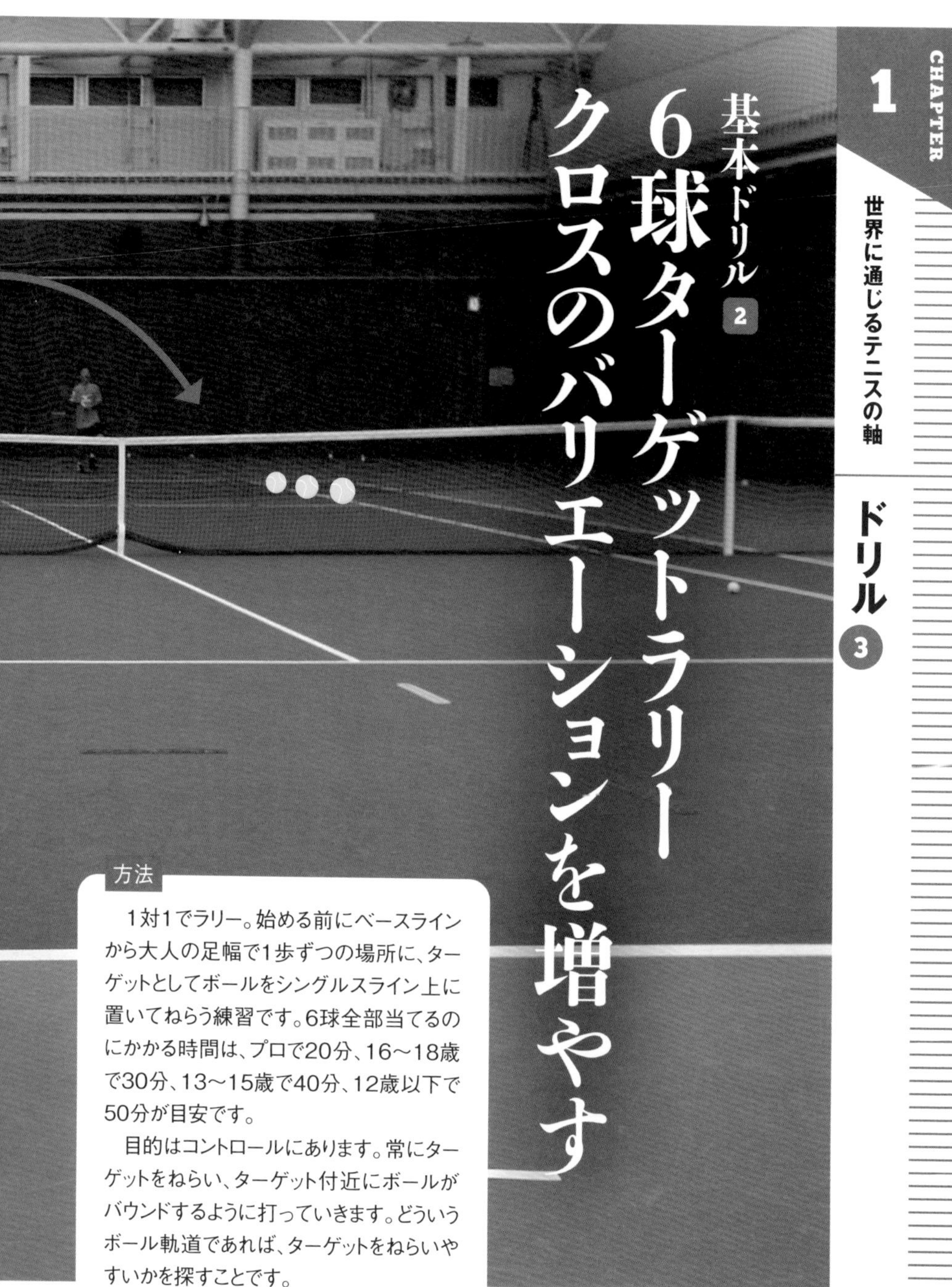

方法

1対1でラリー。始める前にベースラインから大人の足幅で1歩ずつの場所に、ターゲットとしてボールをシングルスライン上に置いてねらう練習です。6球全部当てるのにかかる時間は、プロで20分、16〜18歳で30分、13〜15歳で40分、12歳以下で50分が目安です。

目的はコントロールにあります。常にターゲットをねらい、ターゲット付近にボールがバウンドするように打っていきます。どういうボール軌道であれば、ターゲットをねらいやすいかを探すことです。

忍耐強くターゲットをねらっていきましょう。これは想像以上にたいへんな練習です。当たりそうで当たらない……それでも大丈夫。もっとも大事なことは、ターゲットをねらい続けることです。何度も練習していくうちに、クロスコートをねらう意識が変わっていきます。深いクロス、角度のあるクロスなど、試合中にターゲットが見え、自然とバラエティーあるクロスコートのショットを打てるようになります。

クリア時間の目安

プロ｜20分
16～18歳｜30分
13～15歳｜40分
12歳以下｜50分

6球のターゲットねらい続けてタフさを身につける

この練習はターゲットをねらう練習なので、意識を高めるために6球のターゲットを置いています。通常はエリア（またはゾーン）を決めたほうがねらいやすいです。

相手からの打球に対して予測して動くことが要求されます。バウンドする場所によって自分自身が動かされますから、常に足から動くことを心がけましょう。気持ちは常に自分から動いて、ねらい続けるタフさを身につけます。

ドリル 4

基本ドリル 3

クロスのアレーでラリー 角度をつけた重いボールを打つ

方法

1対1でラリー。クロスのアレーを使います。非常に距離が長く、しかも打ち合った上でコート外へ追い出される感覚があります。立つポジションが重要で、正しいポジションどりをし、正しい準備をして、肩を入れた状態でボールを打つための時間をつくります。

アレーを使ったクロスラリーは、ボールが自分から離れていくため、ボール軌道に正しく入って打つ必要があります。また、相手のアレーコートまで距離が長いため、よい打点（体の前）でとり、しっかりスイングしなければ相手まで届きません。打球後は素早く数歩戻ってリカバリーし、時間をつくることです。

連続3往復（球出しはカウントしない）を5セット、できたら、連続4往復を5セットというように増やしていきます。何往復までできるかに挑戦します。

目標設定

合計20回入るまで
連続3往復×5セット
連続4往復×5セット

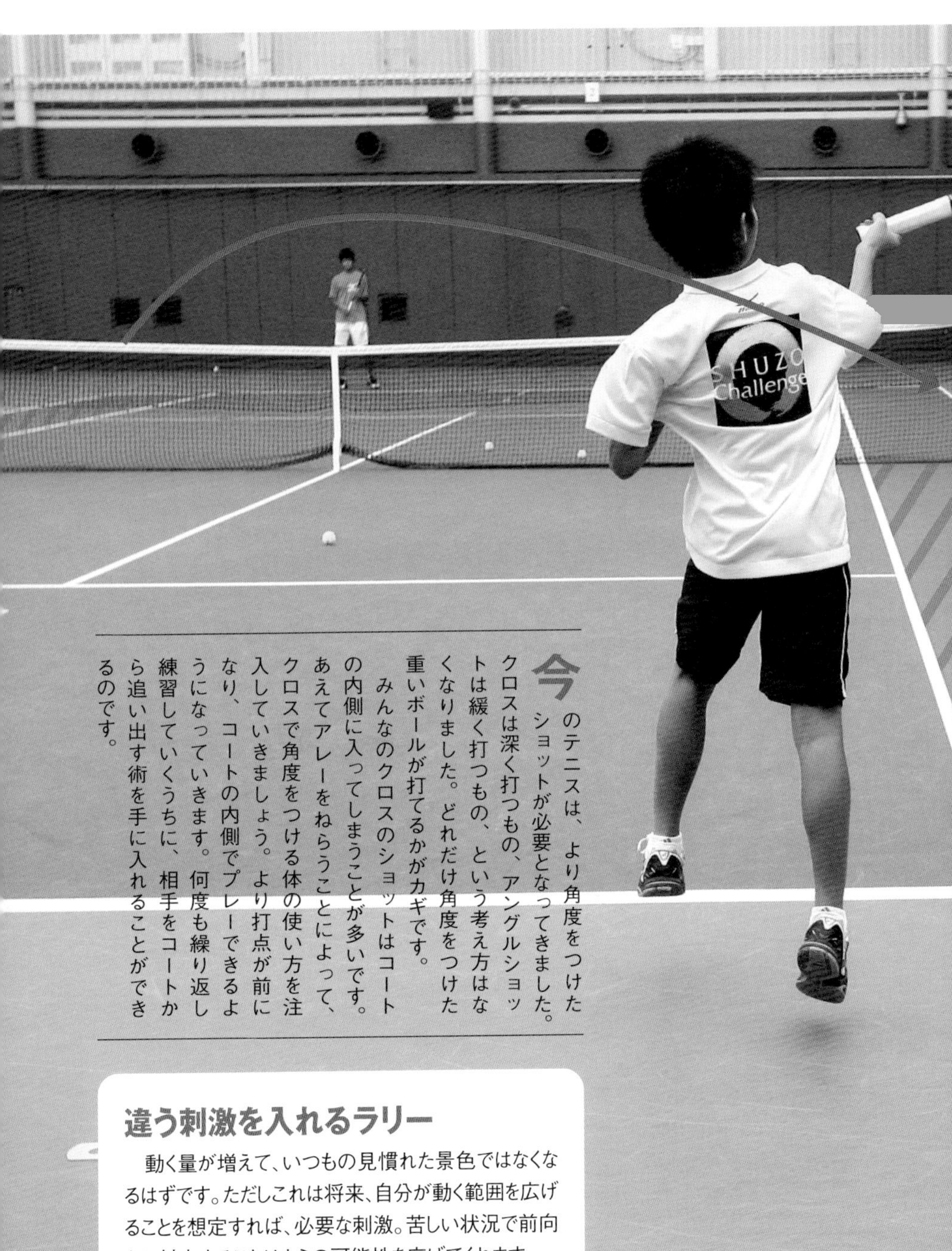

今のテニスは、より角度をつけたショットが必要となってきました。クロスは深く打つもの、という考え方はなくなりました。どれだけ角度をつけた重いボールが打てるかがカギです。

みんなのクロスのショットはコートの内側に入ってしまうことが多いです。あえてアレーをねらうことによって、クロスで角度をつける体の使い方を注入していきましょう。より打点が前になり、コートの内側でプレーできるようになっていきます。何度も繰り返し練習していくうちに、相手をコートから追い出す術を手に入れることができるのです。

違う刺激を入れるラリー

動く量が増えて、いつもの見慣れた景色ではなくなるはずです。ただしこれは将来、自分が動く範囲を広げることを想定すれば、必要な刺激。苦しい状況で前向きに対応することはキミの可能性を広げてくれます。

基本ドリル 4

ストレートのアレーでラリー修正力を鍛える

方法

1対1でラリー。ストレートのアレーを使います。クロスのアレーラリーよりもぐっと距離が短くなります。素早く準備して動き、時間をつくりましょう。

連続3往復(球出しはカウントしない)ができたら、連続4往復というように増やしていってください。何往復までできるかに挑戦します。

最初は得意なサイド(たいていはフォアハンド)でラリーをします。立つポジションが大切で、正しい準備をして、肩をしっかり入れて時間をつくり、ボールとの距離(スペース)もつくってラリーをします。

このアレーのストレートラリーは、飛んでくるボールが自分に向かってくる(正面に弾んでくる)ため、事前にボール軌道から外れて(離れて)スペースをつくる必要があります。ラケットを振ったときに、ボールに近すぎず遠すぎず、最適な打点でとることが正確なコントロールにつながります。

ショット設定

フォア対フォア
フォア対バック
バック対バック

ストレートのアレーを使ったラリーで修正力を鍛えていきます。テニスはミスをしたり、うまくいかなくなったときに、すぐに修正できるかどうかでレベルが変わっていきます。アレーに正しくショットを入れ続けることは困難です。だからこそ、アレーから外れてしまったときほど冷静になり、正しいテクニック、正しいフットワーク、そして正しい心に戻してプレーしていきましょう。さあ、キミの修正力を鍛えていこう。

ボールとの距離を正しくとる

緊張するとコートは小さく見え、動きも固くなり、リズムがなくなります。常に正確にねらい続ける基本の定着には、適度なストレスは必要です。その中でボールの軌道、スピードをコントロールしましょう。ボールとの距離を正しくとり、リズムよく、リラックスして打ち続けましょう。多くのミスは飛んでくるボールを真正面に待つポジションの間違いから起きるため、ボール軌道から離れることを意識します。

基本ドリル 5 ボレーボレー パンチボレーでつなげる

ボブは、練習の最初にボレーボレーから始めることが多いです。それはボレーのパートでも伝えたとおり、日本選手はボレーを練習する時間が少なく、ボレーに対して苦手意識を持っているからです。

大事なのは、ボールを浮かせてただつなげるボレーにならないようにすること。攻撃的なフットワークで、正しいテクニックとともに、相手のラケットめがけてしっかりとパンチするボレーでつなげる力をつけていきましょう。その練習を続けていくと、手がだんだん疲れてきてラケットコントロールができなくなっていきます。そんなときこそ、軸足をしっかりと、体でアタックする感覚で打つことを忘れないように。

ボレーボレーは相手との距離も短く、その中で集中力やタイミング力を手に入れることができます。繰り返すたびにボレーがうまくなり、試合でもネットにつくことに対して恐れなくなるはずです。

チェックポイント

①コンチネンタルグリップ
②ラケットアップ、バランス（姿勢）
③ステップイン（フットワーク）
④インサイドアウト対インサイドアウトも練習
⑤立つポジションはサービスライン上（12歳以下はサービスライン上から一歩内側）

方法

サービスラインに立って（ネットにつめすぎないで）1対1でボレーボレー。目標はノーミス、ノーバウンドで30往復（12歳以下）、50往復（14歳以下）、75往復（16歳以下）。常に予測して動き、空中でボールをとらえます。

ストレートでのボレーボレーも大切ですが、体から逃げていくボールもあり、よりていねいなフットワークが必要となるクロスコートでのボレーボレーにチャレンジしてみましょう。自分に向かって飛んできたボールを返すという取り組みではなく、自らボールをとりにいく、リーチを広げる意識を持ってください。

そのためには大きなスタンスで、ステップインを心がけて、打ったあとはリカバリーを忘れずに。

目標設定

12歳以下	30往復
14歳以下	50往復
16歳以下	75往復

ドリル7

2対1のドリルの考え方

ボブがベースにしている練習が2人対1人です。ボブにとっての師匠であるハリー・ホップマンさん（※）が生み出した、体力的にも技術的にもレベルアップできる、もっともタフなドリルと言えます。

2対1のドリルは正しい方法で練習して、初めて自分のテニス力が上がっていくのです。コーチ側にも役割があり、ストロークの2対1で球出しをする場合は、2人側のベースライン近くのセンターにボールバスケットとともに立ちます。そうすることで1人側に、真ん中にボールを打たせず、ラインをねらうことを意識させ、1球目から生きたボールを打っていくように指導します。球出しはふんわりとしたボールを出すのではなく、ラリー中のような鋭いボールを出します。選手に、なるべく真ん中に打たせないように、2、3歩動かす、または追い込むボールも必要になります。

1人側は相手が2人いてもシングルスをイメージしてプレーする

1人側は相手が2人いてもシングルスで戦っていることをイメージします。1対1ならライン際に打ったショットは相手を動かした状態になるため、チャンスボールがくる機会が多くなりますが、ただ、このドリルは相手が2人いるので、どれだけライン際にナイスショットを打っても、目の前にいるのでびくともしません。普通にボールが返ってきてしまうのです。

まさに相手は壁のように、どんなショットでも返してくる最強のプレーヤーになってしまいます。相手が構えている場所に打とうとすると、ラインより内側に入っていくことになり、試合では甘いボールになってしまうのです。あくまでもラインをしっかりとねらい、同じ場所になるべく3回以上打たないようにします。そして、球種やスピードを変えながら試合をイメージして行いましょう。2対1、キミにとってこれ以上強い相手はいません。

（※）オーストラリアの元デビスカップ監督。アメリカ・フロリダ州にホップマン・テニスアカデミーを開設した。ジョン・マッケンローをはじめとするトップ選手を輩出したアカデミーで知られる。僕もボブの紹介で留学していた

基本

2対1の練習は、この4つのパターンをベースにします。

◯ コーチ
◯ 選手

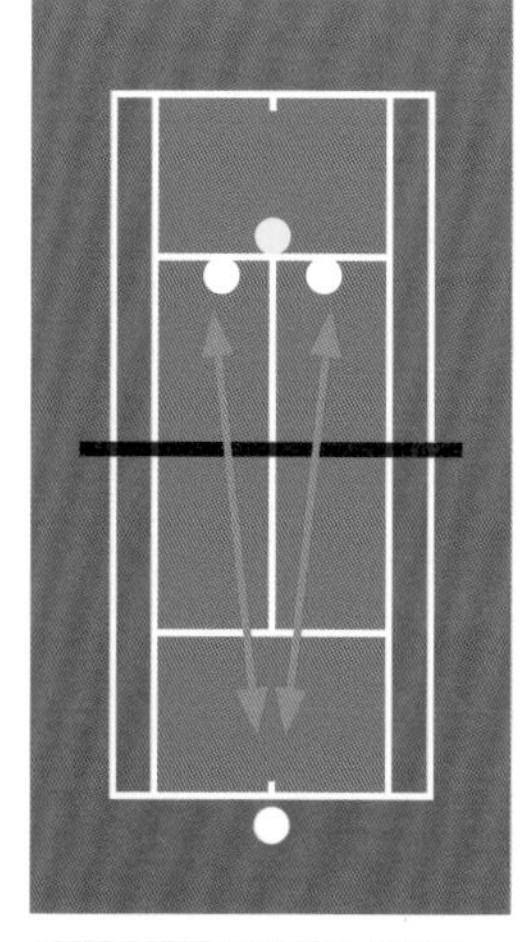

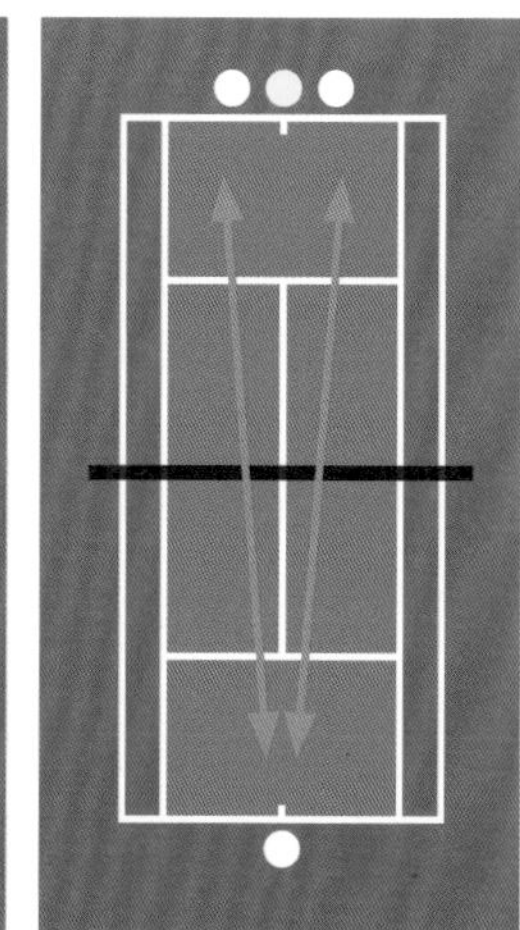

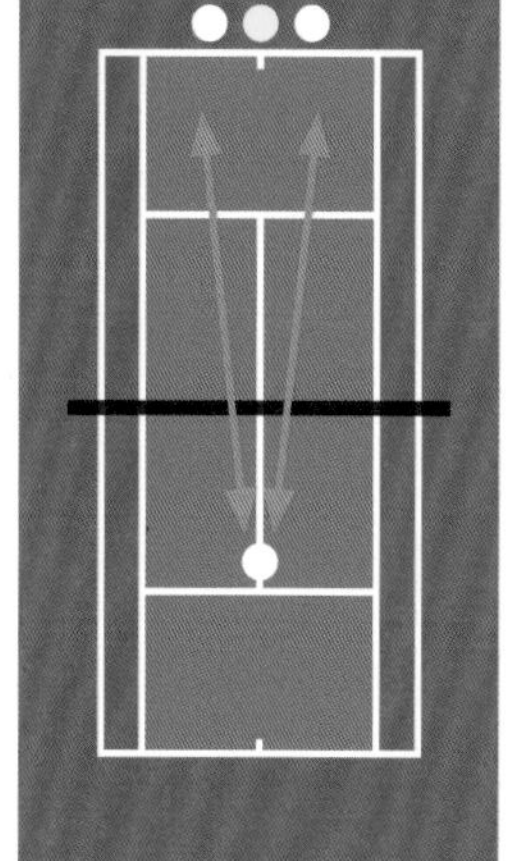

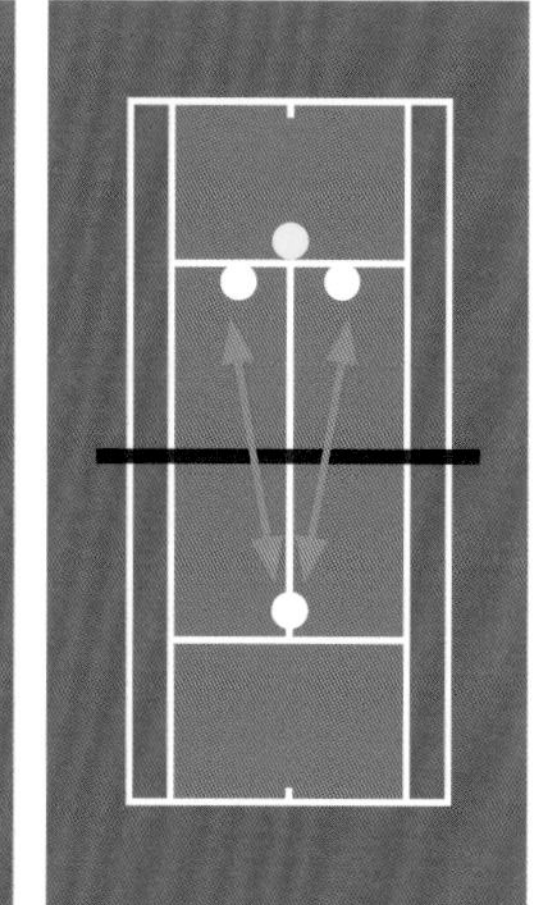

バリエーション

1人のほうがポジションを変えることで、さまざまなバリエーションがつくれます。

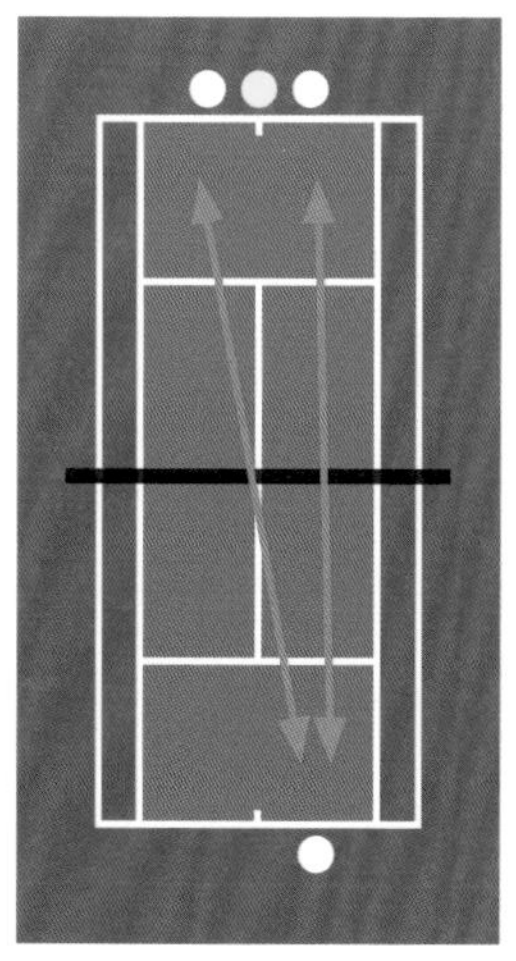

ここからドリルを変化させていく

コーチの場所と球出し

コーチが立つ場所は選手の間です。そうすると選手はコーチのいる場所に打てなくなります。1球目からねらっていきます。コーチの球出しはふんわりしたボールを出すのではなく、ラリーのような球出しをして緊張感をつくります。

基本ドリル 6 2対1のラリー

2対1のラリーの例を紹介していきます。2人側は1人に対し、エースは取らずに動かしていき、バランスを崩しにかかります。1人のほうはここまでやってきた基本をどこまで出せるかに挑戦し、きついときにもバランスを崩さず、安定したラリーを心がけて体力をつけます。

この練習は速いボールを打ってエースを取る練習ではありません。それぞれが目的を意識しながら、ショットのバリエーションを使ってプレーしましょう。

コーチの役割

コーチは選手を限界まで追い込んでいきますが、選手の疲労度を見てストップをかけるようにしてください。

基本ドリル 7
2対1のボレー対ストローク

2対1のボレー対ストローク は、ストローク側（1人）にとって体力、反応力、判断力が試されるドリルです。

1人側が気をつけたいことは、1対1のストロークと違って距離が短かく、かつ返球が早くなり準備する時間が少ないということです。そのため、目の前のボールを単に一所懸命、強打しがちです。そうではなく、正しい一所懸命で、自分のテニスの土台をがっちり固めていきましょう。

この練習は、シングルスを意識してライン際に打つことも大事ですが、シングルスコートで

相手の体に向かって打つより足元に落とす

ネットにいる相手の体に向かって打つのではなく、足元に落とすショットを多用してください。相手のバランスを崩すために、ドライブ、またはアングルショットと緩急を混ぜ、ボレーが浮いてくるように仕向けましょう。ロブも忘れないように！

のダブルス（相手は2人）と想定し、どのようにポイントを奪っていくか、バラエティーに富んだショットにチャレンジしてください。2人を前後左右に動かし、パスを抜けるスペースを見つけていきましょう。きつい練習ですが、さまざまなショットを試して、ワクワク感を持ちながらチャレンジするのがポイントです。

基本ドリル 8 2対1のストローク対ボレー

2対1のストローク対ボレーは、ボレー側（1人）にとっては、体力、バランス力、瞬発力を養うためのドリルです。

目の前にボールはほとんど飛んでこないため、前後左右へ、激しくも落ち着いたフットワークが常に必要となります。ボレーのスタンスは広く。一歩を大きくして、左右のボールは斜め前にステップする努力をしていきましょう。お辞儀するように体が曲がらないこと。正しいステップで、正しい姿勢を保ちましょう。

パスを抜かれないようにチャレンジする

ストロークが2人だからこそ、パスを抜かれる機会は多くなります。それでもボレーヤーは壁のように立ちはだかってください。ネバーギブアップ力を発揮します。どんなことがあってもラケットを出すこと。そうすると最初はラケットに当たらなくても、チャレンジしていくうち自然と取れるようになっていきます。

気をつけたいのは毎回のポジショニングです。相手が打つ位置に対して、どこに構えることが最適かを探ってください。

ロブは必ずスマッシュで返球することを心がける

ジャンピングスマッシュを打つと体力を消耗します。けれども、疲れてきたときにどれだけバランスよく、そして大胆なフットワークでボールをとらえることができるか、トライしてみてください。

そしてスマッシュを打ったらすぐにネットにカムバック。難しいスマッシュの後の相手の返球は、ワンバウンドさせず、どうにかしてノーバウンドでボレーができる力をつけていきましょう。広いステップで距離を稼ぐ動きにチャレンジしてみてください。きつい練習ですが、積み重ねによって試合でのネットプレーに大きな自信を持つことができるはずです。

基本ドリル 9

2対1のボレー対ボレー

2対1のボレーボレーでは、1人側は瞬発力を試されます。全集中でプレーしないとラリーが続きません。シングルスではポイント中にボレーボレーになることはまずありませんが、お互いの距離を短くし、1人側はどこに打っても相手が2人という決まらない状況で練習することで、よりアグレッシブにテンションを高く保たなければならず、休む暇もまったくないという、最高の練習ができます。

2人側とコーチは1人を動かす

2人側、そしてコーチは真ん中にボールを集めるのではなく、いつも相手を動かすことが大事です。エースを取ることはしないようにします。

疲れてきたときこそ基本が大事

疲れてきたときこそ正しい構えとフットワーク、テクニックで踏ん張りましょう。この練習を積んでいけば、試合中にボレーをするときはボールがゆっくりと感じられるようになっているに違いありません。

この写真は2対1のストローク対ボレーからボレーボレーの展開になったものです。

ドリル 12

手出しドリルで細かい箇所を上達させよう！

ラケットで球出しするだけでなく、手出しで始まるドリルも活用していきましょう。

ボブはカナダ（2006～08年）やイギリス（2014～15年）のジュニア育成に携わるようになってから、手出しの練習を多く取り入れるようになりました。僕はその練習を見て、低年齢をより多く指導する中で、基礎を正しく直すためには選手の近くで修正していくことが大事なのだと感じるようになりました。

ボブは手出しで球出しをしながら、的確なアドバイスをしていきます。間違っていたらすぐに自分自身が模範となり、フットワークやスイングなどをわかりやすく説明し、選手に正しいイメージを持たせ、それを繰り返し行っていくのです。

ボブは2つのことを同時に伝えることはしません。ひとつずつていねいに（伝えて）変えていくことがカギです。たくさんのことを選手に詰め込まないこと、シンプルに直していくことを重視しています。

ボールバスケットの位置から、ただ手出しをしているのではなく、選手の動きを見ながら逆をついたり、一緒に動いたり、さまざまな状況をつくり出し、選手の心の中に入っていくのです。まるで魔法のように短時間で選手の修正点

を見つけ出し、ひとつのポイントにしぼって正しいテニスへ導いていくのです。

　またボブは、フットワークに関しても細かく指導していきます。特に細かいステップ、余計なステップをしたときには何度も修正し、できるまで反復させます。そのときの練習は速い動きではなく、歩くくらいのゆっくりとした動きで、ステップの形を体に覚え込ませることを大事にしています。

　球出しを手出しすることにより、選手を振り回しながら追い込む練習、フォアに回り込む練習、チャンスボールを決める練習、後ろに下がるフットワークなど、テニスコートでの動きのすべてをチェックしながら基礎をしっかりと身につけていくように進めます。

　僕自身もボブの横で通訳をしながら、ジュニアに伝える言葉は何か、見極めることを学んできました。少しでも〝ボブの指導力〟を伝えることができればと思っています。

手出しドリル

基本ドリル 10
サイドのカバーリング

いい位置に入って踏み込んで打つ

もっとも大切なことは一所懸命走り、どんなボールもあきらめないことです。サイドに走ってボールを打つときはバランスを崩さないように努めます。そのためにはいい位置に入ることです。

そのとき軸足をしっかり止めて踏み込んで、体重を乗せて打つことです。打点が遅れないようにするためにも、ボールは常に「前」で見てください。

方法

コーチと選手は同じコートに入り、コーチはネット近くの中央から手出しで球出しします。選手はセンターからスタートして、左右のボールを返球します。

左右のボールをすべて返球する

基本ドリル 11

サイド&前後のカバーリング

左右、前後のボールをすべて返球する。ボールを打ったら必ずリカバリーする

方法

コーチと選手は同じコートに入り、コーチはネット近くの中央から手出しで球出しします。選手はセンターからスタートして、左右と前後のボールを返球します。

ボールに合わせた動きをしていると拾うだけになる

ボールに合わせて走らない

できるだけ早くいい位置に入り軸足を止めて、体重を前に移動して打ちます。早く追いつけばそれができますから、逆を言えば、それができるように早く追いつくように努力することです。

よくあるのが、ボールに合わせて動くこと。ボールに合わせて動いていると、合わせる動きしかできなくなります。ボールを拾う動きばかりとなり、ディフェンスからオフェンス(攻撃)に転じられません。

前後のショットのつながりをイメージしましょう。いつもイマジネーション(想像力)を持ってください。左右のショット=ディフェンスショットを打ったあとに、前で打つことになったら、それは攻撃に転じる場面。ディフェンス(後ろ)からオフェンス(前)へ素早く移り、打点を落とさずしっかり打ち抜きます。

基本ドリル 12

キャッチボールでフォアボレー＋バックボレー＋スマッシュ

方法

コーチが素手で球出しし、選手も素手でキャッチします。フォアボレー＋バックボレー＋スマッシュの組み合わせで、キャッチボールを行いましょう。ただし、選手はボールをキャッチしたあとはサイドにボールを転がし、次のボールに備えてください。規則的な練習のあとは、ランダムな練習に移ります。

フットワークとバランスを鍛える練習です。足を十分に使い、スタンスを広くして体が倒れないようにし、姿勢よくボールをキャッチします。キャッチしたあとはサイドにボールを転がし、次の準備に入ります。

一瞬でもプレーをあきらめる（途切れさせる）とバランスがすぐに崩れます。だから何があっても決してあきらめずにプレーを続け、常にバランスを維持するようにします。重要なのはスタンスを大きくとり、自分自身が大波になったようなつもりで大きな動きをすることです。これはディフェンスのための動きでもあり、アタックのための動きでもあります。

スタンスを広く、大波になったつもりで大きく動く

基本ドリル⑬

キャッチボールでフォアボレー＋バックボレー

方法

コーチが素手で球出しし、選手も素手でキャッチします。2球使用し、1球を地面に転がし、選手はそのボールに追いついて素手でキャッチします。キャッチしたらコーチに転がして返球します。コーチは返球と同時に逆サイドにボールを転がして、選手は素手でキャッチしたあと、またコーチに転がして返球します。規則的な練習のあと、ランダムな練習に移ります。

低い姿勢で目線を維持し、バランスを保つ

基本ドリル⑫よりもさらに足に負荷がかかる練習です。地面に転がるボールを拾うわけですから、できるだけスタンスを広くとって体勢を低くし、バランスを維持します。低い姿勢を保って目線の高さを変えないように、腕は縮めず伸ばしてバランス維持に努めます。

攻撃 1

フォアハンドで攻撃する

正しいフットワークを使い、体の前に〝空間〟をつくることができれば時間的な余裕ができ、〝オープンコートを探して打つ〟ことが可能になります。つまり、厳しいところに強いショットを打つこともできます。

その空間の中で大きな武器となるのがフォアハンドです。素早く構えたフォアハンドは、その体勢をつくっただけで相手にとってはプレッシャーとなります。つまり、そのフォアハンドで打つということは、試合の主導権が握りやすくなるということです。

そしてチャンスなら、ベースラインの中に入って打っていきます。

一方、守備に回ったときでも、守

もっとフォアハンドを打っていく

日本のジュニアは、センターマークを境にフォアとバックを50%ずつ打っているケースが多いです。しかし海外のジュニアは60対40、70対30とフォアのほうを多く使っています。50対50では、フォアを使って厳しいところに強いショットを打っていく機会が少ないということです。

フットワークを使って、フォアに回り込んでいく比率を上げることが必要です。そうすれば、厳しいコースに強いショットを打ち込む回数も増えていきます。

りから攻撃につなげるためのフォアハンドを打つという攻撃意識が必要です。常に、自分から攻撃するためにはどんなショットが必要かを考えながらプレーします。

そして何よりもっとも重要なことは、ミスをしないことです。ミスをせず、必ずボールをコートに入れることが、相手にとって一番のプレッシャーになります。

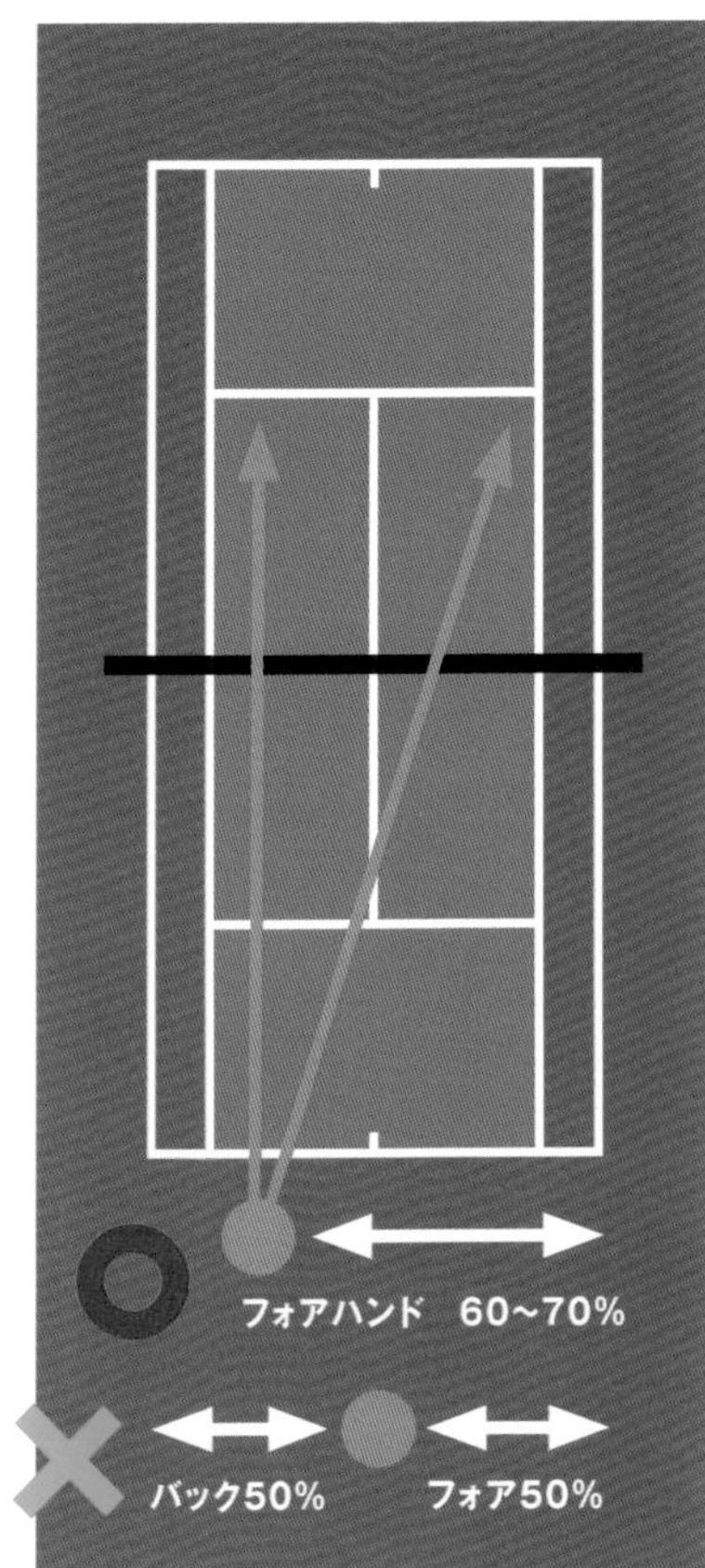

積極的に回り込み、フォアハンドの比率を上げる

フォア50%、バック50%のジュニアが多いです。コート半分をバックで打つというのはナンセンス。なぜならフォアで早く構えたほうが、相手は脅威を感じるからです。フォアの比率を上げたほうが、ゲームの主導権を握れます。

ベースラインより前のスペースを使う

ベースラインより前の空間を有効に使います。浅いボール、チャンスボールは逃してはいけません。そのためには、いつでもベースラインの中に入っていけるように準備しておくことが大切です。いいショットを打ったらベースラインの中へ進出できる！という心構えを常に持っていることが必要になります。この空間意識がステップアップの大きなポイントです。

　また、深いボールや激しいボールに対しても、ただラケットを合わせるだけではいけません。正しいショットを選択し、守りながら次の攻撃への準備を心がけることです。守りから攻撃につなげられる、その瞬間を逃さないことです。

正しいポジション

　日本のジュニアたちを見ると、ベースライン上に立って練習している様子を多く見かけます。練習では、ライジングで気持ちよく打てているように感じてしまい、コーチも見過ごしてしまうところです。

　思い出してください。世界で活躍したいのであれば、重いボールを打たなければなりません。体全体を使わずタイミングでボールをとらえて、厚い当たりにならないショットは、速く見えてもボールは軽いのです。相手のコートでしっかりと弾んでいく重いボールを打つためには、しっかりとしたポジションで、体全体を使って打つことが必要になります。

　そのためにもポジションは、ベースラインよりも一歩下がった場所を定位置にしましょう。浅いボールが来たら、もちろん素早く反応し、コートの内側に入り、ボールを落とさずに打っていきます。深いボールなら一歩下がり、しっかりとスペース、空間をつくり返球していくことを心がけていきましょう。フットワーク、体力的にもタフですが、だからこそ上達するとともに試合に勝つストロークを手に入れることができるのです。

「YES!」「NO!」と声に出してみよう

チャンスボールを素早く見極め、体が自然と反応する力を身につける方法として、「YES!」「NO!」と声に出してプレーすることにチャレンジしてみましょう。相手が打った瞬間、チャンスボールだと思ったら「YES!」、相手のボールが深く、しっかりと打ち返す場合は「NO!」と叫んで、打つ準備に入ってください。これをすると見違えるように反応が良くなります。

YESかNOかを判断したことによって、何をすべきかがはっきりし、決断力がついていきます。攻めるボールなのか？ つなげるボールなのか？ その見極めがしっかりとできるようになると、予測力が増していき、自然とフットワークも攻撃的な動きに変化していきます。

\YES!/

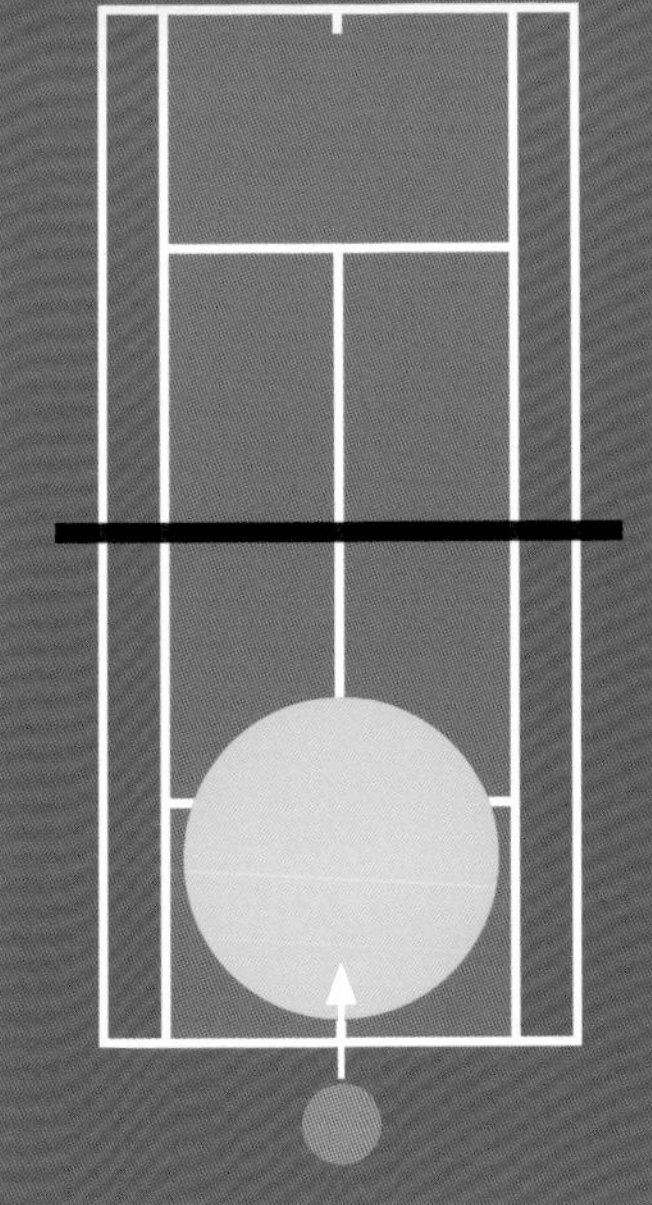

声に出すとわかる反応力

声に出すとわかるのが反応力です。最初は、「YES!」「NO!」と叫ぶ反応の遅さにびっくりするのではないでしょうか。相手のボールがネットを通過した時点で判断してしまう選手がほとんどです。より相手を観察し、全集中でボールの見極めをすることで、キミのテニスは次のレベルに上がること間違いなし！

このスペースを使えるかが重要

この空間を有効に使えるかどうかが、世界で戦える選手になることができるかどうかを決める大きなカギになる

バックハンド強化 1

バックハンドを武器にしよう！

キミのバックハンドは安定していてスキのないバックハンドだと周りから言われる力をつけていきましょう

ストロークにおいてフォアハンドは武器でありとても大事です。では、キミにとってのバックハンドはどうとらえていますか？

基本的な考え方として、バックハンドを弱点にしてはいけません。バックハンドはキミにとってひとつの武器にしてほしいのです。ただ、フォアハンドとは違います。強烈なショットでなくていい。安定してミスのない、相手に攻められない、そして、いつも相手を動かすことができるバックハンドを身につけてください。そのためには正しい準備、フットワークが大切です。

錦織選手のバックハンド完璧な準備

完璧な準備があればストレート、クロスを選択できる

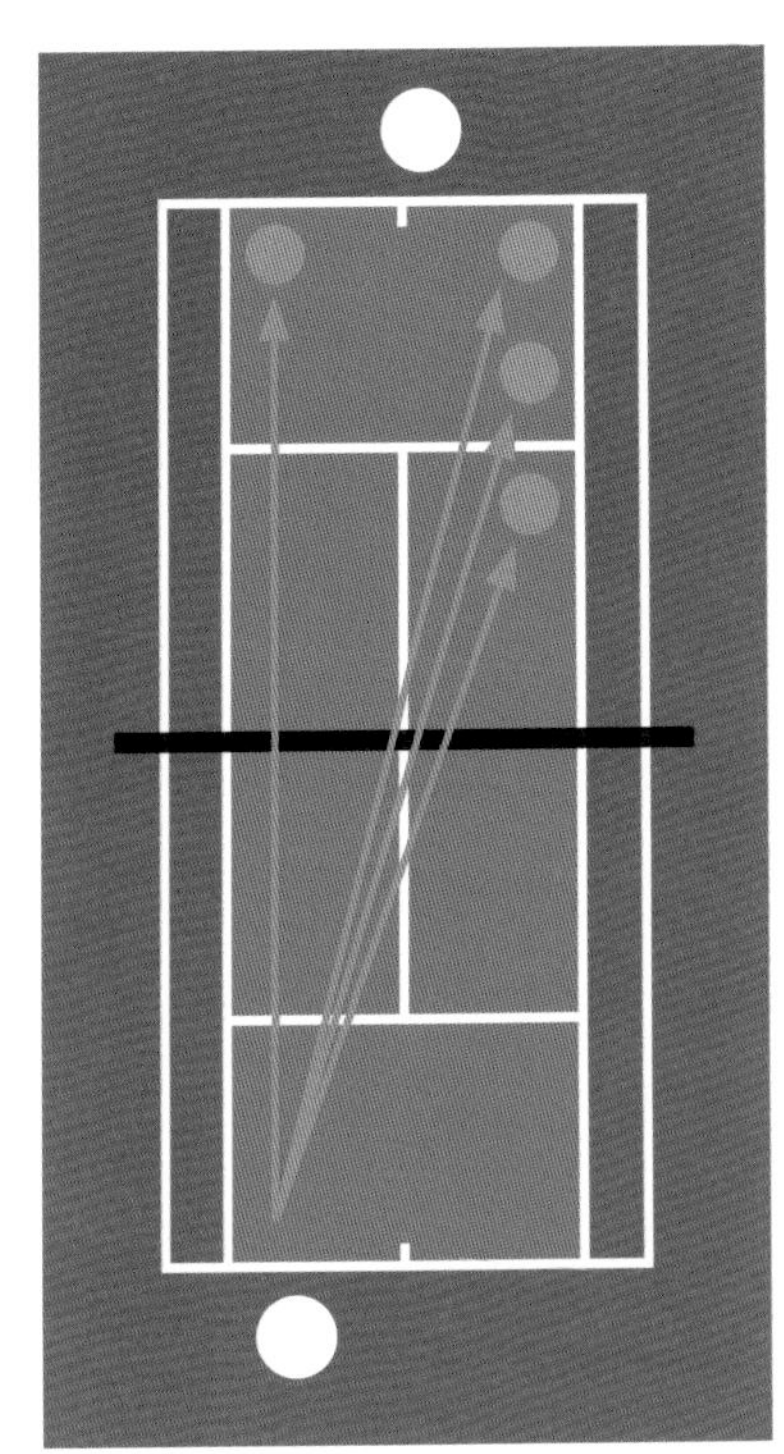

バックハンドで打ちたい基本となるコース

相手をいつも動かせるように、どこにでも打てるようにする

○どこにでも打てる準備

後ろ足がボールにしっかり追いついた完璧な準備。前方に足を決められたときは、体重の乗った重いボールを打ちたい方向へ打てる

打てるコースが限られている準備

ボールに十分追いつけず、足がクロスしていると体重の乗った重いボールは打てない

ストレートのバックハンドを好きになろう！

バックハンドのストレートは、ストロークの中でももっとも難しいショットになるでしょう。バックハンドのストレートを自由に打つことができないと、キミのテニスの戦略の幅が狭くなってしまいます。

気づいてほしいのは、バックハンドのストレートは決して勝負のときに放つショットではないということ。トッププロの試合でストレートにエースを取るシーンをよく目にしますが、そ

れは確かに気持ちのよいショットです。ただ、完璧な構えができたときだけ、それは許されるのです。みんなは無理な体勢からでも勝負することが多く、ほとんどの場合、ボール2、3球分、サイドにミスをしてしまうことがあるのではないでしょうか。

だからこそ、つなげるバックハンドのストレートを覚えてください。決して速いボールは必要ありません。エッグボールでストレートに打つことによって、相手を動かし、いつでもストレートを警戒させておくことができます。世界の中でももっとも安定し、バラエティーに富んだバックハンドの持ち主は錦織選手です。錦織選手の試合を見ながらバックハンドの使い方を学び、そして自分のモノにしてください

錦織選手のバックハンドストレート

スライスの種類をたくさん持とう

スライスの使い方は一昔前と相当変わり、現在のスライスは、ディフェンスだけではなく、オフェンス（攻撃）でも多用するようになりました。深いスライスだけではなく、あえて角度のついたスライス、短くバウンドしてからコートの外へ逃げていくようなスライス、ゆったりとしたスライス、鋭く滑っていくスライスなど、スライスの種類をたくさん持っていることが、プレーの幅を広げることになります。

まずは練習でチャレンジし、どんどん試合に取り入れていきましょう。スライスは少し遊び感覚があったほうが、上達するのが早くなります。

回転量の増減、深さ、高さ、コースを変更する

スライスひとつをとっても、多くのショットをつくり出せることがわかります。これをベースに、スピンも同じように考えられるはずです。

回転量の増減、深さ、高さ、コースの変更によってもさまざまなショットをつくり出すことができます。これを自分の中にためていき、必要な場面に必要なショットを選び出せるようになってください。

スライスのバリエーション

深いスライス

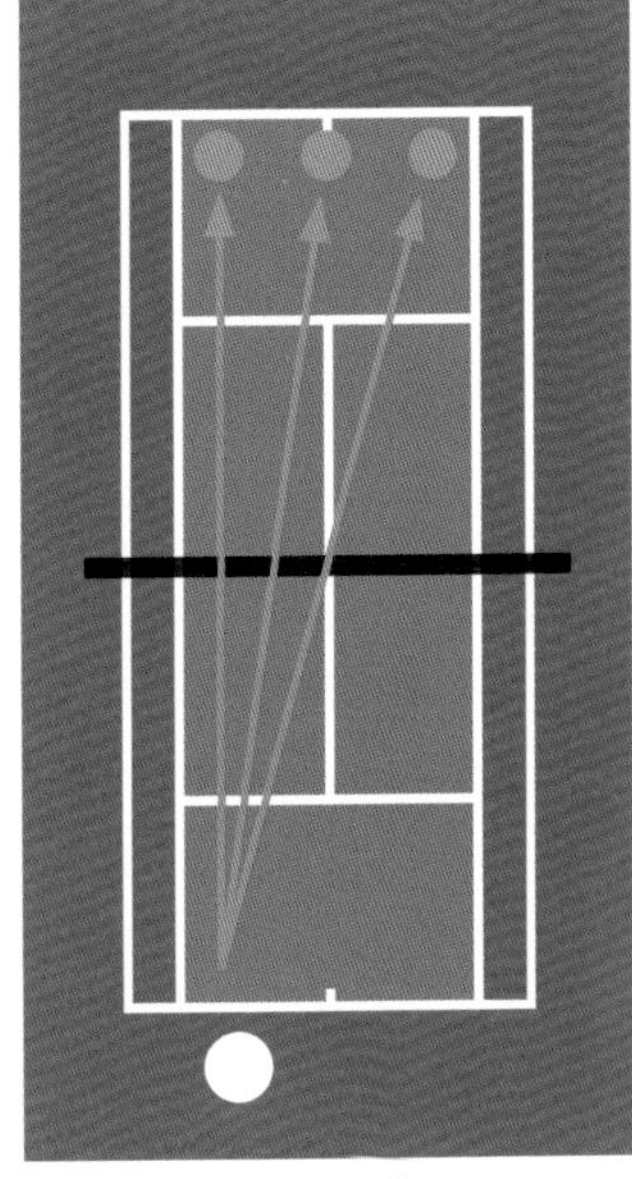

深いスライスを3ヵ所に打つ。
スピードを自由自在に

浅いスライス／緩いスライス

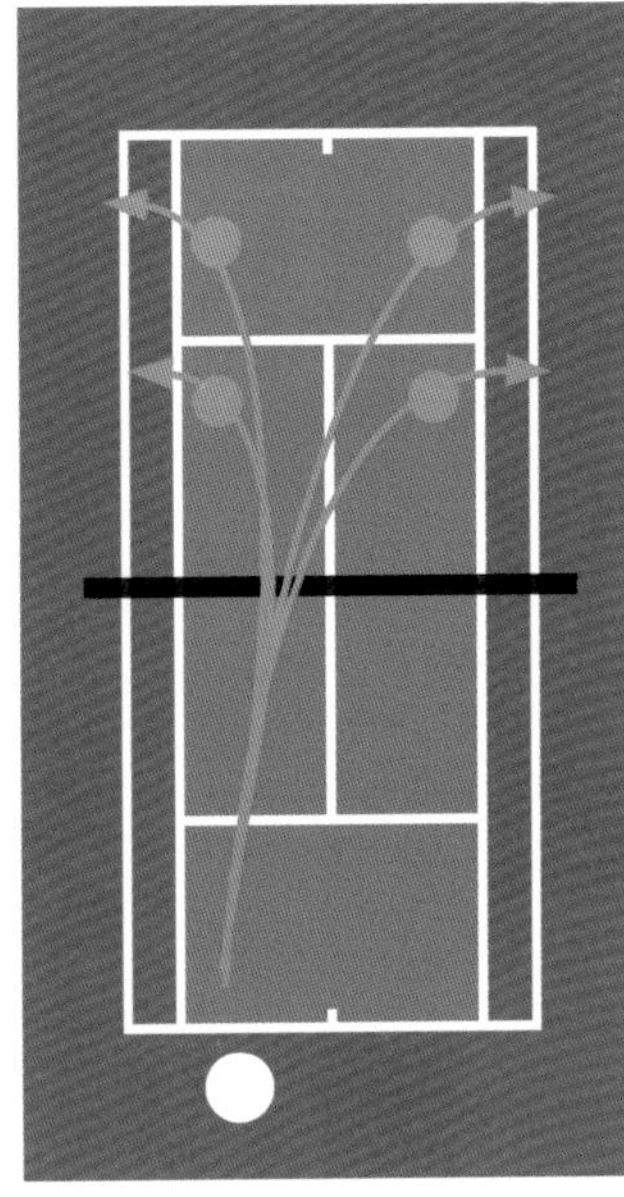

浅いスライスを4ヵ所に打つ

浅いスライス：浅く打って相手の体から離れていくスライス
さらに浅いスライス：（ドロップショットではなく）相手に向かって弾んでいかないスライス。相手は非常に打ちづらい

CHAPTER 1

世界に通じるテニスの軸

アプローチショット❶

アプローチショットを打って相手をディフェンスに追い込む

アプローチショットは、ネットにつくショットであり、相手に近づいていく、プレッシャーをかけていくショットです。勢いが必要ですが、条件としてミスをしないことが大事です。

意識してほしいことは、できるだけ早くボールに追いつくということ、そうすればボールをじっくり、ゆっくり打つことができ、相手はその余裕を見てプレッシャーを感じることになります。早く追いついて時間を余らせるイメージです。

ところが、多くのジュニアがこれと逆の発想でプレーしています。ゆっくりと動いて、ボールを打つときに慌ただしくなるのです。素早く正しいポジションに入り（バランスを保ち）、自由自在にボールを打てるようにしましょう。

できるだけ早く追いつくことが相手にプレッシャーをかける

ボールに早く追いついて、時間を余らせる

時間を余らせれば打つときに余裕ができる

アプローチショット ②

ネットへ出ていく動きとポジショニング

アプローチショットはネットにつく、つながりのショットであるため、一度止まってから動くのではなく、ひとつの流れの中で打てるテクニックを身につけてほしいのです（左写真）。

またスライスのアプローチショットは、ボールが滑っていくイメージを持って、ネットにできる限り早くついて、相手にプレッシャーを与えましょう。

ひとつの流れの中で打つ

アプローチショットはネットにつく、つながりのショット

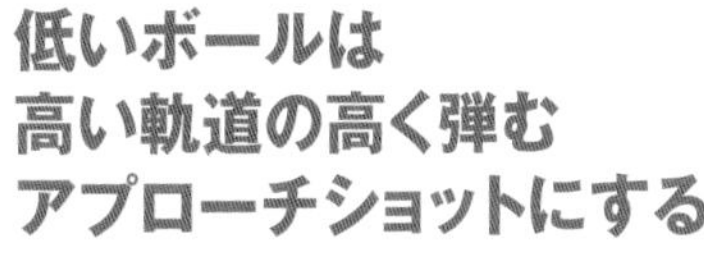

低いボールは
高い軌道の高く弾む
アプローチショットにする

低く浅いボールに対しては、高い軌道でよりボールが弾むようにアプローチ

相手のショットがスライスの浅いボールなど低いボールに関しては、強打するのではなく、高い軌道でよりボールが弾むアプローチショットで勝負しましょう。バウンドした後、相手はベースラインより下げられた状態でパスを打つことになります。

そして、アプローチショットは打った方向に動くことが基本です。ネットでの守備範囲を広くするためにも、正しいポジションが必要なのです。

レッツチャレンジ 1

チャンスと感じたら相手のスキを見て攻撃だ！

テニスは、どれだけチャンスをチャンスにできるのかの戦いでもあります。レベルが高くなればなるほど、チャンスボールはなかなかやってきません。ラリー中での「最初のチャンスボールを必ずチャンスにする！」ことを目指しましょう。

183ページの「(チャンスボール) スペース」を見てください。スペースに早く気づき、攻撃することはもちろんですが、ラリーの中にチャンスは隠されているのです。

相手がスライスの構えを見せたら……

重いボールが効いて後方へ押されると、相手はバックハンドスライスで返球せざるを得なくなる

練習 1

チャンスと見たらキープ・ランニング

一気にネットにつめてボレーで決める

スライスが浮いてきたら、キープ・ランニング＝止まらずにネットへつめてボレーで決める

相手がバランスを崩したらキープ・ランニング

ショットを放ったあと、相手がバランスを崩したと感じたらキープ・ランニング。ネットにつくことにチャレンジしてみましょう。相手に、いつ、どんなときでも攻撃してくると感じさせることが大事です。たとえポイントを失ったとしても、それはナイストライ！ 試合の中では必要なプレーです。チャンスと感じられる場面をどんどん増やしていけるようにチャレンジしていきましょう。

練習 2

セカンドサービスをアタックしてボレー

セカンドサービスをアタックしてネットをとり、 サーバーにプレッシャーをかける

サービス側はセカンドサービスのみ。リターン側は必ずアタックしてネットにつきます。

リターン側はオーバーヒットしてはいけません。いつもよりリターンポジションを前にして高い打点でとらえ、相手の時間を奪えるように心がけましょう。試合中、リターンからアタックするポイントを増やしていければ、相手はセカンドサービスを打つときに大きなプレッシャーを感じます。

対してサービス側は相手に攻められないように、球種、スピード、場所を工夫して打ちましょう。

練習 3

セカンドサービス&ボレー

セカンドサービスを打ってネットにつめる練習

セカンドサービスからネットに出るサーブ&ボレーです。セカンドサービスなのでリターン側が有利ですが、セカンドサービスの球種、スピード、ポジションを工夫して、サーブ&ボレーでポイントが取れる戦術を考えましょう。

ポイントを取られても大丈夫！ チャレンジすることでネットにつく流れ、イメージを身につけることができます。試合中でもチャレンジすれば相手にとってサプライズとなります。

レッツチャレンジ③

ビッグポイントのために常に攻撃の可能性を見せておく

だからこそ、さまざまなショットを組み合わせて武器をつくることが大切なのです。ワンパターンでは相手は何も考える必要がないので、何もプレッシャーを感じません。

1 重いボールで相手の体勢を崩す

2 強打もしくはアプローチショットで、相手にさらにプレッシャーをかける

3 ボレーでとどめを刺す

攻撃的なゲームをするときの考え方のひとつとして、攻撃するという態度を相手に見せておくことが重要です。これによって相手の脳裏に「攻撃してくるプレーヤー」という印象をインプットさせることができます。

そうするとタイブレークや30－40などの大事なポイントのときに、相手はそのことを思い出して、頭の中を混乱させることになるのです。つまり、相手にプレッシャーをかけることになります。

チャレンジを楽しもう!

テニスは毎回、ひとつの決断しかできません。クロス、ストレート、パス、ロブ……そのときこれが一番正しい選択だと思って行ったことは、たとえ失敗しても不安になる必要はありません。チャレンジは正しいのです。修正は必要となりますが、チャレンジし続けることが大切なのです。

そしてテニスは勝つためには何をすればいいか、常に考える状況に自分を置いてください。プレーするときだけでなく、いろいろなプレーヤーのテニスをよく見て、研究して、自分のテニスを上達させることも大切です。もしその相手と対戦したら、自分はどんなテニスをしたらいいか、いつ、どのように武器を使うかなど、駆け引きを考えることは上達するために必要なことでもありますし、楽しいことでもあります。テニスはチャレンジを楽しみましょう!

CHAPTER 1
世界に通じるテニスの軸

ディフェンス 1

ディフェンスとは不利な状態を0（ゼロ）に戻すこと

世界のトップ選手たちのもっとも優れているところのひとつが、左右に走らされたときのコートカバーリング力にあります。彼らはコートの隅に追いやられたときに、1回だけではなく5回、10回と、それこそ何十回と、そこから挽回できる力を持っています。

テクニックはもちろん、体力もあります。しかし、他の選手たちもテクニックも体力もあります。では、何が違うのか。他の選手たちは、コートの内側にいるときは

しっかりしたプレーをしますが、コートの外側に追い出されたときにバランスを崩してしまうのです。

日本の選手はみんなディフェンス（守り）が得意です。得意というより、その多くがディフェンスにならざるを得ないプレーをしていると言えます。

しかしディフェンスというのは守るだけではありません。例えばサイドに振られたときでも、正しいショットを選択すれば、自分に時間をつくり、不利な状態を±ゼロの状態に戻すことができるのです。だからディフェンスショットを引き出しにたくさん持っている選手ほど、攻撃に転じることが可能になります。攻められた＝ディフェンス、という考えではなく、攻められた＝イーブンにする、それがディフェンスです。

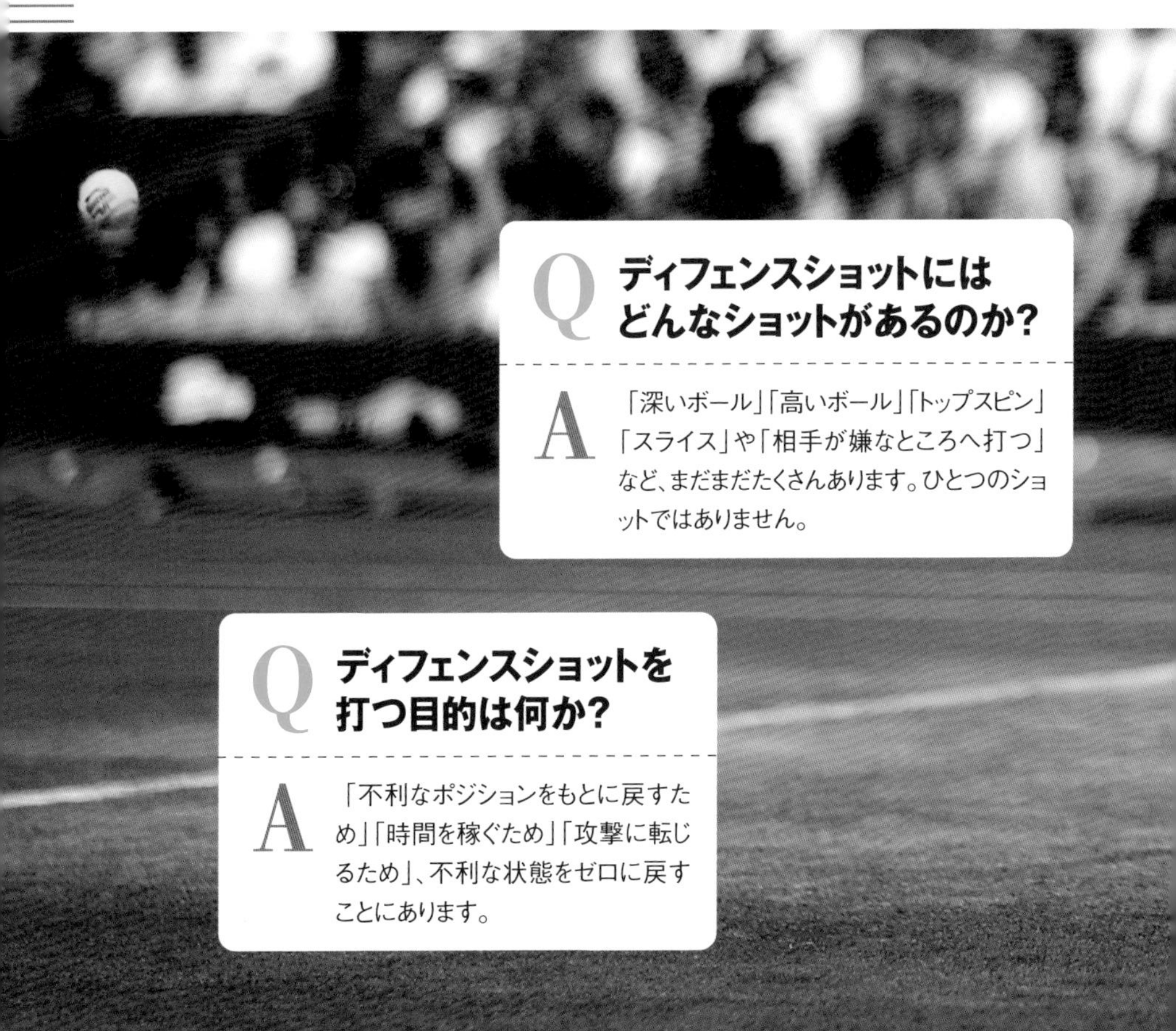

Q ディフェンスショットにはどんなショットがあるのか？

A 「深いボール」「高いボール」「トップスピン」「スライス」や「相手が嫌なところへ打つ」など、まだまだたくさんあります。ひとつのショットではありません。

Q ディフェンスショットを打つ目的は何か？

A 「不利なポジションをもとに戻すため」「時間を稼ぐため」「攻撃に転じるため」、不利な状態をゼロに戻すことにあります。

CHAPTER 1

世界に通じるテニスの軸

ディフェンス❷

スライスを武器で使おう！

ディフェンスのひとつにスライスを上手に活用してください。スライスはボレーの感覚と似ていて、コンパクトに処理することができます。ギリギリで追いついたポジションからでも、ゆったりと時間を稼ぐスライス、角度をつけて浅く滑るようなスライスなどは、ピンチをしのぐことができるのです。

慌てず時間をかけてスイングする

苦しくなると腕を上に振り上げ、ボールを擦り上げてコートに入れようとしてしまいます。しかし、擦り上げてもボールはコントロールできず、軽くなるだけです。苦しいときほど簡単にラケットを振るのではなく、時間をかけて前に押し出すようにスイングすること。スイングが遅いことに不安を感じる必要はありません。体勢が整えられますし、打ったボールには威力があるので、相手コートでバウンドしたあと相手を苦しめるボールとなります。つまりディフェンスからオフェンスへ転じるチャンスとなります。

○時間をかけて押し出す

打ったボールは重くなり、体勢を整える時間ができる

×速く振って擦り上げる

ボールが軽くなるばかりか、リカバリーの時間がなくなる

ただ守るだけにならないように

できるだけ攻撃の準備をする

厳しい状況も、ただ守るだけでなく、攻撃の準備を心掛ける

厳しい状況で打たされているときも、ただ返すだけでなく、相手が攻撃できないところ、相手が打たれたら嫌がりそうなところを探して返すことを考え続けます。

時間を有効に使うことは最高のディフェンスである

相手にローボレーを打たせることはディフェンスであり、オフェンスに転じるチャンスでもありますが、ここではローボレーを打つほうのディフェンスを考えましょう。

まず相手がうまく沈めたことを認めることです。その上で、焦ってパッと返してしまうのではなく、時間を使ってゆっくりと返すことを心がけます。低いボールは下から上に打つしかない状況です。ということはディフェンスをニュートラルに、±ゼロに戻すため、時間を稼いでしつこく打つことが大切です。

決して強く打つ必要はなく、腰を落として足を使い、ゆっくりとボールを運ぶようにして深く打ちます。ゆっくりとしたボールが深く入ってくることほどプレーヤーが嫌なものはありません。ジュニアたちはこうしたゆったりとした時間が有効であることをぜひ知ってください。時間を使うことは最高のディフェンスです。

テニスの基本を英単語で覚えよう！

テニスは、英語のほうが学びやすい。
何度も使う大事な言葉を厳選するので、覚えて、
コートで表現できるようになろう。

準備

Preparation | プレパレーション

準備

あらゆる場面で出てくる言葉。フォアハンドを打つ準備、攻撃する準備、相手を倒す準備。チャンピオンになるための準備など、テニスはすべて準備で始まる。

Power position | パワー・ポジション

パワーを生み出すポジション

ストロークを始める前の構え、ポジション。その体勢からスタートしてパワーを生み出す。

Hit harder | ヒット・ハーダー

強く打つ

相手のボールに合わせて打ち返したボールは、自分が支配したボールにはならない。重いボールにもならない。そこで、自分がプレーの主導権を握るという意味でしっかりとボールを打つ（強く打つ）ことが大切。

日本にはボールがあまり弾まない遅いサーフェス（砂入り人工芝など）が多いことから、速いサーフェス（ハードコート）や弾むサーフェス（クレーコート）でプレーすることも考えなければいけない。ラケットをしっかり振り抜いて強くボールを打つ練習も行う。強くボールを打つことでラケットが加速でき、チャンスボールをものにできるのだ。

Moving to the ball | ムービング・トゥー・ザ・ボール

ボールをコントロールする

ボールに対してしっかりと動いて打点に入る。ボールに振り回されず、ボールに対して主導権を握る。

How to finish the point | ハウ・トゥ・フィニッシュ・ザ・ポイント

どうやってポイントを終わらせるのか

フェデラーは常にどうやってポイントを終わらせようかと考えながらプレーしている。コートの内側で打てるチャンスを心待ちにしているのだ。だからキミたちも「どうやってポイントを終わらせるのか」考えながらプレーしてほしい。

Take care of the short ball | テイク・ケア・オブ・ザ・ショートボール

短いボールを見逃すな

フェデラーは短いボールを引き出そうと考えてプレーしている。そして短いボールは決して見逃さず、しっかりとらえようとしている。

その点でジュニアの多くは間違いをおかしている。相手に短いボールを打たせてチャンスをつくりたいのに、速くて低い軌道のボールを多用するのだ。その結果、何が起きるかというと、自分にゆとり（時間）がなくなり、焦った状況でプレーすることになり、ミスをおかす。または、何も考えずに速くて低い軌道のボールを打っているため、相手にとってそのボールは打ちごろとなり、プレッシャーを感じることなく返球してくる。つまり短いボールが返ってくることはなく、かえって相手に主導権を握られ、自分にプレッシャーがかかることになるだろう。ポジションを前にとることもできず、ベースライン後方にとどまることになる。

短いボールを引き出すためのショットをよく考えて選択すること。そうやってプレーしていれば短いボールを見逃すことはないだろう。

バランス

Balance | バランス

バランスをとる

すべてのショット、すべてのプレーで体のバランスをとる。頭の先から足先まで、一本の軸「ライン」が通っているように（上から吊られているイメージで）、軸が崩れないようにしよう。両足、両肩は地面に対して水平に保たれていることが大切。サービスとスマッシュは斜め上にジャンプする。

Good line | グッド・ライン

身体の軸を保つ

両足、両肩の中心を通る軸（ライン）、これを崩さないようにする。テニスは相手の嫌なところを探し合うスポーツ。つまりバランスの崩し合いでもある。その中でも、できるだけバランスを崩さないように努めること。グッド・ラインを保て！

One motion | ワン・モーション

ひとつの動作

サービスをはじめ、あらゆるストロークをひとつの動作でスイングする。

Nice & easy | ナイス・アンド・イージー

できるだけ簡単に

シンプルなスイングを心がける。できるだけ簡単に、力を抜いて、滑らかなスイングをしよう。素早く準備して時間を余らせ、打点に入り、ゆったりとスイングする。

Hold it | ホールド・イット

タメる

あらゆるストロークをひとつの動作（運動連鎖）で打つが、その中でもメリハリのあるスイングをすることがスイングの加速につながり、重いボールにつながる。体を素早くターンし、テークバックして、ボールを打つ前には一瞬の“間”が必要である。そこには時間と空間ができる。それがボールをコントロールする、主導権を握るということだ。

Deeper | ディーパー

深く打つ

深く打っていれば、相手は攻めることができない。

Push up | プッシュ・アップ

押し上げる

ボレーでよく使う言葉。ダウンスイングで、ボールをカットしているジュニアは重いボールが打てない。そこで水平に押し出すようなスイングをイメージさせるための大げさな表現。上に押し上げるイメージで打てば、ちょうどよいスイングになる。

攻撃

Attack | アタック

攻撃

基本的にテニスは、お互いが相手にアタックされないようにボールを打つので、アタックできるボールは少ない。でもその少ないアタックできるボールを見逃さないことだ。

プレーする中では、いろいろなショットを組み合わせて相手にプレッシャーをかけ、アタックできるボールをつくる。アタックできるボールを探して、見つけること。見つけたら逃さないことだ。

何気なくボールを打っていたら、アタックできるボールはこないし見つけることもできない。テニスは頭を使い、想像する（Imagination/イマジネーション）スポーツだ。想像しているプレーヤーは、いつもアタックする準備をしているもので、自分が主体となってプレーしている。

Egg ball | エッグボール

重いボール

エッグボールは、ボールの軌道を横から見たときに卵を半分に割ったような軌道に見えるボール。バウンド後は後方へ強く高く弾んで伸びていき、それを返球する相手にしてみれば、"重い"と感じるだろう。エッグボールは、攻撃のみならず、"Defense（ディフェンス／守り）ボール"という意味でも使う。それは相手に攻められないボールという意味であり、相手を動かしてオープンコートをつくり出すボールだ。

Aggressive | アグレッシブ

積極的、攻撃的

チャンピオンになるために積極的、攻撃的な行動がとれるようになろう。

Take a risk | テイク・ア・リスク

危険をおかせ

たとえミスをおかすことになってもチャレンジを続けることが大切だ。リスクを負ってプレーすることで、相手に恐怖心を与えることができる。テニスは確実なことをしていればいいわけではなく、ときに変化を必要とする。一か八かではなく、より集中してチャレンジしてほしい。

Don't be afraid | ドン・ビー・アフレイド

恐れるな

ミスを恐れてはいけない。攻撃を恐れてはいけない。自信を持ってプレーしよう。将来、よりよくなるために、練習のときからミスを恐れず、新しいことに挑戦する。そして、正しいことをしているという自信を持ってほしい。

チェンジ

Neutralize the ball｜ニュートラライズ・ザ・ボール

攻め込まれた状況をイーブンに戻すボール

"Neutralize" とは「無効にする」「中和する」などの意味を持つ動詞。「攻め込まれた状況をイーブンに戻すボールを打つ」という意味で使うようになった。

具体的には、攻め込まれた状況をイーブンに戻すための「深く」「軌道が高く」「トップスピンの効いた」「ペースを落とした」ボールのこと。状況によって4つの要素すべてが含まれていなくてもよい。相手のポジションを下げ、自分の時間をつくり出すためのボールだ。

攻め込まれていなくても、主導権を握るための戦術のひとつとしてニュートラライズ・ザ・ボールを使おう。

Transition｜トランジション

攻守の切り替え

常にチャンスを探し、ポジションを移動して、相手の時間を奪ってポイントを終わらせる展開に持ち込む——そのために欠かせないのが攻守の切り替えだ。

ベースラインの内側での展開は、時間との勝負になる。自分の時間をつくり出すには、相手のショットを予測して正確な準備をしなければならない。例えばネットにつめて相手の時間を奪うには、Transition（トランジション／攻守の切り替え）のフットワーク＝自然な形で後ろから前へ動く中で打つ準備を始めて、アプローチショットを打つ。

しかしネットにつめる動きが遅れると、ボールの後ろに体をセットできない。半歩速く動くために、予測するとともに動きをよくする練習が必要だ。

Combination | コンビネーション

組み立て

ポイントを取るために、各ショットをどのように組み合わせて武器をつくるか、ゲーム展開をつくるか、コンビネーションを考える。

Change of pace | チェンジ・オブ・ペース

自分がペースを変える場合、相手にペースを変えさせる場合

あるプレーヤーはラリーになると、必ず自分から先に攻撃しようとする。速いボールを打ち、ボール軌道は低く、それはミスと紙一重。2〜3球のうちにショートボール（いわゆるチャンスボール）がこないと、さらに無理をする。

このような相手に対して、Neutralizing（ニュートラライジング／イーブンに戻す）ボールで対抗し、相手に「何かしないといけない」と思わせてプレッシャーをかけるのだ。それによってミスを引き出したり、ペースを変えさせる。これもチェンジ・オブ・ペースだ。

Variety | バラエティ
変化をつける

同じプレーを繰り返したら、相手は次のプレーがわかってしまう。だからテニスはサプライズ（Surprise）を大切にする。プレーに変化をつけ、多様性に富んだテニスを目指していこう。

Rhythm | リズム
調子

相手にリズムをつかませない、または、相手のリズムを崩すプレーをする。

Variation | バリエーション いろいろなショット

いろいろなショット（Variation ／バリエーション）を覚えることが重要だ。そして、各ポイントをWhen＋Who＋Where＋What＋How（いつ＋誰が＋どこで＋何を＋どのように）取りたいのか考え、ショットを選んでいくことも大切だ。

Imagination | イマジネーション

想像力

考えることを続けない限りテニスはうまくならない。日常生活でも考えないクセをつけているとテニスも考えなくなってしまう。ボールが来た⇒クロスに打つ、これだけなら楽。ボールが来た⇒クロスへ打つかストレートへ打つか／深く、浅く／高く、低く／フラット、スライス、スピンなど考える要素はいくらでもある。それがイマジネーション。

何かを考えるときに消極的だと何も生まれないし、面白くならない。でも「何か面白いことをやってやろう！」「びっくりさせよう！」、そんなふうに積極的に考えていればイマジネーションはどんどん膨らみ、どんどん面白くなっていく。

Interesting | インタレスティング

面白い

インタレスティングにはたくさんの意味がある。テニスをやっていて楽しいと感じるときはどんなときか。「勝ったとき」「うまくなったとき」「よりよくなったとき」がある。でも、勝つかどうか、うまくなるかどうか、よりよくなるかどうかはわからない。テニスを続けるのはなぜか。それは「うまくなったら楽しいと思うから」ではないだろうか。そういうイマジネーションが、ワクワクさせてくれる。

できないことをできるようにするには、苦しいことも乗り越えなければならないかもしれない。でも、苦しいことに対してがんばれるのは、乗り越えたら楽しいことが待っていると知っているからだ。

Surprise | サプライズ

驚き

テニスは対戦相手と自分が、お互いにサプライズを与えていくスポーツ。ところが、ジュニアたちのテニスは、サプライズが少ない。教科書通りのテニスをやろうとしたらサプライズはない。だから、もっと想像力（Imagination）を発揮してほしいのだ。

フェデラーのテニスにはサプライズがたくさんある。「え? そんなことをするの?」と感じるはずだ。対戦相手は、それを強く感じるときにプレッシャーを受けて、思い通りのテニスができなくなっていくのである。だからこそサプライズは大切。「こんなこともできる！」という発想を形にしていってほしい。それはテニスの面白さ（Interesting）にもつながっていく。

集中

Keep it simple | キープ・イット・シンプル

ものごとは簡単に考えよう

複雑に考えず、単純に考えると答えは見つかる。これは〈修造チャレンジ〉のテニスの基本でもある。

Feeling | フィーリング

感じる

テニスで英語は必要不可欠だ。ボブ・ブレットは英語でジュニアを指導するのだが、彼らはほとんど英語を理解できなくても、何とかコミュニケーションを図ろうと必死になる。相手が何を言っているのか、言葉はまだよくわからなくても、見れば感じることができるようになる。

Execute | エクスキュート

やり遂げる

やると決めたら必ずやる。やり遂げる。毎日走ると決めたら、必ず走る。毎日200球のサービスを打つと決めたら必ず打つ。必要だと思うことを繰り返しやる。やり遂げるのだ。失敗したらやめるというクセはつけないこと。失敗してもやる、やり遂げるというルーティンを身につけよう。

Concentration | コンセントレーション

集中

何事も目的を持って取り組むこと。そして、目的を達成するためにチャレンジを続けることだ。失敗したらやめる、できないからやめるのではなく、自分自身に限界をつくらずにチャレンジし続けることが大切である。たった5分の練習でも、そうやって集中して取り組めば、必ず内容の濃いものになる。

Confidence | コンフィデンス

自信

攻撃的なプレーには勇気が必要だ。特にネットプレーをするときには勇気がいる。勇気を出してトライし、成功の数を増やしていくと自信が増していく。失敗しても挑戦をやめず、自分のものにしていこう。

Make a decision | メイク・ア・ディシジョン

決断する

常に自分で決める習慣を持つ。テニスでは毎回、どこに、どんなボールを打つかは自分で状況に応じて決める。そのために練習のときから考えて、意味のあるボールを打つこと。何となく打つことなく、自分で決めるのだ。

学びと成長

Ability to learn | アビリティ・トゥ・ラーン

学ぶ力をつける

自分から探し求めるプレーヤーになれ！ そうすれば学ぶ力が身につく。自分から理解しようとするプレーヤーになれ！ そうすれば考える力が身につく。それらが理解できたとき、"自分は変われる" ということに気づくだろう。

Keep challenging | キープ・チャレンジング

挑戦し続ける

進歩するには、常に前向きに、自分の可能性を信じて挑戦を続けよう。日本のことわざでいう「七転び八起き」（多くの失敗にもめげず、そのたびに奮起して立ち上がること）の気持ちを持つようにしよう。

Piece by piece | ピース・バイ・ピース

ひとつずつ、少しずつ

最初から大きなこと、多くのことを短期間でやろうとせず、計画的に時間を使って少しずつ積み上げ、そして多くのことを身につけよう。パフォーマンスを高めるには、小さなことの積み重ねと組み合わせが大切だ。

ボディケアとフィジカルトレーニングで強い体を手に入れよう!

ジュニア合宿では毎回、選手たちの体のサイズやバランスなどを計測しています。そして、本人たちにそのデータを伝えることも徹底しています。自分の体はどこが強くて、どこが弱いのか。どんな特徴があるのか。これからどうやって育てていくべきなのか。ボディケアを担当している山下且義トレーナーの指導を受けながら、具体的な数字や写真などを参考にして自分の体と向き合う時間を設けているのです。

また、合宿後もそのまま継続してフィジカルを鍛えられるように、そのプロフェッショナルである佐藤雅弘トレーナーを中心に、自宅でもできるトレーニングの方法も伝えています。

実際、合宿後もフィジカルトレーニングを続けている選手というのは、厳しい練習やハードな試合を積んでもケガをしない、強い体を手に入れることができています。次の合宿で再会したとき、子どもたちが普段からトレーニングをきっちり続けていたかどうかというのは、僕らスタッフからすれば一目瞭然です。ジュニア合宿を経て現在は世界で活躍している錦織圭選手や西岡良仁選手なども、昔と今を比べるとやはり体のサイズがまったく違うことがわかります。

特に低年齢の選手はどうしても「テニスがうまくなりたい」という気持ちが先行してしまいがちです。もちろん、その意識自体はものすごくよいことです。ただテニスの技術面だけではなく、ケガをしない体づくりやフィットネス（健康）の部分にもしっかりと目を向けてほしいと思います。

僕たちの目標は世界のＴＯＰ１００に入り、そのステージで活躍できる選手を輩出することです。低年齢のときに過度なトレーニングをして、プロになったときに体のあちこちに爆弾を抱えてしまっているようでは意味がありません。

幼少期から人よりも丈夫でケガをしにくい体を持っていることは、テニスプレーヤーとしてものすごく大きな価値があります。そしてフィットネスの部分というのは、体が大きくても小さくても、意識次第で必ず身につけられるものです。だからこそ、低年齢のうちから自分の体に気を配ってもらいたいのです。

次ページからは、佐藤トレーナーや山下トレーナーの指導のもと、合宿でも行っているプログラムに沿って、フィジカルやボディケアの基礎について具体的に紹介していきます。ぜひ参考にしてみてください。

低年齢からフィジカルに目を向けて体の機能を活かす

テニスはラケットを使うスポーツのため、どうしても技術の部分にばかり注目が集まりやすいですが、そのベースとなるのは自分の体、つまりフィジカルです。成長発達の段階で言うと、技術はジュニア期の後半にもなれば90%ほどが出来上がっているのに対し、フィジカルはまだ50~60%程度だと言われます。のちにプロとなって活躍している選手であっても40~50%は不足しているわけで、逆に言えば低年齢からフィジカル面にしっかり取り組んでおくとプレー全体のレベルが底上げされるということです。それにより、技術面の90%という数字を95%に引き上げることも可能です。

体の機能を効率よく発達させるためには、早いうちからフィジカルにも目を向けてください。例えば子どものときに自転車に乗ることができた人は、その後しばらく自転車に乗らなかったとしても〝長期記憶〟の中の〝手続き記憶〟として、体の動きをコマ切れではなく身体機能も含めた連続した全体の流れとして脳に覚え込ませているため、いきなり運転を再開してもパッと対応することができます。テニス以外のことも含めて、いろいろな体の使い方に対応できる土台をつくっておけば、身体機能の改善・向上に要する時間を短くすることができるのです。

そして、プロになった後もやはりフィジカルは重要です。例えば選手の大きな目標のひとつにグランドスラム制覇がありますが、では決勝に辿り着くまでの2週間、5セットマッチの全7試合をすべてフルセットで戦い続けられるかどうか。状況によっては7−6、6−7、7−6…といったハードな展開もある中で、決勝が終わっても「あともう1試合くらいできるよ」と言えるくらいの体力が残っているようでなければ、初戦から自分のパフォーマンスを上げていくことなどできないでしょう。十分なフィジカルがあってこそ、自分に備わっている技術とその精度を上げることができ、メンタルにも余裕が生まれるのです。

コーディネーションをしながら各要素を伸ばす

テニスにおいては技術的バランス、体力的バランス、心理的バランス、戦略・戦術バランス、栄養バランスの5つが大切な要素と言えます。このうち「体力的バランス」に当たるのがフィジカル。一般的な体力強化の種目を行って土台の厚みをつくっておきながら、専門的な体力向上（テニス体力強化）に結びつけていくことがポイントです。

フィジカル強化の種目は次の6項目に分けられます。

①コーディネーション
（身体の協調性または協応運動）
②筋力
③パワー
④スピード
⑤スタミナ（全身持久力）
⑥柔軟性

トレーニングを行う際はこれらをうまく組み合わせていくのが理想的ですが、特に低年齢の子どもたちの場合は「これは筋力アップのトレーニング」「これはスピードを上げるメニュー」などと分けるのではなく、「①コーディネーション」の中に②～⑥の要素が含まれるようにして取り組んでいくとよいでしょう。

一般的には、運動神経が著しく発達するゴールデン・エイジ（5～12歳あたり）の時期はコーディネーションのトレーニングを行って神経を鍛え、心肺機能が向上する12歳あたりからスタミナのトレーニング、そして体を支える骨が成長してから筋力を上げるウェイト・トレーニングなどに取り組んだほうがいいという指標があります。ただ、たとえ幼児や小学生であってもその体に見合ったパワーやスタミナ、スピード、柔軟性などは必要であり、まだ12歳未満だからと言って筋力トレーニングをやってはいけないわけでもありません。年齢に応じたやり方で各要素を鍛えておけば、いざ筋力トレーニングに特化していかなければならない時期が来たときに、より効果的に能力を伸ばすことができます。しかもコーディネーションを高めながら鍛えておけば、実際の動きへの変換もスムーズにできます。

ジュニア合宿におけるフィジカル強化プラン

かつて、テニスにおけるフィジカル強化（トレーニング＝体づくり、コンディショニング＝調整）は今ほど重視されておらず、ジュニア選手たちの間でトレーニングは「キツいもの」「つまらないもの」「罰ゲーム」という捉え方をされていました。また、例えば練習前のウォーミングアップ（準備運動）は少しのランニングと数種目のストレッチを行ったら、ミニテニスから打球練習に入っていくというのが一般的な流れ。練習後のクーリングダウン（整理運動）もまた数種目のストレッチを1セットずつ行うか、あるいは何もせずに終了。フィジカルに対する意識レベルには改革の必要性が大いにありました。

そこで〈修造チャレンジ〉の始動時は、専門的な知識のもとできっちりとしたプランを組み、段階を追っていくことで継続的にフィジカルを強化できるようにしてきました。具体的なプランは左の表の通りですが、簡単に説明すると、まずは選手たちの体の特徴や運動能力を調べ、課題を与えた上で練習や試合などを行い、その結果をもとにしてトレーニングやコンディショニングなどでさらなる改善をしていきます。これを何度も繰り返していくことで選手たちが流れを理解し、意識レベルも同時に上がっていくのです。

フィジカルを鍛えていくともちろ

ジュニア合宿におけるフィジカルのテーマ

「気づき」「継続」「準備」

ん、テニスのプレーにおいても質の違いが表れてきます。わかりやすいのは、左右に振られながらフォアハンドとバックハンドを交互に打つとき。まずボールのところまで走っていき、ピタッと止まってフォアハンドで打ったら、クロスオーバーステップなどを入れて体を切り返していくわけですが、そのスタートに勢いがあるかどうか。また、今度はバックハンドを打つときの軸足（右利きであれば左足）がボールのところにしっかり入り、重心を落として体のラインをまっすぐキープできているかどうか。例えばスタンスが狭くて膝が伸び切り、上体が前に突っ込んでいたら体はブレてしまいます。動きの中で体を安定させることがショットの精度につながるのであって、そのためにもフィジカル強化が重要となります。

ジュニア合宿のトータルコンディショニング（プラン）

第1段階（調査・総合測定）

（1）形態・周径囲を測定
参加人数・タイムスケジュールの関係から数回のみ実施
（2）アライメント（骨格や筋肉の形態）のチェック（224ページ～参照）
機能解剖学的アプローチ：アライメントの要因含む
（3）関節弛緩性テスト（234ページ～参照）
手関節・拇指、肩関節、足関節、脊柱、股関節
（4）フィールドテスト（236ページ～参照）
合宿でフィールドテストを実施
※複数回選抜されるジュニアを3～6ヵ月後に測定すると、トレーニングにしっかり取り組んできた成果として数値が向上するケースと、体の形態変化（成長）のみによって数値が向上するケースの2つの傾向が見られる

第2段階（1次評価）

調査・測定資料をもとに障害の関連性を予想していく

第3段階（観察）

（1）パフォーマンスの観察
（2）ウォーミングアップ、クーリングダウンの観察
（3）シューズの観察
（4）身体ケアの観察

第4段階（2次評価、改善策）

（1）障害予防に関してのコンディショニング&トレーニング
（2）強化に関してのコンディショニング&トレーニング

第5段階（実施）

プログラム提示だけでなく、ジュニアが理解して普段から実施できるように説明・指導を行う

第6段階

次の合宿で再度測定を行う

ボディケアの基礎を知る

ケガをしない体をつくるためには、バランスを整えていくことが大切です。そのためには前ページのジュニア合宿のコンディショニングプランの中にもありましたが、まずは体のサイズなどを測定し、アライメント（骨格や筋肉の形態）もチェックして自分の体の特徴を知ることです。そして体をできるだけ自然な状態にすることを追求しながら、補強トレーニングなどでバランスを整えていきます。体のバランスがよければスムーズな動きができるようになり、ケガが起こりにくく、なおかつパフォーマンスも向上してテニスが強くなるのです。

そもそも人間は足があるから体を支えて立つことができるもので、足は骨と筋肉でできています。その2つがバランスよく動くことで体に軸ができ土台がしっかりするからこそ、速く、そして効率よく動けます。海外に行くと、周りにいるのは身長が高くて筋肉も鍛えられている選手ばかりで、そのパワーに圧倒されてしまう人も多いかもしれませんが、体の小さい選手だって素早く動くことで彼らと対等にプレーし、勝つことができるのがテニス。いずれ世界に出て戦うことを考えても、やはり低年齢からバランスのよい体をつくっていくことが大切です。

ボディケアの基本の流れ

1 アライメントのチェック

アライメント（骨格や筋肉の形態）にはそれぞれの身体調整が表れる。低年齢から体に関して正しく理解し、鏡に映る体をよく見て、考え、必要なことに取り組んでいく習慣をつけること。トレーナーは全身の形態をチェックして必要なアドバイスを伝えていく。

2 ケガ・体調不良のケア

鍼治療、マッサージ、ストレッチ、アイシング、テーピング、病院搬送など

3 ケガ予防

補強トレーニング、ストレッチ、マッサージ、テーピングなど

アライメントの主なチェック項目

立位背面

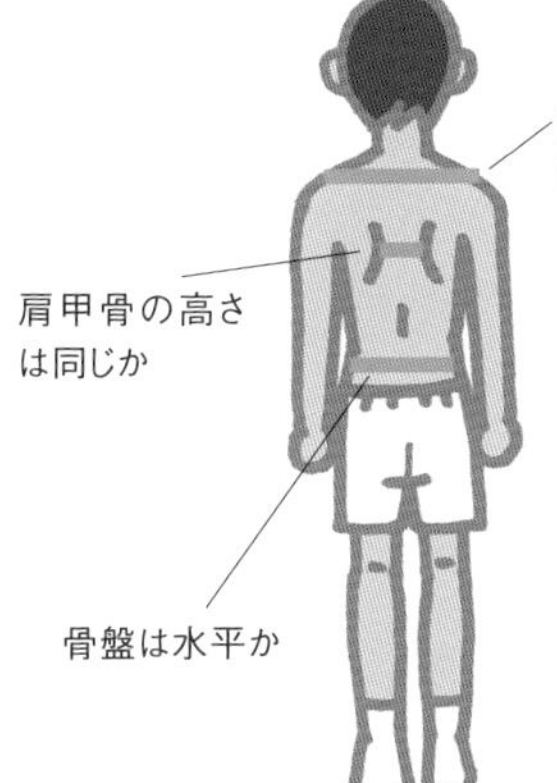

立位正面

立位前屈

立位脚部

O脚になっていないか

X脚になっていないか

立位側面

足部

ボディバランスチェックの実例

ジュニア合宿では、参加したジュニアの中から体のバランスに特徴があった選手をモデルにして、実際に撮影した写真を見ながら全員で考えていきます。もちろん本人もその場におり、仲間たちからの意見も聞くことで、自分の体のバランスが崩れていることをしっかりと認識できます。

ここでは実際に合宿でのやり取りを再現しますので、ぜひ参考にしてください。そして普段は大人数で集まって分析できなかったとしても、自分で鏡を見たり、周りの人にお願いしたりして、前後左右の筋肉のつき方や歪みなど、ボディバランスをチェックしてみてください。

MODEL ① 利き手側に肩が傾いている

トレーナー（TR） A君は両足を揃えて、まっすぐに立ってください。

ジュニア（Jr） （鏡を見て）あれ?

TR そう。気づくと思うけど、右肩のほうが上がっています。では後ろを向いてください。

Jr うわっ、やばい!（笑）

TR そう。「まっすぐ立って」と言ったのに、上半身が傾いていることがわかります。それから足を見ると、右側のほうが少し強いことがわかります。左足に体重が乗って傾いているのです。こういうバランスが崩れた状態だと、膝をケガしやすいので気をつけなくてはいけません。矯正方法（補強トレーニング）はあるので決して落ち込まないで。必ず治るので大丈夫。その代わり、きちんと取り組んでください。

左利き

MODEL ②

右半身の前側の筋肉だけが発達している

TR　B君も両足を揃えて、まっすぐ立ってみてください。 そして後ろを向いてください。

Jr　あれ?

TR　わかりますか?　肩のラインはある程度まっすぐなのに、肩甲骨の部分は右側だけものすごく発達しています。

Jr　全然違う。

TR　左側は筋肉が細くて、弱いです。では、横を向いてみましょう。まず右向き、そして左向きに。違いはわかりますか?

Jr　太さが違う!

TR　そう、でも太さだけではなくて、肩の位置を見てみましょう。肩が前に入ってしまっていることがわかります。テニスというスポーツは必ず体の前でするスポーツなので、肩の前の筋肉をたくさん使います。だからと言って裏側の筋肉をあまり使わないでいると、バランスが悪くなってしまいます。そうすると肩や肘のケガをします。これはプロの選手たちもすごく悩んでいることなので、ジュニアのうちから知っておいて、トレーニングをしてバランスを整える必要があります。

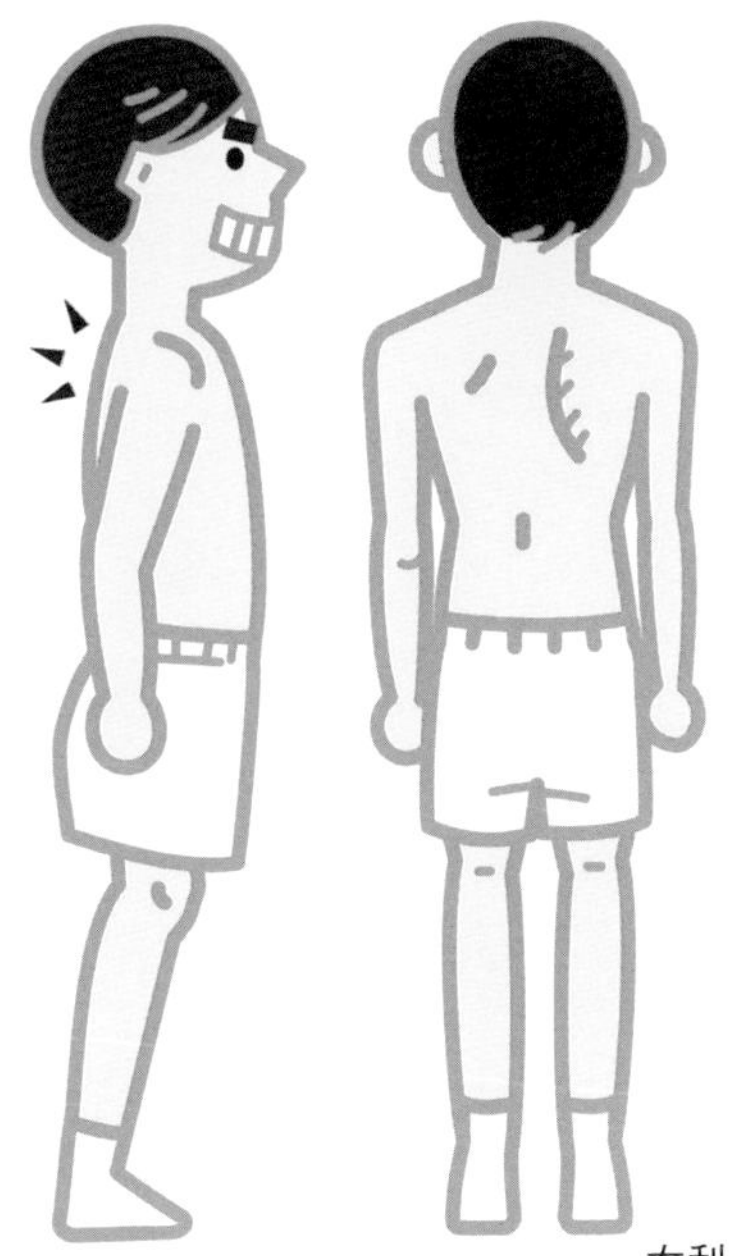

右利き

MODEL ③

上半身が歪んでいる

TR　C君も両足を揃えて、まっすぐ立ってください。さて、何かわかりますか?

Jr　あ〜っ、骨が曲がってる〜っ!

TR　そう、曲線に見えますね。C君は左利きではなく、右利き。ならば右の部分が強いかと思うのですが、C君はテニスでは両方（フォアハンドもバックハンドも）両手打ちで、しかも左腕の力をたくさん使っていることから、このように曲がったのでしょう。練習の中で「フラフラするな、しっかり立て」とアドバイスされていましたが、たぶんそれはバランスが崩れていることも原因になっていると思います。

右利き

MODEL ④

左右の筋肉のバランスが崩れている

左利き

TR　D君も両足を揃えて、まっすぐに立ってください。

Jr　（体が）すげー、デカイ!（笑）

TR　この体は、トレーニングをしている体ですね。筋肉がついています。でも、左右の筋肉に大きな差があることがわかりますね。後ろを向いてください。

Jr　うわあああ!

TR　A君、B君、C君はまだそれほど筋肉がついていないため、これほど大きな曲がりはありませんでしたが、D君はトレーニングをして筋肉をつけていて、でもそれが主に左側を鍛えるトレーニングに偏っているために、左右に大きな差がついてしまったようです。このまま同じトレーニングをやっていくと左ばかりが強くなって、体がS字型に傾いてしまいます。足も見てください。

Jr　左足が太い!

TR　そう、彼は左利きですが、左足を常に軸として使っているからそうなるのだと思います。すでにバランスが崩れていると、ケガの原因になるばかりか、素早く動くこともできません。左右均等にするために右足もトレーニングしていきます。そして普段から、左右ともにトレーニングすることを意識しましょう。

バランスを整える補強トレーニング

体のバランスが崩れていることがわかったら、そのまま放っておかないことです。補強トレーニングをすることで、必ず体のバランスは整っていきます。ケガの原因にもなるので、きちんとトレーニングを積むことが大事です。共通ポイントは次の通りです。

●鍛えている筋肉を意識することが大切。

●腹筋と背筋は交互に鍛えること。腹筋あるいは背筋を鍛えただけだと、さらにバランスを崩す原因になるので注意が必要。

●体が目に見えて変化するトレーニングではないが、続けることによって体幹が鍛えられてバランスがよくなる。正しくていねいに行うこと。

Training ① 腹筋（腹直筋）

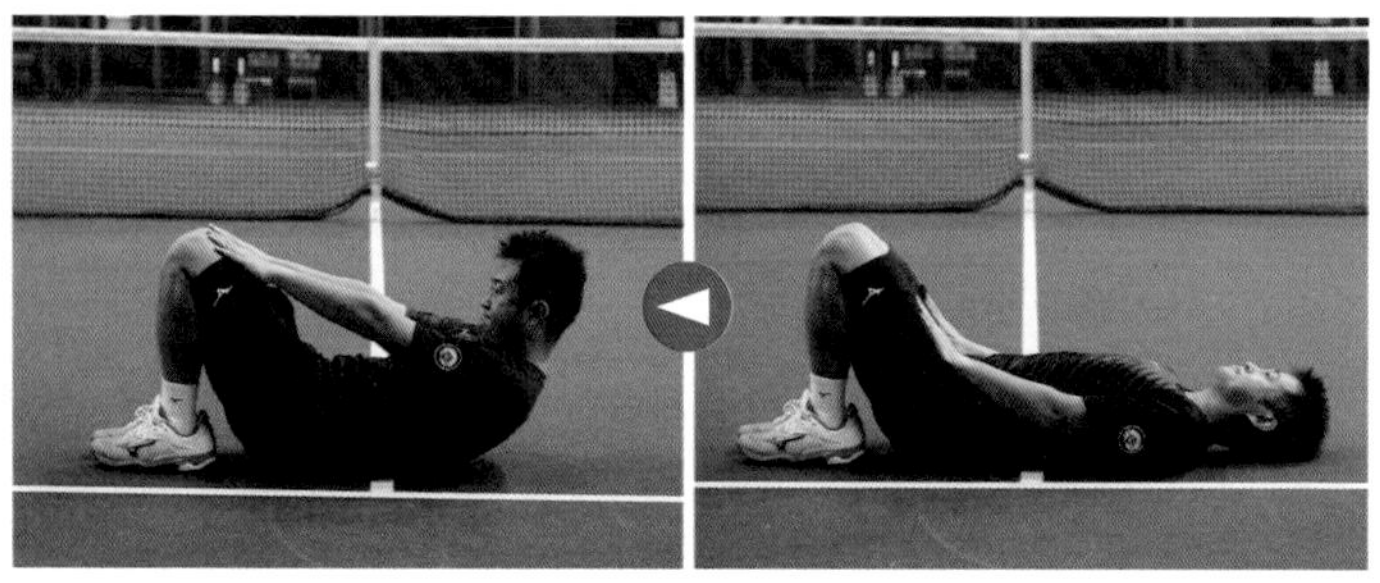

方法●その場に座って膝の角度を90度に立てる。両手を膝に乗せ、つま先方向を意識する。ももの上で両手を滑らせながら体を倒していき、腹直筋を使って体を起こす。腰で床を押すような形だとしっかり腹筋を使えている証拠。「1、2、3、4、5（秒）」のカウントで体を起こし、「1、2、3、4、5（秒）」で体を戻す。反動はつけない。

注意●腹直筋はものすごく薄い筋肉であり、やりすぎは厳禁。バランスを崩す原因になるので注意が必要だ。

Training ② 背筋

方法●うつ伏せになり、両手両足を伸ばす。背筋を意識して、まず右手と左足を5秒間上げる。反動はつけない。次に左手と右足も行う。

注意●初めのうちは背筋を意識できないことがあるので、周りの人に背筋を叩いてもらうなど、少しだけ刺激を与えるとよい。

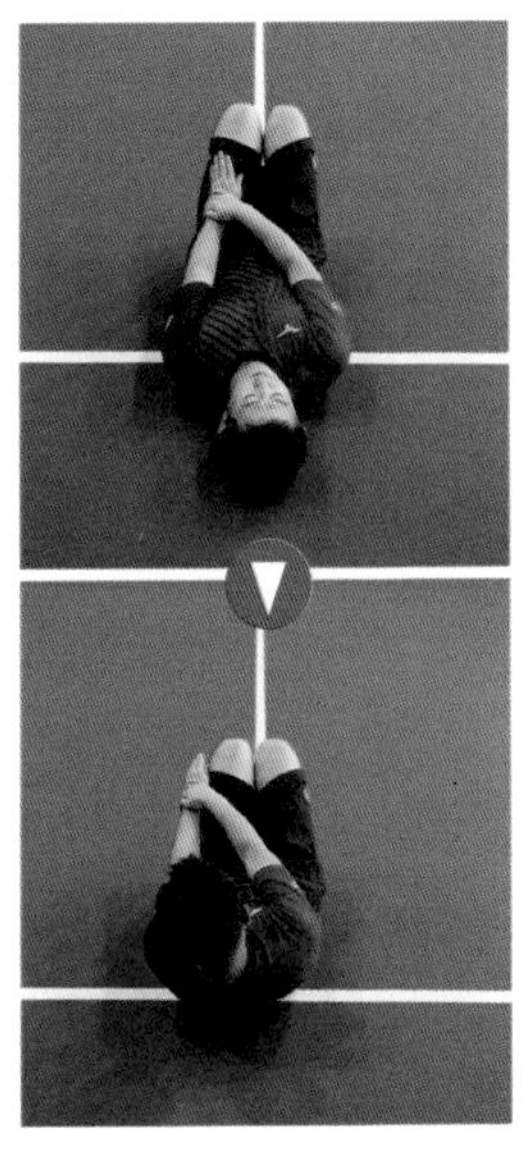

Training ③ 腹筋（腹斜筋）

方法●仰向けになり、膝の角度を90度に立てる。両手をももに乗せ、つま先方向を意織する。ももの上で斜め（右斜め・左斜め）に手を滑らせながら腹斜筋を使って体を起こす。腰で床を押すような形だとしっかり腹筋を使えている証拠。「1、2、3、4、5（秒）」のカウントで体を起こし、「1、2、3、4、5（秒）」で体を戻す。左右交互に行う。反動はつけない。

注意●テニスはひねり運動であり、特に腹斜筋は関係する筋肉。トッププレーヤーはこの筋肉がとても発達している。腹斜筋も薄い筋肉なのでやりすぎに注意。数をこなすよりも正しいやり方で行うことのほうが大切。

Training ④ 背筋

方法●両手と両膝をついて四つん這いの状態になる。ここからまず右手と左足を5秒間上げ、まっすぐに伸ばす。このときに背筋を意識すること。次に左手と右足も行う。

注意●手と足をまっすぐ伸ばすことがポイント。背筋は筋肉が発達するまでは意識しにくいもの。そのときは周りの人に背筋を叩いてもらうなど、少しだけ刺激を与えて意識する。

Training 5

カーフレイズ（両足）

方法●両足をピッタリと揃え、膝を内側へ絞るようにして立つ。ここからつま先立ちをして、拇指球に体重を乗せてふくらはぎの内側に力が入るようにして3秒キープ。その状態のまま踵を下に降ろす。

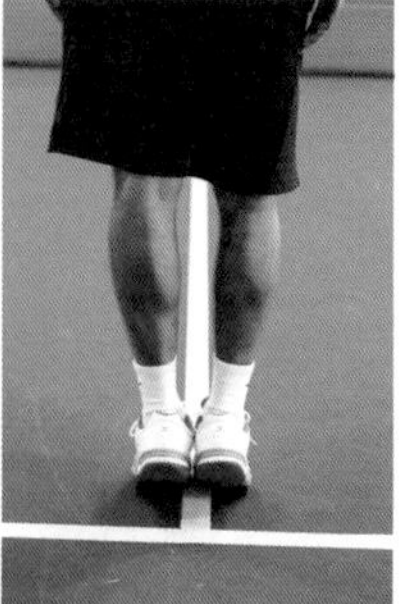

注意●つま先立ちをする際、足の小指側に体重をかけてしまう人が多いが、これだとふくらはぎの内側に力が入らず、バランスが悪くなってしまう。拇指球に体重を乗せた状態をキープすることが大切だ。

Training 6

カーフレイズ（片足）

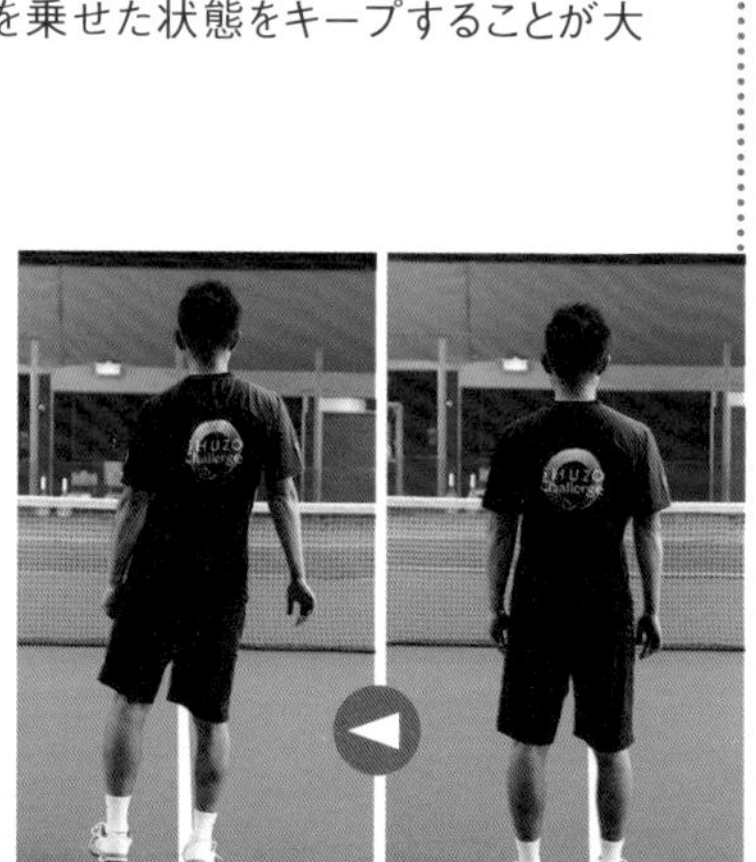

方法●拇指球に体重を乗せて片足で立つ。この状態からつま先立ちをして、ふくらはぎの内側に力が入るようにしながら3秒キープ。そして踵をまっすぐ下に降ろしていく。

注意●片足でバランスをとらなければならない分、フォームが疎かになりがち。両足のときよりもさらにふくらはぎの内側に力が入りにくくなるケースが多いので、拇指球に体重を乗せた状態を意識して踵をできるだけまっすぐ上げることが大事。

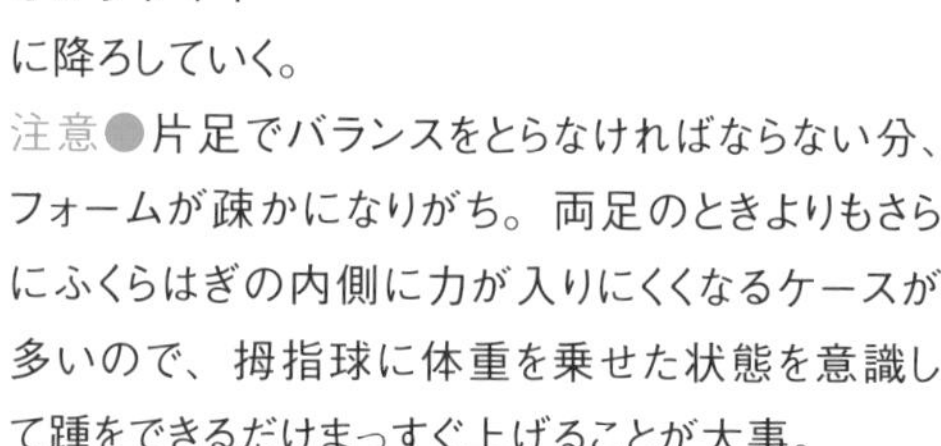

Training ⑦ レギュラースクワット

方法●両足を肩幅に開き、拇指球を意識して踵全体でまっすぐ立つ。両腕を肩の高さに上げて肘を90度に曲げ、胸を張る形で大きく広げて構える。この状態のまま膝を曲げ、足の内側の筋肉を使って腰を降ろす。そして姿勢をキープしながら膝を伸ばして元に戻す。

注意●拇指球に体重を乗せた状態を意識し、膝はつま先と同じ方向に曲げていくこと。内側へ入れ込んだり外側へ逃がしたりすると、正しく鍛えることができない。

Training ⑧ オープンスクワット

方法●両足を大きく広げてつま先は外側へ向け、拇指球を意識しながら踵全体で立つ。レギュラースクワットと同様に上体の姿勢をつくったら、股関節もしっかり使いながら膝を曲げて腰を降ろしていく。そして姿勢をキープしながら膝を伸ばして元に戻す。

注意●両足を大きく広げているため、しっかりと股関節を使って腰を落とすことが重要。膝はつま先と同じ方向に曲げていく。

関節弛緩性テスト

体の柔らかさだけでなく関節の緩さをチェックすることで、ケガの予防と効率のよい力の発揮ができます。

ジュニア合宿では関節弛緩性テストを行い、全7項目の中から5項目をピックアップ。各項目でプラス（+）なのか、それともマイナス（−）なのか、チェックしてみましょう。関節が柔らかすぎても硬すぎても、ケガの危険性につながってしまうので注意が必要です。

Menu ①

手関節・拇指

拇指が前腕につけば（+）

Menu ②

肩関節

背中に両腕を回して指が握れれば（+）

Menu ③ 足関節

片脚に体重をかけて足首を 45 度曲げることができれば（＋）

Menu ④ 脊柱

前屈して手のひらが床につけば（＋）

Menu ⑤ 股関節

まっすぐ立った状態から股関節を外旋させて、両足のつま先が外側へ 180 度以上開けば（＋）

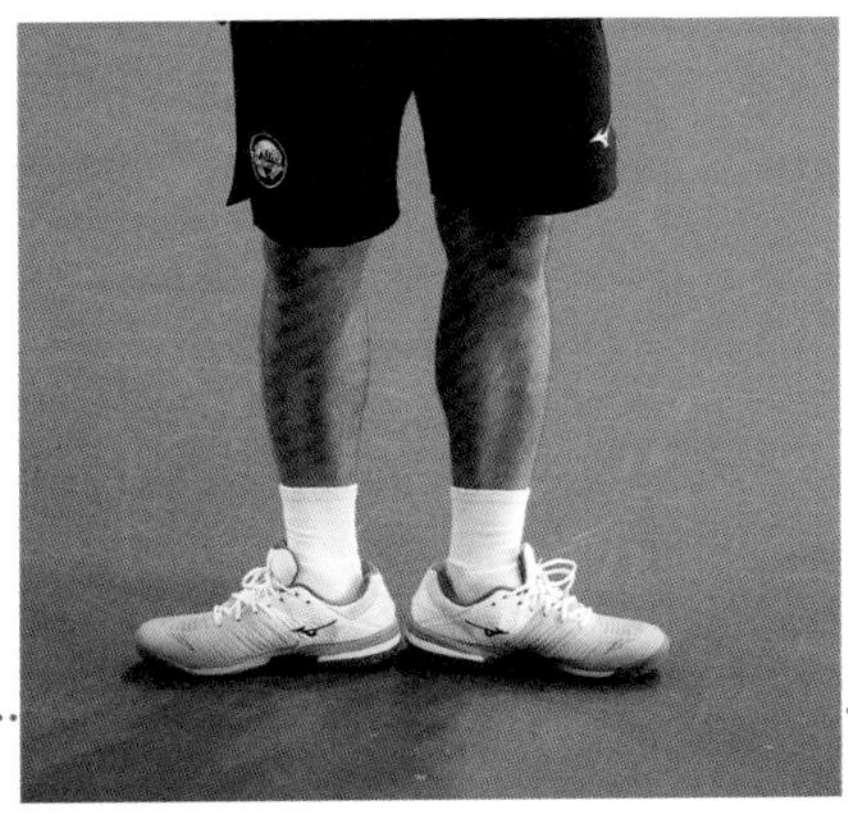

フィールドテスト

ジュニア合宿では、テニスに必要な運動能力を測るフィールドテストを行っています。特別な機械などを使用しなくても、テニスコートやある程度のスペースを利用して簡単に測定できるのです。それと同時に、フィールドテストの種目をトレーニングとして普段から行うことで、数値のアップ・ダウンを見ながら、例えば「疲労度」によるコンディションのチェックとしても活用できます。

数値が高いか低いかという評価はあくまでも選手の現状を知るためのもので、まずは各種目において体を効率よく正しく動かせているかどうかです。体のバランスが崩れていないかどうか、指導者はそれを観察し、改善策を見出して実践していくことが大切。そして、ある程度の期間を空けて再度測定。改善策が適切なものであれば、必然的に数値も向上します。

Menu ① 20ヤードダッシュ

20ヤード（18.285m）の距離をダッシュしてタイムを計る。ポイントはスタート時の反応、パワー、スピードの発揮、ダッシュ時のフォーム、ランニング時の姿勢、拇指球の力の伝え方など。

Menu ② シャトルラン

テニスコートに5ヵ所コーンを置き、ダッシュで4往復してタイムを計る。ポイントは短い距離での切り返し動作、スピードのある動きでの切り返し時の体のバランス、走方向の転換が効率よくできているかどうか、ストップ時の脚の筋力や体のバランスなど。

Menu ③ 変形スパイダーテスト

さまざまなフットワーク（サイドステップ、ダッシュ、バックステップなど）を組み合わせて前後左右の各方向に動くメニューを2往復行い、タイムを計る。ポイントは切り返し動作の中で体のバランスが整い、方向転換などが効率よくできているかどうか。

Menu ④ メディシンボールスロー

1～2kg のメディシンボールを持ち、全身を連動させて遠くへ投げて距離を測る。ポイントはパワーの伝達能力、脚からの力を効率的に上肢へ伝えることができるかどうか。

Menu ⑤ 連続5段跳び

立ち幅跳びの踏切りから、前方に5回連続でジャンプして距離を測る。ポイントは脚パワーの出力発揮、脚の筋持久力と身体姿勢、拇指球で効率よく前方へのジャンプに移行できているかどうか、空中時や着地時の体のバランスなど。

Menu ⑥ 六角ジャンプ

一辺が60㎝の正六角形を地面に描き、各辺に向かって順番にジャンプして移動。これを3周行ってタイムを計る。ポイントは素早い連続ジャンプの中で方向転換、瞬発力、重心のコントロールができているかどうか、動きの制動性、拇指球での体重キャッチ、体のバランスなど。

Menu ⑦ BEEP TEST

20m離れた2本のラインの間を合図に合わせながら往復して走る。レベル1から20まで継続して行い、少しずつ上がっていくペースと距離にどこまでついていけるかを判断する。合図がある中で、2回続けてラインにタッチできなくなったら失格。ポイントはスタミナ（心肺機能・全身持久力）。

ジュニアのコンディショニング

コンディショニングというのは、体の調子を整えること。人間の体の構成要素（骨、筋肉、リンパ、血管、神経など）を整える動作を組み合わせた運動方法であり、体を良い状態、当たり前の反応ができる状態にするものです。

まずは練習前のウォーミングアップと練習後のクーリングダウンを練習の一環としてセットで考え、なぜ必要なのか、正しい知識も得た上で徹底することが大切です。

最初のうちは決まったパターンで行うようにして習慣にすることで、ルーティンとなって体に染み込んでいきます。

ウォーミングアップについて

ウォーミングアップを10～15分程度で軽く済ませてしまう人は多いが、その短時間では体の機能は少しずつしか上がっていかない。テニスのプレーでは大きな動きや速い動きが何度も求められるため、その準備をしておかなければならないのだ。「テニスだけをやればいいんだ」という考えで試合や練習に入っていくと、急激に筋肉が引き伸ばされてケガにつながる可能性が高くなり、自分のパフォーマンスも十分に発揮できない。

特にジュニアの傾向としては、ウォーミングアップ不足で呼吸がすぐ上がってしまう人が多いので、しっかり取り組んでもらいたい。プロの選手を見てみると個人差はあるものの、短くともウォーミングアップに40分、長ければ1時間をかけてから試合に臨んでいるものだ。わかりやすく言うと、例えば100m走を行うときにいきなりダッシュをしても自己ベスト記録は出せない。その前にジョギング、ランニング、スプリント、ダッシュ……という流れで少しずつ強度を上げて準備していくからこそ、走るための機能がフルに発揮できるわけだ。したがって、テニスを行う前にはしっかりとテニスの動きにつながる準備をしておきたい。

クーリングダウンについて

ウォーミングアップは体の機能やテンションを徐々に上げていくもの。それに対してクーリングダウンは、試合や練習でグーッと上がったものを徐々に下げていく作業だ。

例えば練習が切り返しのラリーで終わったとしたら、パッとすぐ運動を止めるのではなく、その後はもう少しゆっくりとしたグラウンドストロークに戻す。そしてランニング、ジョギングと、走る強度を落としながら軽く汗を流して呼吸を整えていき、血流を促進して疲労物質を取り除く。さらに体操などの軽い運動で体のバランスを整え、ストレッチで筋肉の柔軟性を戻すことが大切。練習後にクーリングダウンを何もせずに終わると、筋肉も硬いまま、疲労物質も残ったままになるので、ケガをしやすくなってしまう。緩やかに体の機能やテンションを落としていけば体への負担を減らすことができ、ケガの予防や疲労の軽減につながっていくのだ。

目安としては、クーリングダウンにも20分くらいはかけてもらいたい。また慢性的な障害を抱えている場合は、ストレッチなどを終えたらアイシングやマッサージなどのケアも必要だ。さらに言えば食事や睡眠、入浴なども大切な要素。リカバリー(回復)を普段から習慣にすることも含めてクーリングダウンなのだということを頭に入れておこう。

正しい姿勢づくりとストレッチ

フィジカルの観点からジュニア世代の選手たちに目指してほしいのはまず、しなやかでなおかつダイナミックな動きができるようにすること。そのためにも先述の通り、ウォーミングアップやクーリングダウンを正しい意識で行うことが大切です。また、正確なフォームを理解して体を動かすこと。そのためには体幹（首から上と腕・足を除いた部分）をはじめとした機能改善と筋力強化をして、正しい姿勢をつくっていかなければなりません。そして、ストレッチなどを正しいフォームで行うことも重要。これに加えて、ランニングや縄跳び、プール、サーキット・トレーニングやインターバルト・レーニングなどで粘り強さ（スタミナ）をつけていくと、強い体を手に入れることができます。

ここでは正しい姿勢づくりの基本種目と、普段見落としがちなストレッチの方法を紹介していきましょう。

Menu ① 長座姿勢

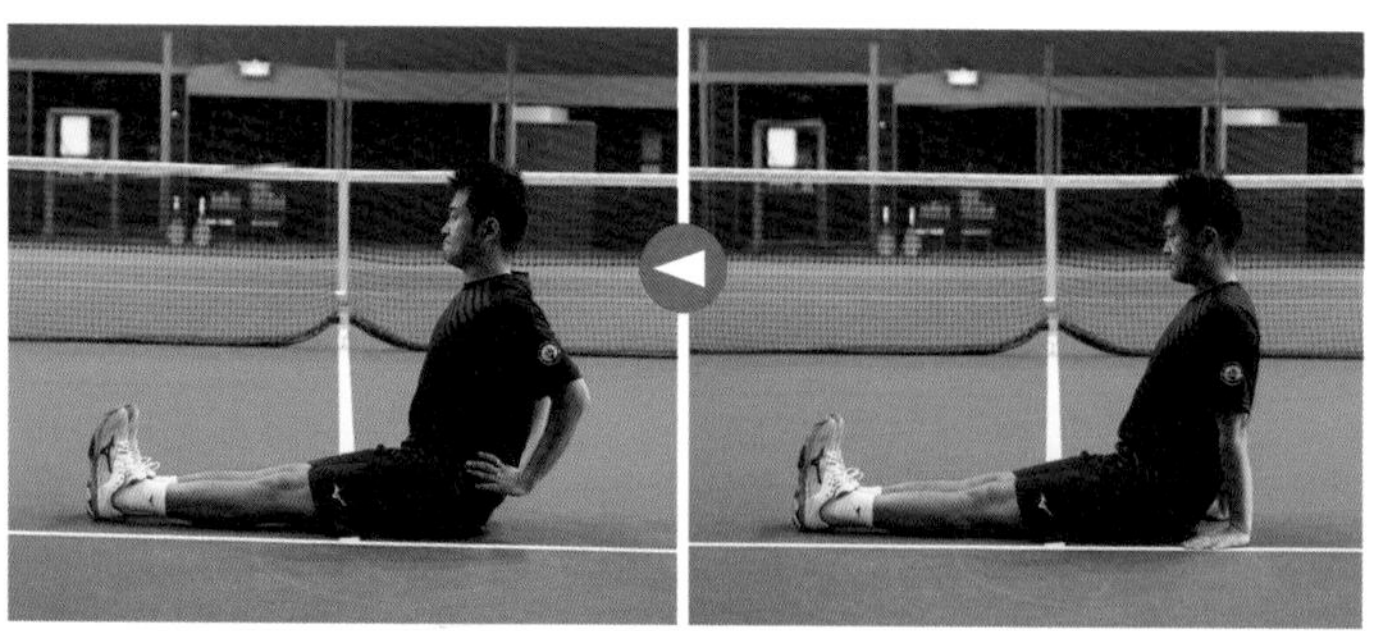

両足を伸ばして座り、上体はやや後ろに角度をつけて30秒支持する（強度を上げる場合は両足の下に台を挟んで傾斜をつける）。その後、ヒップウォークで前方10歩、後方10歩を2セット行う。両膝を曲げず、両肘が体の横へ出てこないように脚全体を持ち上げるようにして歩くこと。

Menu ② 腕立て姿勢

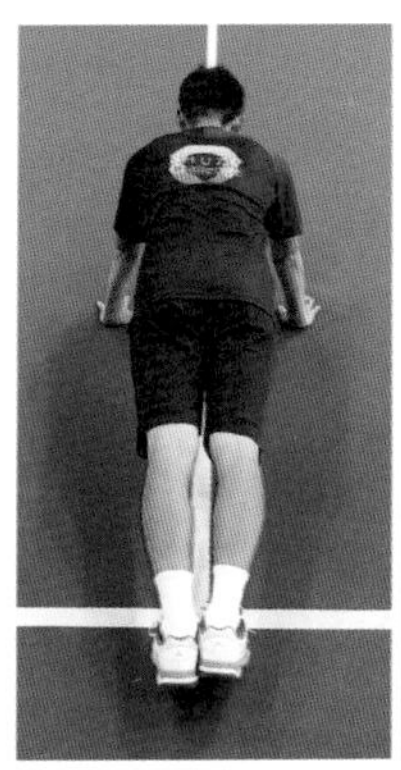

腕立て伏せの状態をつくり、両肘と両膝をまっすぐ伸ばして体を支える。このまま30秒〜1分支持。肩と腰のラインを平行にし、体のラインをまっすぐキープすること。

Menu ③ 肘立て姿勢

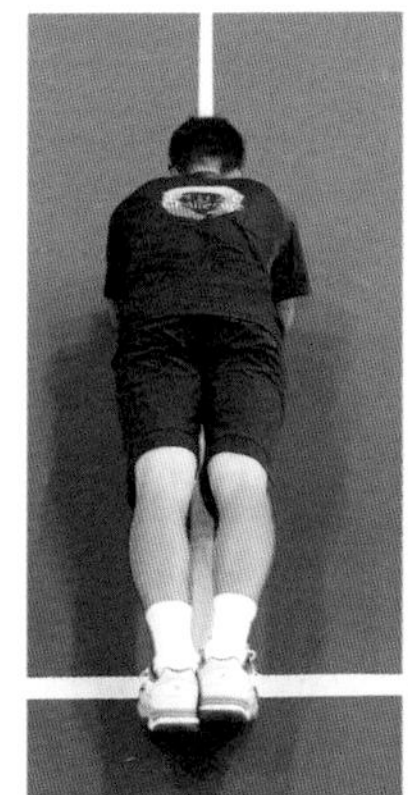

肘立ての状態（腕立て伏せの形から両肘を床につけた状態）をつくり、両膝をまっすぐ伸ばして体を支える。このまま30秒〜1分支持。肩と腰のラインを平行にし、体のラインをまっすぐキープすること。

Menu ④ 肩倒立

仰向けになった状態から両肩を地面につけたまま両足をまっすぐ上に伸ばしていき、腰も浮かせて両手を当てて支える。体のラインをまっすぐにしたままキープする。

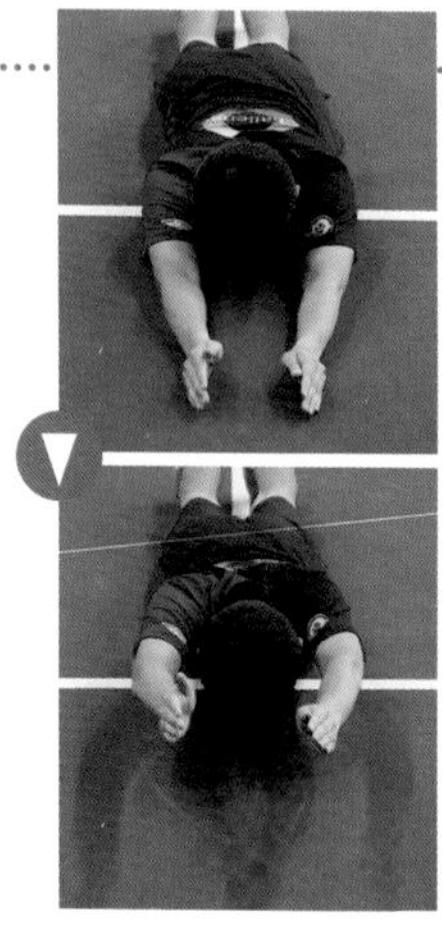

Menu 5

背筋（上半身のみ）

うつ伏せになった状態から背筋を使って上半身だけを浮かせる。両腕は肘が曲がらないようにして、体のラインに沿ってまっすぐ伸ばす。

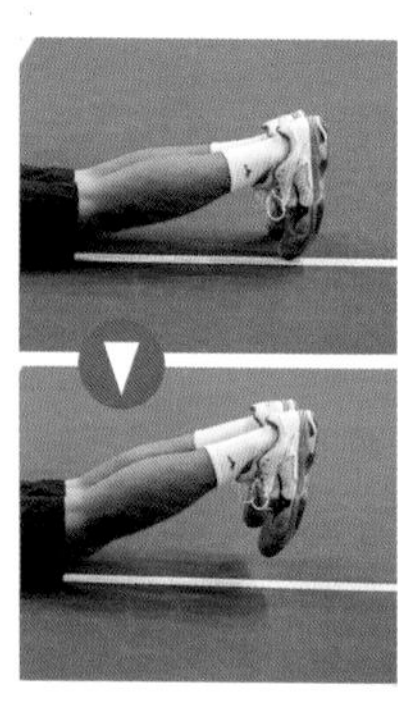

Menu 6

背筋（下半身のみ）

うつ伏せになった状態から背筋を使って下半身だけを浮かせる。足首の角度を 90 度にキープすること。

Menu 7 背筋（上半身＋下半身）

うつ伏せになった状態から背筋を使って上半身と下半身を同時に浮かせる。両腕は肘を曲げずにまっすぐ伸ばし、足首の角度は 90 度をキープ。上下を連動させて全身をうまくコントロールすることが大事。

Menu ⑧ バランス&コントロール

イスに座って脚を組み、その状態のまま立ち上がる。地面についている足の位置がずれないようにしながら、上体のバランスを崩さないことが大切。左右どちらも行う。

Menu ⑨ 片脚荷重時のラインチェック

段階4
片脚（軸脚）に全体重を乗せて立つ。もう一方の脚をもも上げの状態で浮かせ、内股を締めてバランスをとる。

段階3
片脚（軸脚）に全体重を乗せて立つ。もう一方の脚は膝を曲げ、内側のくるぶしを軸脚の膝の内側につけ、内股を締めてバランスをとる。

段階2
片脚（軸脚）に全体重を乗せて立つ。軸脚の踵にもう一方の脚のつま先をつけ、内股を締めてバランスをとる。

段階1
片脚（軸脚）に全体重を乗せて立つ。もう一方の脚は接地してバランスをとる。

見落としがちなストレッチ

ストレッチについては、ポーズをとれたとしても目的とする部位をしっかりと伸ばせていなければ意味がありません。実際にその部位を触ってみて、自分で「ストレッチできているかな」とチェックすることも大切です。なお、ストレッチは筋肉が温まった状態で行うことによって、より効果が表れるもの。急激に伸ばしたりするのではなく、ゆったりと行うことです。また痛みがある場合は無理をしない範囲で行ってください。

ここで紹介しているメニューはあくまでも、普段見落としがちな部分です。基本的にはホームコーチやトレーナーの指導にしたがって、ひと通りのメニューはきっちりとやるようにしましょう。

Menu 1 肩甲骨&胸椎

(写真右) 体の前で両手を組む。背中を丸めていきながら前方へ両腕をグッと伸ばして肩甲骨を引っ張っていく。
(写真左) 体の後ろで両手を組む。肘を伸ばしたまま両手を真上へ引き上げて肩甲骨をギュッと寄せ、上体を斜め上へ向けながら胸回りを伸ばしていく。

Menu ② 骨盤&肩甲骨

四つん這い（両手と両膝を地面につけた状態）の姿勢になり、背中を丸めながら上体をグッと引き上げていく。いったん元に戻したら、今度は背中を反って上体をグッと押し下げていく。

Menu ③ 胸郭回旋&肩甲骨

四つん這いの姿勢になり、片手を後頭部に当ててセットする。ここから接地している手で床をしっかり押し、大きく上体を後ろへひねっていく。腰のラインは動かさず、体のラインもまっすぐにキープした状態で、左右どちらも行う。

Menu ④ 腹筋＆外腹斜筋

（写真右）両腕を真上へ伸ばして片方の手のひらを天井へ向けたら、その手首をもう一方の手でつかむ。ここから手首をつかんでいる手の方向に上体を倒し、体の側面（手首をつかまれている手のほう）を伸ばしていく。左右どちらも行う。

（写真左）両腕を真上へ伸ばして片方の手の甲を天井へ向けたら、その手首をもう一方の手でつかむ。ここから手首をつかんでいる手の方向に上体を倒し、体の側面（手首をつかまれている手のほう）を伸ばしていく。左右どちらも行う。

Menu ⑤ 太もも前＆膝囲

片脚で立ち、上げているほうの脚のつま先を手でつかむ。つま先を引っ張ってお尻につくように引き寄せ、太ももの前から膝回りにかけて伸ばす。さらに上体を前方へ倒していき、腰の前も伸ばす。左右どちらも行う。

Menu ⑥ 太もも裏

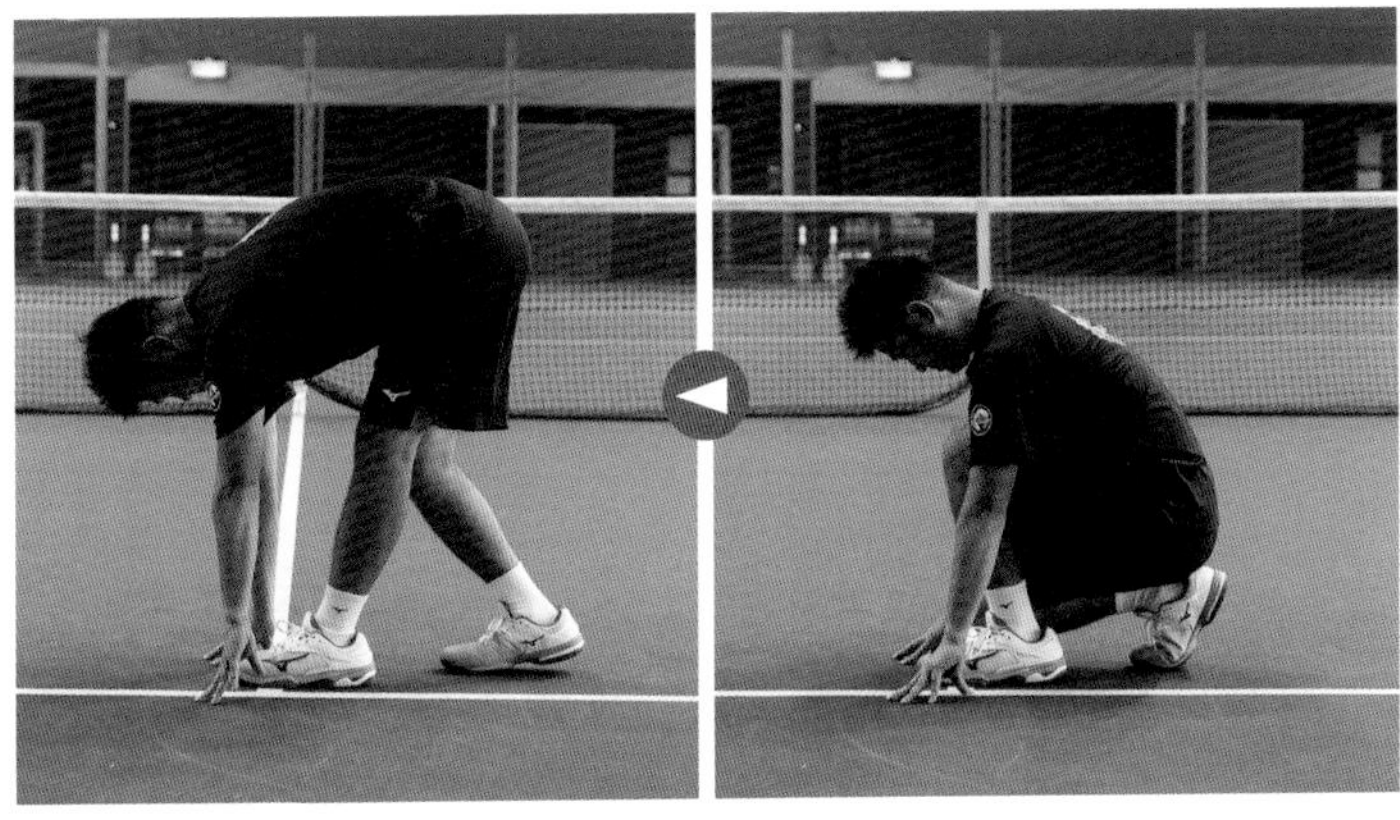

両足を軽く前後に開いてしゃがむ。両手を床につけて体を支えたら、頭の位置を変えずに両膝だけを伸ばし、太ももの裏を引き伸ばしていく。左右どちらも行う。

Menu ⑦ お尻

（写真右）片方の足をもう一方の膝上あたりにクロスさせて一本足で立ったら、体を沈めて両手で支えているほうの足首をつかんでキープ。片方の足を膝上に乗せた状態にして、お尻回りを伸ばしていく。左右どちらも行う。

（写真左）片脚で立ち、もう一方の足を両手でつかんで腰の前あたりまで引き上げていき、お尻回りを伸ばしていく。左右どちらも行う。

テニスにつながる フィジカルトレーニング

ジュニア世代ではどうしてもボールに合わせて動いてしまう選手が多い傾向にありますが、テニスではボールを打つときに時間的な余裕を生み出すためにも、最初の動き出し（スタート）を速くすることが大切です。それによってボディバランスが整った状態でポジショニングを微調整することができ、しっかり準備して次のショットに臨むことができます。そして、ショットの選択肢が増えて精度も高まるのです。ここでは、動き出しを最大にして時間的余裕を生み出すフィジカルトレーニングを紹介します。

Menu ① タップ

レディポジションから両足で音を立てて地面を踏む。大きく上方向にジャンプするのではなく、肩幅より少し広めにスタンスをとったら、上半身と両膝の力を抜くイメージで「バンッ!」と音を立てるように足裏全体で力強く踏み込むこと。この動作の強さが、レディポジションからの動き出しの推進力につながる。

Menu ② タップ（左右）

レディポジションから右方向へ足を一歩出し、そこから「タップ」で元のスタンスに戻す。踏み出した足を戻す際は足裏全体で「バンッ!」と力強く踏み込むこと。左右どちらも同じ動きができるかどうかを確認し、バラつきがある場合は、足をうまく出せない方向を調整する。これにより、一歩目の速さを鍛えていく。

Menu ③ タップ（コンビネーション）

2人1組になり、パートナーの指示に合わせて「タップ」などのコンビネーション動作を行う。「1」の指示が出たら「右に足を出す→戻す→左に足を出す→戻す→タップ」。「2」の指示が出たら「左に足を出す→戻す→右に足を出す→戻す→タップ」。「バンッ!」と大きな音を出して力強く踏み込むのはもちろん、頭の中で「トン、トン、トン、トン、パッ」とテンポも意識してリズミカルに行う。声や指、体の傾きなどいろいろな方法で指示を出せば応用練習にもなる。これによって反応能力も同時に鍛えられる。

Menu ④ アレーラン

コートのアレーゾーンを使って左右の切り返し動作を鍛える。まずは片脚立ちの状態からスクワットが正しくできるかどうかをチェック。つま先と膝を正面に向け、姿勢をまっすぐ保つ。

そして足裏でしっかりと体重を支えるように意識したら、静止した状態から逆方向のラインに飛び跳ねる。上方向にジャンプするのではなく、横方向へ移動するように意識すること。ジャンプ後は逆の足で力強く着地し、再び片脚立ちの状態で静止してバランスをとる。この動作を正確に行うことで、コート上で効率よく動くための身のこなし、バランス感覚、瞬発力、推進力などを養える。

Menu ⑤ アレーラン（キックバック）

通常の「アレーラン」と同じように片脚スクワットの状態から横のラインへジャンプしたら、着地後にはすぐさま元のラインへ戻る。2度の着地ではいずれも力強く足裏を着き、「バンッ、バンッ」とテンポよく戻ること。つま先と膝の方向を一定にすることで、プレー中のスタンスの安定につながってくる。

成長痛もプラスに捉えれば大きなアドバンテージになる

この年代になると、成長痛で悩んでいるジュニア選手たちが多いのではないでしょうか。

ケガをしたわけではなく、体調が悪いわけでもないのに満足に練習やトレーニングができない状況を歯がゆく感じることがあると思います。でも、この時期に大切なのはテニスができないほどの痛みではなくても、無理をしないことが一番です。

成長痛の正式名称は骨端軟骨障害（こったんなんこつしょうがい）と言います。基本的に筋肉、腱、靭帯が骨の成長に追いつかないために起こる痛みなので、ストレッチやマッサージなどの方法で筋肉を柔らかくするといいでしょう。違和感や痛みがあるときはアイシングも効果的です。また、バランスのよい食事、十分な睡眠も大切なことです。

この時期に一番してはいけないのは、痛みがあるにもかかわらず、患部に過度な負荷を与え続けて、将来的に大きな爆弾を抱えてしまう状態にしてしまうことです。

成長痛は痛みの具合、痛みの頻度、期間は人それぞれです。ですから、必ず病院で診察を受け、ドクターと相談しながら、やってもいいこと、やってはいけないことをしっかりと話し合ってください。痛みがないときに負担がかからないトレーニングメニューをつくってもらうのもいいでしょう。ドクターの指示に従いながら、正しい行動ができるように心がけてください。

今の僕の身長は188cm、85kgで

すが、中学3年生のときは164㎝、74㎏でした。中学生の終わりから高校2年生にかけて、まさに僕の体は急成長したのです。

周りからはびっくりされるほどの背の伸び方でしたが、自分では身長が高くなっている、成長しているという認識はあまりなく、周りからの声で気づいたくらいでした。

ただ、体の異変は感じていました。体のバランスが悪くなり、うまく体に力を伝達できない感覚でした。そして不思議と、何度もコートで転んでしまうケースが多くなったのです。クレーコートでプレーをしていたということもあり、当時は「フットワークの問題だ！」と周りには言われていましたが、いま思えば、体が大きくなっている過程で体のバランスの変化から起きたことだったのだと理解できます。ですから、ジュニア合宿でも選手たちが練習中にバランスを崩して転んでしまう場面をよく見かけますが、そんな選手には成長痛ではないかと声をかけて、無理をさせない練習やトレーニングをしながら、選手たちの動きを注意深く観察するようにしています。

十分な練習やトレーニングができず、周りから取り残されてしまうのではないかという不安な思いを感じるかもしれませんが、「自分の体が大きくなろうとしているんだ！」「骨や筋肉が成長しているんだ！」とプラスに捉えることができれば、大きなアドバンテージになります。トップ選手の試合映像を見てイメージトレーニングをしてみたり、本を読んでみたりなど、こういうときだからこそ普段できないことにチャレンジしてみてください。練習できなかった期間の遅れを取り戻すことは必ずできます。決して焦る必要はありません！

調子が悪くても力を発揮できるのが世界で戦えるメンタル

世界で活躍するトップ選手たちは、技術やフィジカルと同時に素晴らしいメンタルも持っています。僕たちも日常生活でよく「メンタルが強い」「メンタルが弱い」といった言葉を使っていますね。それではは実際に「メンタルが強い」とはどういうことなのか。どうすればメンタルが強くなるのか。それを答えられるジュニア選手はとても少ないのではないでしょうか。そこで、メンタルとはどういうものなのかをわかりやすく伝えていきたいと思います。

いくらテニスの技術や戦術、身体能力などに長けていたとしても、それらを発揮するメンタル面が一定のレベルに達していなければ、世界で活躍することはできません。では世界のＴＯＰ１００に入る選手と入っていない選手とでは、具体的にメンタル面のどの部分に大きな差があるのか。僕がこれまでの経験の中で感じているのは、「調子が悪いときでも実力を発揮できるかどうか」です。

プロのテニスプレーヤーは、どんな選手も長所を持っています。もしも絶好調で自分の長所を前面に押し出すことができれば、もちろん試合を優位に進めることはできるでしょう。

ただ、テニスというのは1年間を通して戦い続けるスポーツ。ずっと戦い続けていれば当然、調子にバラつきも生まれてきます。１年間、常

に好調をキープできる選手なんて、世界中のどこにも存在しません。どんなに強い選手であっても、不調の時期は必ず訪れるのです。

　しかし、僕はここにこそ世界TOP100に入れるかどうかのカギがあると確信しています。

　まずTOP100の壁に跳ね返されてしまう選手というのは、調子の波に左右されて自分のテニスが実行できなくなってしまう傾向にあります。

「良いときはここでサービスエースが取れていたのに……」

「いつもならこんなミスはしないはずなのに……」

　そうやって自分自身の不甲斐なさを責め、どんどん自己嫌悪に陥ってしまうのです。

　では逆にTOP100に入れる選手は、不調時にどうやってプレーしているのか。彼らは、負のスパイラルに陥っている自分と好調時の自分を比べない、という考え方をしています。

　どんなに強い選手でも、不調時に最高のパフォーマンスを見せることはなかなかできません。まして試合中は普段の練習よりも緊張感があるもので、大きなプレッシャーもかかっています。そんな中、自分史上最高の状態と比較していると悪循環にハマってしまいます。

　ですから、世界で活躍する多くの選手はこう考えています。

「調子が悪くていつものプレーができないのなら、それは仕方ないことだ！」

「今の状態の中で自分ができることに集中しよう！」

　今の自分と向き合い、調子が悪いことを受け入れた上で、一つひとつのプレーを積み重ねることに集中する。そして勝利をつかみ取っているのです。

　うまくいかないときにもしっかりと力を発揮することができれば、調子の波にも左右されず、年間を通じてコンスタントに好成績を残せるようになっていきます。結果的に本来の自分の姿で戦える時間も長くなり、世界で戦えるメンタルの強さを手にすることができるというわけです。

強くなる選手は、自分より強い選手と戦うことが大好きだ!

この本を読んでいるジュニアのキミは、自分よりも強い選手と戦うことは好きですか?

負けることは気持ちの良いものではありませんから、もしかしたら「嫌いだ!」と言う人のほうが多いのかもしれません。

自分より強い選手に何度負けても立ち上がって「次は勝てるようにするぞ!」と意気込む選手もいれば、「自分じゃ勝てないよ。あの選手がいなければいいのに」とマイナス思考に陥ってしまう選手もいます。たくさん練習して強い選手に挑んだのに勝てなかったという体験は、ものすごくつらいこと。メンタル面で弱気になってしまうという気持ちもよくわかります。

ただ僕は、将来強くなる選手ほど、自分より強い選手と戦うことを好む傾向があると感じています。

その理由はものすごく簡単です。

例えば、日本の同世代のカテゴリーの中で優秀な成績を残すことができたとしましょう。しかし少し年齢層の高い大会にチャレンジしたり、日本から一歩飛び出して世界の大会に出場してみると、残念ながら自分よりも強い選手がそこらじゅうにゴロゴロいることがわかります。

どれだけ練習しても勝てる気がしない……。そんな選手と試合をすることだって間違いなくあるでしょう。ましてプロになれば、自分よりランキングが上の選手だろうと、年齢が上だろうと、体が大きい選手だろうと、当たり前のように戦わなければなりません。自分より強い選手に負けるたびに落ち込んでいては、キリがないのです。

あの錦織圭選手でさえ、ジュニア時代には海外の選手に圧倒されたことがあるし、年上の選手にまったく歯が立たずにストレート負けしたこともあります。テニス選手である以上、負けることを避けることはできません。それでも強い選手に何度も立ち向かいながら、次こそは勝てるようにする。テニスとはそういうスポーツなのです。

世界で活躍する選手になろうと本気で思っているのなら、強い選手と戦うことが大好きになれたほうが断然有利です。試合でまったく歯が立たなくても、落ち込んだり自分の可能性をあきらめてしまうのではなく、「次はどうすれば接戦に持ち込めるかな」「どうやったらポイントが取れるようになるかな」と考える。そのほうが将来、確実に強い選手になれます。

自分よりも強い選手のことを避けてしまっている部分、煙たがっている部分があると気づけたなら、それはキミが強くなれる大チャンス！

強い選手との試合というのは、自分の課題や弱点を見つけられる成長の場だと思えばいいのです。そして試合には負けたとしても、次にその差を一歩でも縮めることができれば、確実に前進できているという証拠になります。

自分よりも強い相手と戦うことを好きになれ！

負けることが苦手だった選手は、少しだけ考え方を変えて、どんどん強いライバルを好きになってみてください。

メンタル

自分と向き合ってトレーニングをすればメンタルは強くなる

プロテニス選手を目指す子どもたちの中には、メンタルの弱さに悩んでいる人も多いかもしれません。「ミスをしたくない」という気持ちから、ついつい〝守りのテニス〟をしてしまっている人もいるでしょう。

僕たちは指導する上で「ミスすることは悪いことではない！」と伝えています。自分から主導権を取りにいくために攻めたときのミスというのは、むしろナイスプレー。ミスをしたときに大事なのは、そこから何を学ぶのかということです。

例えば、攻めたショットでネットしたとしましょう。そこで「あっ、ミスった！」と下を向いて委縮してしまうのではなく、「しょうがない。次はネットしないようにもっとボールを上げていこう。よし、次！」と顔を上げ、前向きに考えて自分を奮起させる。そういったことを続けていけばミスをすることに対しても恐れることなく、攻めなければならない場面でしっかりと攻撃できるようになり、自信を持ってプレーできます。ミスをした分だけ学ぶことがあり、負けた試合によって自分が成長できるわけです。

ちなみに意外かもしれませんが、プロ選手といえども全員がメンタルコーチを置いているわけではありません。

その代表例が錦織選手です。実は、彼はこれまで一度もメンタルコーチをチームに帯同させたことがありま

せんが、常に自分でメンタルをコントロールしながら、世界の舞台で戦っています。

これほど世界的な選手であっても、有名なメンタルコーチと常に相談しながら戦っているわけではない。つまりメンタルというのは、特別な指導を受けられなくても自分自身でトレーニングをすれば強くすることができ、世界水準にまで高めることも可能なのです。

自分の実力が発揮できなくても、自分自身を信じてあげること。調子が良いときの自分と悪いときの自分を比べるのではなく、どんなときでも「できる」と思えるか。それだけでもメンタルを強くすることは可能です。

「この一球は絶対無二の一球なり」

この言葉は、現役時代にスランプに陥っていた僕を救ってくれた、日本テニスの第一人者である福田雅之助さんの言葉で、子どもたちに口を酸っぱくして伝え続けている言葉のひとつです。

いつものプレーができないときこの言葉を思い出して、〝今〟に集中してみましょう。そうすれば強靭なメンタルが育まれていくはずです。

さて、ここからはジュニア合宿でメンタルを担当している佐藤雅幸先生の監修のもとで、もう少し詳しくメンタルのことに触れていきたいと思います。今すぐ使える考え方なども掲載しているので、ぜひ参考にしてみてください。

「メンタルが強い」とはどういうことか

メンタルという言葉を聞くと、どうしてもメンタル・トレーニングの方法論ばかりに目を向けてしまいがちですが、心の構造がどうなっているのかを理解せずに行っていてもなかなかうまくはいきません。

人は「メンタルが強い・弱い」という表現をすることがよくありますが、「メンタルとは何か？」と問われると言葉が出てきません。また、トップアスリートなどは基本的に「メンタルが強い」と思われていますが、彼らの幼少期を見てみても実はすごく泣き虫だったり、すぐにへこたれてしまったり、神経質で緊張しやすかったり、深く考え込んで悩んでしまったりと、さまざまなタイプがいます。彼らも強い部分ばかり持っているわけではなく、その裏には弱い部分も大いにあります。だからこそ、本番で最高のパフォーマンスを発揮するために体力や技術だけでなく心の訓練と準備をしているのです。その結果、勝負に挑んでいるときにはネガティブな思考や感情をコントロールして、威風堂々とチャレンジしていくことができるのだということを忘れてはなりません。その結果、周りから見れば「メンタルが強い」という印象になるのです。

例えばスマートフォンやパソコンにはさまざまな機能が備わっていますが、一般的に使われているのはほんの一部。しかし専門家から「こんなこともできるんだよ」と説明を受けると、それまで気づかなかった機能がたくさん出てくるでしょう。人間の脳や心も同じで、使われずに眠ったままになっている能力はまだまだあります。そのひとつがメンタルをコントロールする機能であり、メンタルの重要性に気づいて自由に使いこなせるようになれば、それだけでかなりのレベルアップができます。

自分はどのメンタル要素が弱いのかを知る

自分の課題として「メンタルの弱さ」を挙げる人は多いですが、決してメンタルすべてが弱いわけではないはず。メンタルの中にもさまざまな要素があるため、自分はどの部分が強くてどの部分が弱いのか、しっかりと分析することが大事です。「メンタルが弱い」というのは、病院に行って漠然と「体の具合が悪い」と説明しているのと同じ。それぞれ専門の科に分かれ、どこがどう悪いのかを具体的に掘り下げていかなければ解決にはなりません。

メンタルというのは「競技意欲」「精神の安定・集中」「自信」「作戦能力」「協調性」の5つから成り立っています。「競技意欲」には我慢強く粘れる〝忍耐力〟、相手に向かっていく〝闘争心〟、目標に向かっていく〝自己実現〟や〝勝利意欲〟などの要素が含まれます。「精神の安定・集中」の中には自分の感情をコントロールする〝自己コントロール能力〟や〝リラックス能力〟や〝集中力〟。「自信」は〝自信〟と〝決断力〟に分けられ、きちんと計画を立てる「作戦能力」の中にあるのは〝予測力〟と〝判断力〟。そして、周りを見ながら自分を客観的な視点で捉える「協調性」。これらの中で自分にはどの部分が足りないのかを考え、それを補うためのメンタル・トレーニングをしていくと非常に効果的です。

5つの要素を踏まえて自分の身体や心を調べていく方法が「心理的競技能力診断検査（DIPCA・3／※1）」で、強化合宿でも採用しています。また同時に「集中力テスト（T-TAIS／※2）」や「主要5因子性格検査（BIG5／※3）」などの心理検査も行い、選手の精神特性を把握した上でその成長や競技成績の推移なども併せて分析しています。

もちろん元気がないときに胸を張って堂々と歩く人はいないわけで、普段の目つきや顔つき、姿勢や行動などを見るだけでわかる部分もあります。そこにテストの結果が加われば、その選手のメンタル傾向がよりわかりやすくなるというわけなのです。

(※1)徳永幹雄・橋本公雄:心理的競技能力診断検査(DIPCA.3),トーヨーフィジカル(福岡県),2000.
(※2)田中伸明・水野忠和:テニスプレイヤーに必要な集中力を評価する,テニスの科学(日本テニス学会),6,1998,55-63
(※3)村上宣寛・村上千恵子:主要5因子性格検査システム,学芸図書(東京都),1999

心と体はつながっている

テニスはサイコロジカルゲーム（心理ゲーム）やメンタルゲームとも言われ、心理的要素が勝敗を大きく左右するスポーツです。そもそも「ゲーム」という言葉自体にも相手を揺さぶる、罠を仕掛けて陥れるなどの意味がもともと含まれており、駆け引きを考える部分にこそテニスの面白さや奥深さがあります。

〝心技体〟という言葉がありますが、練習で培ってきた技術や体力を活かすのも心の部分。心と体はつながっており、メンタルを鍛えていくことでより良いパフォーマンスを発揮できる環境をつくることができるのです。

一方で、うまくいかないときには「メンタルが原因だ」と考える人も多いですが、実は体力や技術が不足しているだけの可能性もあります。

例えばファーストサービスを１００回打って90回は入る技術を持っていたとしても、逆に言えば10回は失敗するもの。そうなると失敗したからといってメンタルの問題だとは言い切れず、１００回打って１００回入るように技術を高めれば失敗する確率は間違いなく減るでしょう。その10回を突き詰めることが本当の勝負であり、トップ選手たちはそうした細かい部分にまでこだわっているのです。また体力が落ちると技術の精度も低くなってしまうので、フィジカルもしっかりと鍛えていきます。体力が上がれば思考が冴え、技術が伸びれば自信が生まれます。体力や技術を確立することで不安を取り除くことができ、メンタルを充実させることができるのです。そういう意味でも〝心技体〟は常につながっていると考えておきましょう。

メンタルの根底にあるのは「楽しい」「面白い」という気持ち

スポーツにおいて競技レベルがまだ低い段階では技術や体力が勝敗を決める大きな要因となります。しかし競技レベルが上がっていくと、技術や体力を限界まで追求してきた選手ばかりが集まるため、心理的スキルも求められるようになっていきます。これは研究でも立証されていること。トップ選手同士の戦いになればなるほど、メンタルが勝敗を左右する割合が高くなるのです。

だからこそジュニアの頃は、モノの見方や考え方が曲がっていかないようにすること。レベルが上がったときのメンタルの土台をつくっておくことです。その根底にあるのは興味、関心、好奇心、やる気……。何よりも「楽しいな」「面白いな」という思いがもっとも大事になります。ですから、初めてテニスをやった子にメンタル・トレーニングは必要ありません。まずは本人が楽しめるように、コーチはボールがラケットに当たるように導いていきます。空振りばかりではつまらないのでラケットを短く持たせたり、合わせやすいボールを出したりして技術を教えていきましょう。うまくなるからこそ、さらに上達しようと取り組んでいくわけです。

例えばスランプになったとき、「テニスを始めたときはどういう気持ちだった?」と聞くと、ワクワクしていた当時の気持ちが蘇ってきてモティベーションが上がってきます。強制的にイヤイヤ始めたという人も、取り組んでいく中で「テニスって面白いな」と感じた経験はあるでしょう。目標を達成したときのご褒美が設定されているなど、外側から刺激を与えられたことで頑張ること（外発的動機づけ）も大事。さらに自分の心の内側から「楽しいから頑張りたい」という気持ちが生まれてきて、自己決定のもとで頑張ること（内発的動機づけ）ができるとなお良し。成功しても天狗にならず、失敗してもひねくれず、困難がやってきても正しく悩みながらイキイキと乗り越えられるはずです。

Q1 絶体絶命のピンチから逆転するためにはどうすればいい？

3 セットマッチの第1セットが0－6、第2セットも0－5のカウント0－40でマッチポイント。この状況になると「もうダメだ」とあきらめてしまう人は多いかもしれません。でも、いったん自分の胸に手を当てて、過去に逆転勝ちや逆転負けの経験がないか考えてみましょう。特に勝てそうな展開からの逆転負けをしたケースでは、相手はとにかくその場を凌ぐしかないため、やるべきことに集中しているものです。一方の自分はというと、余裕を持ってプレーしていたはずが、「まだ2本ある」「まだ1本ある」などと考えていくうちにだんだん追い込まれていき、しかもマッチポイントを握っている緊張感から「ここで決めなきゃいけない」と考えています。その結果、自分のテニスができなくなり、流れが一気に逆転してしまったのではないでしょうか。

テニスというのは試合時間が無制限であり、屋外であれば高さも無制限。その自由が与えられた中で、最後の1ポイントさえ相手に取らせなければ負けないというゲームです。どんなに追い込まれた状況になってもまだ負けが決まったわけではありません。そこで例えば「今は追い込まれて少し緊張してしまっているな。もっと時間をゆっくり使って立て直そう」と考え、ペースを落ち着かせる。そして、相手を焦らしながらガタガタと崩れていくように促していけば、土壇場からでも逆転のチャンスは十分にあるのです。

厳密に言うと、審判がゲームセットを宣言するまでが試合。コートは自分の戦略・戦術・技術といった数々の要素を詰め込んでファイトする場所であり、ネガティブな感情はロッカールームに戻ってから表現すればいい。大事なのは「here & now」(今ここで)。その場で自分にできることは何か。今やるべきことは何か。そう考えて、目の前のプレーに集中することが大切です。

なお、よく言われる〝開き直り〟と〝あきらめ〟は別物なので注意しましょう。目の前のことに全力を尽くしてチャレンジを続ける中で、「自分にこれ以上のことはできない。これでダメなら仕方ない」と思うのが〝開き直り〟。全力を尽くさずに先のことを見て「どうせダメなんだからもういいや。どうにでもなれ」と思うのが〝あきらめ〟。

効果的な方法としては、例えば「僕はこういうことをやります。絶対にあきらめません」と口に出して自分に言い聞かせるアファメーション(自己宣言)をしてみてはどうでしょうか。選手宣誓などと同様で、自分がやるべきことを宣言することで決意が固まっていくでしょう。

Q2

有利な状況から逆転されずに勝ち切るためにはどうすればいい？

今度は逆に自分がリードしている状況。ここで「これはもう勝ったな」などと考えると、現実よりも頭の中のイメージが先行していき、やるべきことに集中できなくなります。そしてイメージ通りにならないと「おかしいな」と考えるようになり、悪循環に陥ってしまいます。だからと言って、実際に勝利が見えてきたタイミングで「あれ？　このまま勝っちゃっていいの？」と疑いを抱くと、やはりそこからリズムが崩れてしまうのです。

勝利が近づいてきたとき、何かしらの感情が生まれてくるのは人間として当然のこと。ではどうすれば勝ち切れるのかというと、「まだまだ」という考え方を持つことです。カウント40－0のマッチポイントを握っていても「いや、ここはまだ0－0。ここからがスタートなんだ」と頭の中で置き換える。また「負けてしまうかもしれない」というネガティブ思考が出てきたときには、接続詞の「but」（だが、しかし）を使って「この流れはダメだ。だけどね、何があるかわからないよ」。そうやって思考を転換すると、モティベーションをキープできます。そして前ページと同様、「here & now」（今ここで）に心を向けて集中することが大事になるのです。

ちなみに有利な展開から負けたとき、「どこかに気の緩みがあった」と反省して済ませる人が多いですが、原因をもっとしっかり分析すること

が必要です。プレーのミスにも「行動のミス」と「選択のミス」の2つがあり、そこを正しく評価できているかどうか。例えば、マッチポイントを握っていて「思い切ってファーストサーブを打ち、得意のサーブ&ボレーで攻めよう」と考えるも、最後のボレーのタッチが甘くて失敗したとします。これは当然、ボレーそのものの「行動のミス」。ところが「ダメだったか。じゃあ他の戦術にしよう」と考え、ベースラインで粘るテニスに簡単に切り替えてしまう人もいます。つまり戦術の「選択のミス」だと勘違いしてしまったわけです。さらにここでもまたポイントを取られると、「じゃあやっぱりサーブ&ボレーなのかな」と切り替え、どんどんドツボにハマっていく。ミスの原因まで正しく分析できなければ、「here & now」は正しく実現できないのです。

Q3

緊張しすぎたり弱気になったりしているときにはどうすればいい？

試合で力を存分に発揮するためにはできるだけ平常心で臨むことが大切です。そのポイントとなるのは呼吸の仕方。人間は自分で心臓を止めたり動かしたりすることはできませんが、呼吸なら自分でコントロールできます。それを整えることで体の状態も調節できるのです。

呼吸法には、お腹を中心にスーッとゆったり息を吸ってフーッと深く吐いていく「腹式呼吸」と、胸を中心に肺をふくらませるイメージで息を吸って吐く「胸式呼吸」の2つがあります。腹式呼吸には副交感神経

を優位に働かせてリラックスを促す効果があり、胸式呼吸には交感神経を優位に働かせて緊張感やテンションを高める効果があります。緊張や不安、恐れや迷いなどを取り除いて心を落ち着かせたいときには腹式呼吸。やる気が弱くなっているときに気持ちを入れ直して自らを活性化させたいときには胸式呼吸。シーンによって、2つの呼吸を使い分けられるとよいでしょう。

ちなみに、緊張しすぎている場合に深呼吸をするのは有効ですが、胸式呼吸になってしまっているケースもあります。そうなると逆に緊張感が高まってしまうので、しっかり腹式呼吸をすることが大事。また、その場だけ腹式呼吸を1~2回しようとして形だけで終わってしまう場合もあります。取って付けたように行うのではなく、なぜやるのかという意味を理解した上で、普段から呼吸の訓練を行っておくとよいでしょう。

一方、テンションを高めたいときには胸式呼吸をするのと同時に、両手で顔や体をパンパンと叩いたりするのも効果的。これは「今から大事な勝負に向かっていくんだ」という戦闘準備を整える行動。さらにボールを打つときやショットが決まったあとに声を上げることで、心と体はさらに活性化されていきます。

Q4

強い相手と対戦するときの心構えは？

大会のトーナメント表を見たとき、「この辺までは勝ち上がれそうだな」と勝敗を勝手にイメージしてしまう人は多いのではないでしょうか。そうすると実際に勝ち上がって強い相手との対戦が決まっても、心の中には「負けるかもしれない」という先入観が残っており、〝ビビり〟から実力を出し切れなくなってしまうことがあります。

強い相手と戦う場合、まずは勝てるチャンスがどれくらいあるのかを冷静に考えてみましょう。10回戦ってもすべて負ける可能性は高い、では20回だったら？　30回やったらどうだろうか？　そうやって考えていけば、例えば「１００回やればさすがに1回くらいは勝てるかもしれない」と思えるかもしれません。そこで「じゃあ今日がその１００試合目かもしれないな」と考えれば、強い相手に対する〝ビビり〟は消えていくでしょう。

試合前の緊張や悩みなどは悪いことだと捉えられがちですが、決してそんなことはありません。例えば強い選手はメンタルが強く、不安や恐れなどとは無縁だと思われがちですが、本当に強い選手というのはむしろ試合前に極度の緊張をしているもので、ロッカールームでタオルを頭からかぶって震えながら緊張と戦っている選手もいるほど。負けられないというプレッシャー、より良いパフォーマンスを出そうと思うからそうなるのであって、本気の勝負に挑むときには緊張しないほうが異常です。快適で居心地のよい場所にずっといても能力は伸びず、居心地の悪さこそが成長のための肥やしになる。伸びようとしているからこそ悩み、悩むから伸びるのです。そして強い選手はいったんコートに出るとそれまでの迷いを断ち切り、自分がやるべきことに集中できています。だからパフォーマンスを発揮できる、というだけの話なのです。

そういう事実を知り、相手の立場になって考えてみると、「付け入るスキがまったくないわけではない」という感覚が芽生えてくるのではないでしょうか。またトーナメントは一度負けたらアウトとはいうものの、そこで自分の一生が決まるわけではなく、時間が経てばまた次の大会がやってきます。「絶対に負けられない」のではなく、「負けずに次の試合へ進めたらもう1試合チャレンジができる」「負けてもその反省は次に生かせる」。そう考えれば、負ける確率などには目を向けず、常に一戦必勝でやるべきことに集中できるはずです。

Q5

試合前にはどんな準備をしておけばいい？

試合で勝利に近づくために、どれだけ心の準備ができているか。まず心構えとしてゲームプランはいくつか用意しておきましょう。いくら自分に得意な戦術があっても、相手にも得意な戦術があって、こちらがやりたいテニスをさせてくれない可能性は大いにあります。最低でもAプラン、Bプラン、Cプランの3つくらいは考えておきたいです。そうすると、例えばAがダメならB、BがダメならCと切り替えることができ、Cがダメだったとしても試合の中で流れが変わっているので、再

びAに戻れば通用する可能性も出てきます。

また当然、対戦相手の映像などを見て弱点やクセ、ゲームの組み立て方などを分析しておくことも必須。チーム戦であればそれに加えて、みんなのモティベーションが高まる映像などを見るのもよいでしょう。

そして当然、過去に自分が最高のプレーをしたときの状態を分析しておくことも重要。「どういうときの自分が良かった?」「その前日にはどんな練習をしていた?」「当日の朝はどうだった?」「試合前はどうだった?」「じゃあ1週間前は何をしていた?」「1ヵ月前は?」などと自分に問いかけ、ノートに書き留めておきましょう。これは料理のレシピを振り返るようなもので、例えば「前日の夜にゆったりお風呂に入ってリラックスした状態で寝た」「朝はスッキリ目覚め、ご飯を食べてやる気に溢れて出発した」など自分なりのピークパフォーマンスのストーリーが見えてきます。それを再現することで、ほどよく緊張して熱しすぎず冷めすぎず、ちょうどよい精神状態で試合に臨める自分にとってのルーティンとなるわけです。

なお、ルーティンをつくって普段から意識しておくと、リズムが悪いときに「ルーティンが崩れているな」と気づき、自分で修正できるようになるので便利です。また、試合に向けたスケジュールや試合中の行動が決まることで、余計な考えが頭に浮かぶような隙間がなくなって安心感も生まれます。ただし、例えば天気など、自分でコントロールできないものはルーティンにはできません。また、神経質になって「これをしなければならない」「これをやらなければ気が済まない」という義務のような感覚になってしまったら意味がありません。これではおそらく、ルーティンが何かひとつ抜けるだけで不安になってしまいます。それならばむしろ「そういう行為をしない」というルーティンをつくってしまったほうがいいでしょう。ルーティンはピークパフォーマンス時に共通するクセのようなものであり、意識しなくてもできるようにしておくことが大切なのです。

Q6
普段の練習ではどうやってメンタルを鍛えればいい？

練習の中でメンタル要素を鍛えるためにはどうすればいいか。ドリルの内容は同じであっても、技術・フィジカル・メンタルのどこに意識を置くかによって、練習の意味合いは変化させることができます。例えば「このラリーが20球続いたら終わり」とか「サービスが連続5本入ったら終わり」という設定をすると、ゴール間近になって緊張感が増していき、忍耐力を鍛えたり、試合に近い雰囲気の中でサービスやストロークの安定性を磨く練習にもなります。これも立派なメンタル・トレーニングのひとつです。

また、試合の状況を細かく設定した練習も効果的。例えば1セットマッチの4－5で負けていて、自分がサービスを打つ。そういう状況を具体的に宣言してから始め、本番と同じイメージを具体的に描きながら練習をする。さらには大会会場の写真を撮ってきて、練習前に「ここは本番のコートなんだ」と思い込ませて練習してもよいでしょう。実際に足がガタガタと震えてくるくらい、イメージをハッキリと浮かべることができれば、いざ本番となったときに「いつものコートと同じだ」と感じ、自分のパフォーマンスを発揮しやすくなります。

イメージはより鮮明に。そのためには、インターナル・イメージ（自分がコートの中にいて実際に戦っているイメージ）とエクスターナル・イメージ（コートで戦っている自分を外から眺めているイメージ）の両方を使い分けることが大切です。技術練習にしても、目をつむって自分がどうやって体を動かしているのかを感覚を確かめる〝インターナル〟と、自分のプレーを映像で見て体がどう

やって動いているのかを確かめる〝エクスターナル〟をどちらも行えば、主観的だけではなく客観的にも自分を見ることができます。

言い換えれば、自分の中に〝もう一人の自分〟をつくることが大事だということ。そうすれば、たとえ対戦相手に勝てなかったとしても「自分はこういう努力をした」と認めることができるし、自分のパフォーマンスが伸びれば純粋な喜びが生まれてきます。そして、感情（直感で反応する気持ち）と思考（なぜだろうと考えて頭を使って分析）と行動（実際の自分の動き）の3つのバランスを整えることによって、自分で自分をコントロールできるようになっていくのです。

メンタルタフなトップ選手の行動分析

stage 1 積極的な身体の反応
(Positive Physical Response)

ショットが決まった瞬間、ガッツポーズなどで喜びを表現してテンションを高める。逆に失敗したときにガックリと肩を落としてうなだれたり、ラケットを下に落として腕をブラブラさせたりといった仕草や行動は、ネガティブな感情の表れ。これでは感情のコントロールを妨害してしまうので、視線を上げて胸を張り、パッとターンをして元のポジションに戻ることが大切。

stage 4 儀式・クセ
(Rituals Response)

理想的なプレーをするための最終段階。トスを上げたときにボールに完全に集中(外側への狭い集中)できるように、自分の中にあるスイッチを押していく。サービスを打つ前にイメージを固めたら、ボールを何度かバウンドさせるなどの行動を習慣づけてルーティンにしておくとよい。決まった仕草や行動をすることでネガティブな感情がシャットアウトされ、自分がやるべきことに集中できる。

テニスで実際にボールを打ってプレーしている時間は、全体の試合時間の約20％と言われています。つまり、良いショットを打つためには体を動かす瞬間だけに集中すればいいわけではなく、ポイントとポイントの間の時間をいかに有効に使って準備を整えておくかがカギ。スポーツ心理学の権威であるジム・レーヤー博士の研究によると、ひとつのプレーが終わった時点ではすでに次のプレーに向けた行動が始まっているものであり、タフなメンタルを持っているトップ選手にはプレー中の行動に共通した傾向が見られるのだといいます。それが以下の4つのステージ。レーヤー博士のメンタルタフネス・トレーニングをぜひ参考にしてみてはどうでしょうか。

stage 2 リラクゼーション
(Relaxation Response)

プレーの直後というのは体にグッと力が入っているもの。このまま次のプレーへ移ると常に興奮状態のまま動くことになってしまうので、ニュートラルな状態に戻すために必ずリラックスを促す。ラケットを逆手に持ち替えて筋肉をいったん緩めたら、視線をストリングやラケットのロゴマークなどに向けることで集中力を高め（アイコントロール）、深呼吸を数回行う。

stage 3 準備
(Preparation Response)

次のステージへ進むための準備をする。例えばサービスを打つ場合、まずはベースライン後方から全体を見渡し、相手の位置を確認。さらに太陽の位置や風向きなどの情報も集める（外側への広い集中）。そして自分が打つべきコースや球種などの戦術を考え（内側への広い集中）、ポイントを取ることをイメージして決意を固める（内側への狭い集中）。

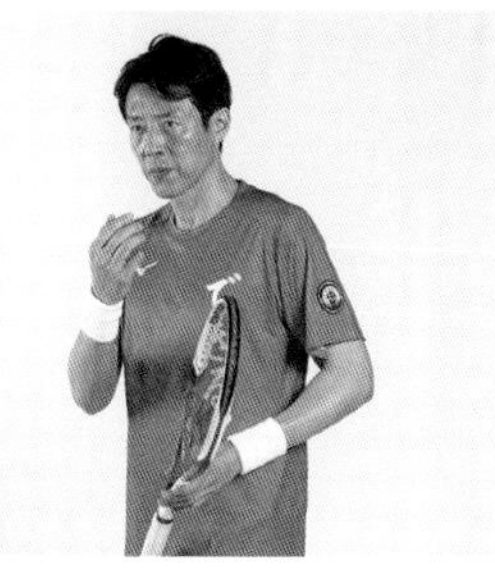

キミはどれくらい自己表現ができるだろうか？

ジュニア合宿では選手一人ひとりに自分の表現力を把握してもらうためにも、メンタル担当の一人である田中伸明先生による「メンタル・テスト」を実施しています。全20問の質問に対し、それぞれが自分の胸に手を当てて正直にYESかNOを選択していくのです。

以下にその内容を掲載するので、みなさんもぜひやってみてください。

\ 自己表現力を知る /

メンタル・テスト

Q 次の質問に YES or NO で答えてみよう。

01 あなたの友達が試合をしています。誰も応援していません。あなたはたったひとりでも大きな声でその友達を応援することができますか?

02 あなたは試合で勝ったとき、勝ったことをコーチや友達に恥ずかしがらずに言うことができますか?

03 あなたは試合で緊張を感じたとき、慌てないで対処することができますか?

04 試合が雨で中断になり、クラブハウスに戻ってきました。すると同じ年の選手たちが楽しく話しをしています。あなたはその話の中に入っていくことができますか?

05 仲間同士の話しが盛り上がっているとき、残念ながら自分のテニスの練習時間が迫ってきました。あなたは自分がどうしても帰らなければいけないことを友達に伝えて帰ることができますか?

06 自分の知らないこと、あるいはわからないことがあったとき、あなたは恥ずかしがらずに質問することができますか?

07 困ったとき、人に助けを求めることができますか?

08 あなたが他の人と違った意見、感情を持っているとき、それを素直に言うことができますか?

09 自分が間違っているとき、「ごめんなさい」と素直に謝ることができますか?

10 人前で自分の意見をしっかり述べることができますか?

11 人から褒められたとき、素直に喜びますか?

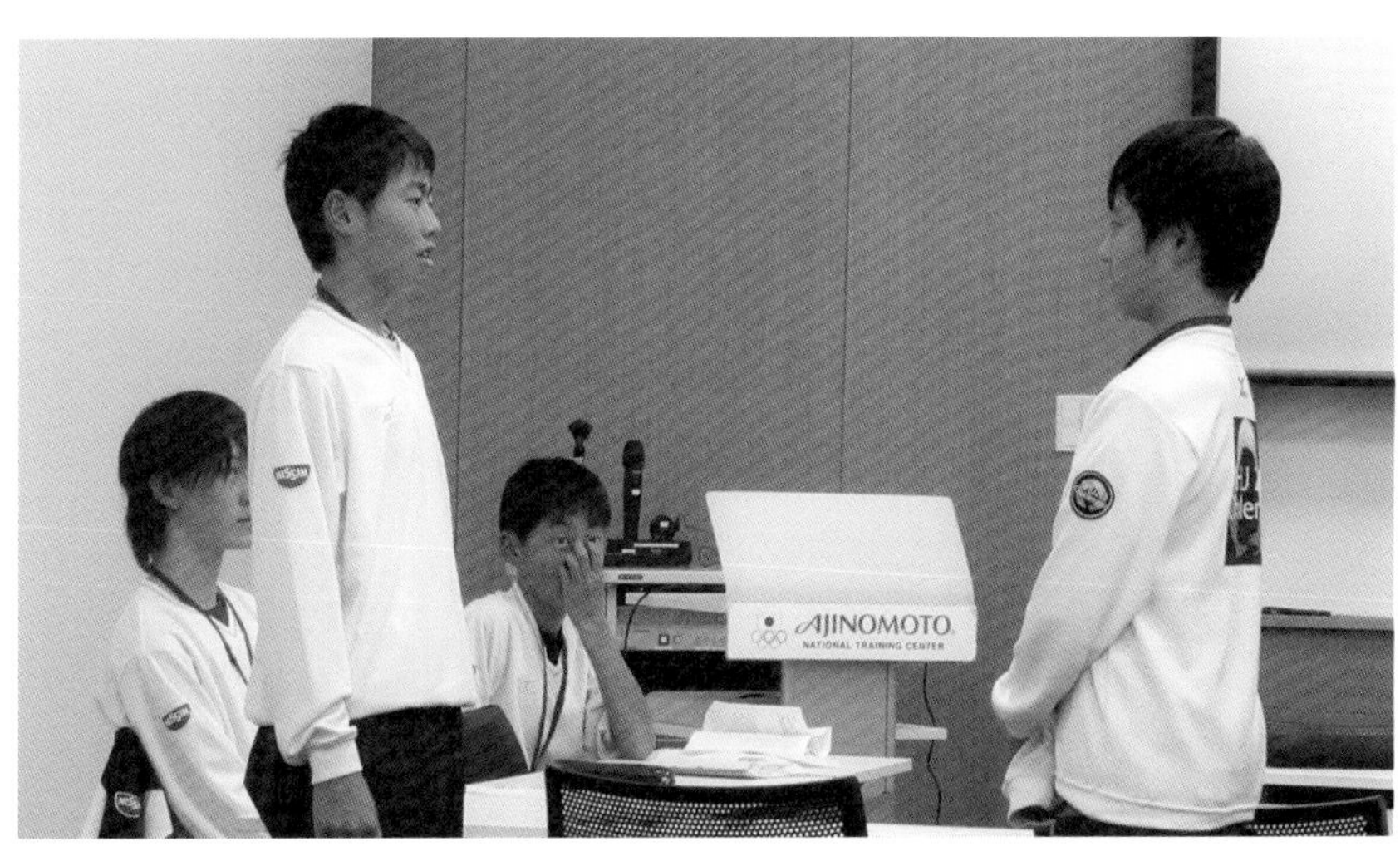

本当は保健委員になりたいということを説明することができますか?

17 先輩である○岡修造さんに無理難題を押しつけられたとき、あなたは断れますか?

18 コンビニエンスストアで買い物をしました。おつりが3円くるはずですが、店員さんはあなたにおつりを渡したつもりでニコニコとこちらを見て微笑んでいます。あなたはその3円を返してもらうことはできますか?

19 先輩である○岡修造さんが、あなたが嫌いな食べ物を好きだと思っています。練習で会うたびにその食べ物を差し入れてくれます。あなたは○岡さんに「やめてください」と説明できますか?

20 あなたは転校生です。実は15mしか泳げません。しかしテニスの試合で学校を休んだとき、クラス対抗の水泳メンバーに選ばれてしまいました。あなたはそれを断ることができますか?

12 あなたのことを批判されたとき、受け答えができますか?（子ども用に補足:「それは違うだろう」と言われたとき、「そうじゃない」ということが言えますか?）

13 あなたに対する無理な頼みごと（お願い）を断ることができますか?

14 長電話や長話しのとき、あなたはその話しを自分から「終わりにしよう」と言えますか?（子ども用に補足:「この話し、長いなあ」と思ったとき、「もうやめようよ」と言えますか?）

15 あなたが話しをしているとき、そこに割り込んできて話し出した人がいます。その人に「今は僕が話しをしているんだ」と言えますか?

16 クラスの学級委員の選挙がありました。誰かが「○○（あなたの名前）にしようぜ!」と名前を挙げてしまいました。あなたは、本当は保健委員になりたかったのですが、このままでは学級委員になってしまいます。そのとき、

すべての質問に答えたら、最後にYESとNOの数を確認してみましょう。YESよりもNOの数のほうが多い人は、自己表現ができていないということになります。目安としては20問のうち、YESが10個以上あるのが一般的と言われています。

ただし、極端にYESが多い場合は、本当に真剣に答えたのか、もう一度自分に問いかけてもらいたいとも思います。なぜなら、人間にとって「NO！」と答えるのはものすごく嫌なことであり、「周りから悪い人だと思われてしまうかな」という考えからYESを選択してしまうこともあるからです。その気持ちを克服し、正直に「NO！」と言えることもまた自己表現では大切なことです。この「メンタル・テスト」は〝良い〟〝悪い〟を決めることが目的ではありません。自分がどれだけ気持ちを素直に表現できるのかということを知る、アイディアのひとつだと思って参考にしてほしいと思います。

メンタル

自分の想いを言語で表現する習慣をつける

ジュニア合宿では、言語技術の習得を目指すことも重視しています。

日本人というのはもともと内気な傾向にあり、ジュニアのトップ選手であっても、自分を表現することが苦手な選手は多いものです。実際に合宿を見ていると、身近に指導をしてくれているボブ・ブレットに対してもなかなかコミュニケーションをとれていません。

しかし、世界へ一歩踏み出すと、周りには日本語以外の言語を使う選手たちしかいないのです。そんな居心地の悪い環境でも、いかにうまくコミュニケーションをとり、普段から自分を表現することができるか。練習コートを確保するときや練習相手を探すときなどはもちろんですが、海外でもしっかりとした生活を送り、コート上でも自分のテニスを表現するためには、言語技術を身につけて表現力を高めておくことが重要です。

合宿での取り組みとしては日本サッカー協会や日本オリンピック委員会、学校や企業などでも講師を務めておられる、つくば言語技術教育研究所所長・三森ゆりか先生に講義をしていただき、その指導のもとで自分の想いを言語化するトレーニングを実践しています。

これまで「日本人は海外に出たときに言葉が喋れないから英語の勉強をしなきゃいけない」と言われてきましたが、いくら日本国内で英語の

資料提供◎つくば言語技術教育研究所 三森ゆりか

勉強をして成績が上がったとしても、海外でうまくコミュニケーションがとれるかどうかというのは別問題です。英語がうまく喋れなくてもボディランゲージと持ち前の明るさですぐ友達をつくれる子はいますし、逆に英語をちゃんと理解できていても消極的でうまく喋れない子もいます。だからこそ言語技術を学び、海外の人たちがどういうふうに会話をしてコミュニケーションを取っているのかを知っておくこと。特に考え方の柔軟性があるジュニアのうちからその経験を積んでおけば、居心地の悪い環境にも長くいられるようになってくるわけです。

ここで、具体的な方法を紹介しましょう。三森先生がいつも実施しているのは「問答ゲーム」です。先生が一対一で質問をしてジュニアがそれに答えていくのですが、重要なのはどんな対象でも「いつ・どこ・だれ・なぜ・何・なんのため・どのように」を言葉でハッキリと説明していくこと。質問する側は「なんで?」「どういうこと?」と細かく聞いていき、より具体的な内容を引き出していきます。

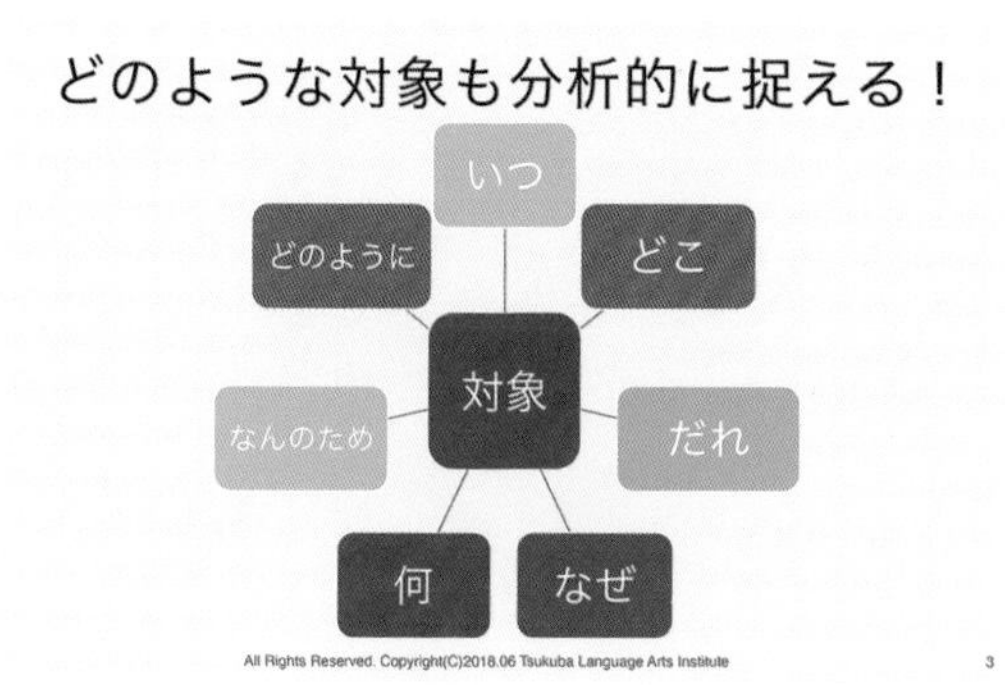

また、他にもルールがあります。まず〝相手の目を見て話すように心がけること〟。これはコミュニケーションにおいてとても大切なことです。さらに質問に答えるときは〝「私は」などの主語を必ずつけること〟。英語は「Ｉ」「Ｙｏｕ」など主語から始めるものなので、その習慣をつけていくわけです。

どのような対象も分析的に捉える！
いつ
どのように
どこ
対象
なんのため
だれ
何
なぜ

3

そして質問を受けたら〝結論を先に言うこと〟。そこから「その理由は○個あります」と示して、どういう考えでその結論にたどり着いたのかを説明し、最後にもう一度結論を述べて自分の話をまとめます。日本人が使いがちな「何となく」「微妙に」といった曖昧で感覚的な表現はしないようにして、「結論→理由→まとめ」という順番でより具体的に話していけば、相手もすごく聞きやすくなります。

これに慣れてきたら、次はジュニア同士で「質問する側」「答える側」を入れ替えながら行います。実は技術としては質問する側のほうが難しいもので、よりわかりやすく質問ができるようになればコミュニケーションのスキルはかなり上達していきます。

　この「問答ゲーム」で三森先生によく言われているのは、頭の回転を速くしようということです。思いつきでポンポンと素早く答えればいい、というわけではありません。何を質問して、どうやって答えるか。相手の話しに集中して、瞬時にパッと決断して実行する習慣をつけていくことで、曖昧にボーッと何かを見ているという時間は少なくなっていきます。

　テニスはまさにラリーの中で瞬間的な「決断と実行」が求められるスポーツ。頭の中でやるべきことを明確にすることが非常に大切であり、この「問答ゲーム」の考え方はコートでの考え方にもつながってきます。

そしてその究極が、トップアスリートがよく言う「ゾーンに入った」という現象。見るべきところに集中し、やるべきことが頭の中でハッキリとしていて、それをただ実行するだけで思い通りのプレーができる。オンコートの部分と勉強の部分の積み重ねが生きて、何も考えなくても自然と素晴らしいプレーができるようになるのです。

　言語技術の取り組みでは、このほかに「絵の分析」も行っています。まず手始めにシンプルな方法として、例えば公園に人が集まっているシーンなど、多くの情報が含まれている絵を見て、何時頃かなど、絵の中に発見した証拠を元に自分の考えを証明していきます。このように分析していく力というのは実際のテニスにおいても、頭の中で情報を整理して戦略を立てていくことにつながります。

さらには「文章を書く」ということもしています。三森先生に文章の書き方をレクチャーしてもらいながら、それまでやってきたことを言葉（文字）で表現するという訓練です。

選手たちは海外遠征に出ると日本テニス協会に向けてレポートを書くのですが、以前、三森先生から「ただの感想文になってしまっている」と指摘を受けたことがあります。つまり、言語技術ではまだまだ突き詰められる部分があるということ。文章を書くということは、頭の中で物事をきちんと整理してまとめるということであり、それが続いていくと例えばテニスが上手な選手のプレーを見てどこが良いのか、ポイントを的確に捉えて日記に書くといったことなどにもつながってきます。そしてもちろん、レポートがより具体的で読む人にとってわかりやすくなれば、日本テニス界の今後にとっても大きなプラスになるでしょう。

こうした取り組みはここ2年ほど、ジュニア合宿だけでなくミニ合宿でも継続していますが、実は選ばれ続けた選手であっても指導を受けられるのは年間4～6回程度。そもそもコミュニケーションをうまくとれるようにするためには時間がかかるものですから、講義やトレーニングを受けたからといってすぐによくなるというものではありません。

したがって大事なのは、いかに習慣づけられるかということ。ホームコーチや親の協力も仰いで普段から継続していくことが大切です。続けていけば自然と頭の中を瞬時に整理して決断して実行するようになり、うまくいかなかったときにも気持ちをすぐに切り替えられます。そうやって頭の中を回復させる力というのもテニスでは重要。オンコートでの頭の切り替えだけではなく、例えば合宿でも、ボブに「ノーチャンス」と言われると「もう見放されたんだ」とマイナスに考えてシュンと落ち込んでしまう選手は多いのですが、その場で「なぜノーチャンスなのか」と聞き返すことができれば課題を理解することができて次につながるでしょう。

言語技術はなかなか成果が見えてこないので焦ってしまうかもしれませんが、将来、海外に出たときには必ず生きてくるものです。そのためにも、ジュニアのうちから高めておいてもらいたいなと思います。

日常生活でも世界基準を目指そう！

ここまではテニスの軸となる心技体の部分を中心にお話しをしてきましたが、どれだけテニスがうまくなっても日常生活の部分に問題があっては、目標を達成することは難しくなってしまいます。世界で活躍する選手になるためには、食事や勉強、コーチや親との向き合い方など、日常生活のあらゆるポイントを磨いていく必要があるのです。

あらかじめお伝えしておきますが、これから紹介するポイントの多くは、プロになってから意識を変えようとしても難しいことばかりです。低年齢から悪い習慣が当たり前のようになってしまうと、日常生活を変えていくことはどんどん難しくなっていきます。ＳＮＳで大きな失敗をするアスリート。栄養面が足を引っ張って思うような成長ができないアスリート。勉強が苦手で新しいことを学んで取り入れられないアスリート。親やコーチとの関係がうまくいかないアスリート。

僕はそんな選手もたくさん見てきました。

テニスだけ頑張って上達すればいい。残念ながら、そんな時代はずいぶん前に終わってしまっているのです。

日常生活にも意識を向けて、良い習慣や良い考え方を持っておくこと。テニスとそれ以外の要素を切り離して考えるのではなく、「すべてが世界で活躍するための武器になる」と考えてほしいと思います。

facebook.com/

SNSは3箇条を守って効果的に利用しよう！

スマートフォンは今や、生きていく上で欠かせないツールになりました。現代の中高生が1日にスマートフォンを操作する時間の平均は約4時間とも言われており、アスリートの基礎知識として「SNSの使い方」は身につけておくべきスキルに変わってきています。

僕が現役のときはもちろんSNSなど存在しない時代でしたが、もしも今、僕が現役アスリートだったなら、より多くの人に競技の魅力を届けられるSNSは間違いなく活用するでしょう。

ただ、みなさんがご存じの通り、SNSには世界の人々へ向けて感動を届けられるというプラス面と、大きなトラブルを引き起こしてしまうというマイナス面が存在しています。だからこそ、SNSの正しい知識を身につけて、効果的に活用できるように準備しておくことが重要になってきます。

ジュニア強化合宿では、上田大介さん（※）にSNSの使い方の講義もしていただいています。このページでは、アスリートがSNSを使うときに意識するべきポイントを抜粋して紹介していきます。

※協力◎上田大介（日本オリンピック委員会 選手強化本部 インテグリティ教育ディレクター）

ポイント1 ほとんどの人間が不利益になる情報を抱えている

ジュニア選手にまず伝えたいのは、「自分はＳＮＳをやらないから無関係だ」と思わないでほしいということ。実はＳＮＳ使用の有無にかかわらず、スマートフォンを持っているだけで自分にとって不利益な情報を持っていることになります。

例えば友達とメールやチャットのやり取りをしていると、つい同級生や先輩・後輩の悪口を書いてしまうことだってあるかもしれません。自分以外の人に見られたらまずい内容の会話や、ちょっとハメを外してしまったときの写真だってフォルダに入っているかもしれません。

そうなるとたとえ自分自身が過ちを犯さなくても、他の誰かによって情報が外へ漏れてしまう可能性がゼロではなくなります。つまりＳＮＳをやっていなかったとしても、スマートフォンを持っているだけでリスクがあるということです。

この意識を常に心のどこかに留めておけば、自分にとって不利益になる言動や行動は少なくなっていくはずです。

ポイント2 切り取り方で意味が変わってしまう危険性がある

プロのアスリートを目指す子どもたちへ向けて、必ずと言っていいほど伝えているのが「切り取り方の危険性」です。

例えば、家族で食事に行ったときの写真をＳＮＳにアップすると考えてみましょう。特に何も悪いことをしていないのだから、問題ないだろうと思うかもしれません。しかし撮影した写真を見直してみると、見る人の切り取り方次第ではリスクが生まれるかもしれません。

もし、親御さんが飲んでいたお酒が自分の近くに置いてあったら……。

もし、親御さんのタバコが自分の近くに置いてあったら……。

自分自身が問題のある行動をとっていなかったとしても、将来の自分にマイナスの影響が降りかかる可能性が出てきます。

もちろん、自分が写っている写真のすべてに注意を払い続けるのは難しいかもしれません。ただそれでも、写真は相手の切り取り方によって印象が変わり、意味も変わってしまうことがあるということは知っておいてください。そして自分の周りに注意を払っておくだけで、リスクは軽減できるはずです。

現代は誰もがカメラを持っている時代です。自分自身の行動は当然のことですが、周囲に写り込む物にも注意を払える人間になることを意識しましょう。

ポイント 3 SNSは「若いから仕方ない…」が通用しない

数年前、若者が悪ふざけでアルバイト先のコンビニや飲食店の冷蔵庫に入ったときの写真をＳＮＳに投稿し、大きな社会問題に発展したことがありました。この騒動を知っている人も多いと思いますが、ほんのわずかな気持ちの揺らぎによって起こった若者の行為により、彼らを雇っていたお店は閉店にまで追い込まれてしまいました。

たったひとつの軽率な行動が、そこで働いていた何人ものスタッフの未来を奪うことになってしまったのです。

普段なら「若いから仕方ないね。次は気をつけるんだよ」という程度で終わることであっても、ＳＮＳでの失敗は、個人の問題では収まらない可能性があります。

もし、テニスをしている子どもたちがＳＮＳで不適切な投稿をしてしまったら、チームや家族、コーチの大切な将来にまで迷惑がかかってしまうかもしれないのです。自分の好奇心を満たすこと以上に、自分に関わっている人たちが不幸にならない投稿であるかどうかを常に問いながら、正しく利用してください。

ポイント 4 SNSは世界中に勇気や感動を届けることもできる

ＳＮＳは世界中へ瞬時に情報を伝えられるので、上手に活用できれば自分自身の可能性を大きく広げてくれる存在でもあります。

例えば登山家の故・栗城史多さんは、世界で初めてエベレスト登頂挑戦の様子をYouTubeで中継配信しました。それまで登山家しか見ることができなかった想像を絶する映像を中継したことで大きな話題を集め、世界中からたくさんのコメントがリアルタイムで本人に届けられました。そこから生まれたパワーをもらい、彼は何度もエベレスト登頂にチャレンジしたわけです。そしてＳＮＳでの発信がきっかけとなり、多くのスポンサーを獲得できたそうです。ＳＮＳは世の中にポジティブな影響を与え、自分自身の活動の幅を広げたり競技の魅力を伝えたりできるツールなのです。

また自分から発信しなくても、ＳＮＳが良い影響を与えてくれることもあります。ラグビー日本代表の歴代最多キャップを誇る大野均選手は試合終了後、満身創痍にもかかわらず、会場に足を運んでくれたファンの方々とできる限り握手をしていつも感謝を伝え続けていたそうです。その様子をファンがＳＮＳに投稿したところ、「ラグビーの試合を観に行けばこんな体験ができるのか！」と多くの反響を呼びました。自身がＳＮＳをしていなくても、競技の価値が高まっていったという事例です。だからこそ、アスリートとしてお手本となるような行動をとっておくことはとても大事なことなのです。

ここまでアスリートとしてのSNSとの向き合い方についてお伝えしてきました。

ジュニアの年代というのは、どうしても自分から溢れ出る好奇心をコントロールすることが難しい年代でもあります。ただSNSの基礎知識をしっかりと身につけておけば、その好奇心をグッと抑えることもできるはずです。そしてSNSを自分の武器にできるように、正しく使いこなしてもらいたい。プロのアスリートを目指すジュニア選手に向けて、下の「SNS3箇条」を紹介します。

プロアスリートを目指す子どもたちに意識してほしいSNS 3箇条

1 送信ボタンはキミを守る最後のストッパーだ！

〜情報を発信する前に、必ず冷静になって見直してみよう〜

2 自分の周りにほんの少しの注意を払ってみよう！

〜正しい行動に加えて、切り取り方でリスクになってしまうものが周囲にないか、少しだけ注意を向けてみよう〜

3 好奇心に負けるな！

〜自分だけの責任で収まらないのがSNS。自分を支えてくれている人を思い浮かべて、冷静な判断をしよう〜

「EAT to WIN」勝つための食事をしよう

この本を読んでいる子どもたちに質問です。

「キミたちは毎日、おいしいご飯を食べていますか？」

毎日おいしい食事ができている子どもたちが多いのではないかと思います。

では、もうひとつ質問です。

「キミたちはテニスが強くなるために毎日食事をとっていますか？」

この質問に対して、自信を持って「できている」と思えた選手はすごく少ないのではないでしょうか。

ということは、毎日の正しい食事が実現できていれば、それだけで周囲と大きな差が生まれるということです。

ジュニア合宿では、公認スポーツ栄養士の高橋文子さんに、選手たちの食事に対する考え方や、実際の食事のサポートをしていただいています。ここでは、テニスだけではなく、多くのトップアスリートの食事を管理してきた高橋さんが提唱する〝強くなるための食事〟、通称「EAT to WIN」について紹介します。

食事のバランスについて学ぼうとすると、その難しさに多くの子どもや親御さんが困惑してしまうかもしれません。しかし高橋さんが提唱する「EAT to WIN」はものすごく簡単な仕組みになっています。ファーストステップとして、意識するポイントは2つです。毎日の食事で意識できるようにしていきましょう。

資料提供◎エームサービス(株)

テニスプレーヤーとして活躍するためには、ジュニア時代から食事にも気を遣うことが重要です。365日×3食の食事を理想的な栄養バランスで摂取できれば、ものすごく大きなアドバンテージになり、体の成長やパフォーマンスに返ってきます。

勝つための食事「EAT to WIN」は、子どもたちの食事への意識の高さと、親御さんの協力によって実現するものです。ぜひとも家族で意識しながら、毎日の食事を楽しんでください。

POINT ①

1日の食事で5つのカテゴリーを揃えよう

1つ目のポイントは、1日の食事で5つのカテゴリーを揃えることです。食べてほしい食材は「主食」「主菜」「副菜」「牛乳／乳製品」「果物」の5つに分類することができます。これらを摂取できれば、強くなるための食事の1歩目を踏み出せていると言えます。

各カテゴリーには「体を動かす」「体をつくる」「体の調子を整える」などの役割があります。当たり前ですが、好きなものを好きなだけ食べていたら、勝つための食事ができているとは言えません。それぞれのカテゴリーの役割を意識しながら、バランスのよい食事を実践できるようになりましょう。

POINT ②

食事の摂取量を適切にしよう

2つ目のポイントは、食事量を適切にしていくことです。成長期の子どもたちは何をどれくらい食べたらよいのか？　疑問を持っている人も多くいるのではないでしょうか。

成長期とはいえ、とにかくたくさん食べればいいというわけではありません。年齢や性別、体重や活動量（勉強やテニスをどれだけ頑張ったか！）に見合った食事をとることで、よりよい体の成長やパフォーマンスの向上を期待することができます。適切な食事がとれているかを確認するためには、日々の体重測定も大切です。

12-14歳男子

1食あたりのご飯目安量（1日3食）

体重(kg)	推定エネルギー必要量(kcal)	コンビニのおにぎり1個(100g相当)	ご飯
35kg	2,100kcal		210g
40kg	2,400kcal		240g
45kg	2,700kcal		270g
50kg	3,000kcal		300g
55kg	3,300kcal		330g
60kg	3,600kcal		360g
65kg	3,800kcal		380g

日常生活

アンチ・ドーピングをしっかりと理解しよう

解説◎染谷俊一（日本テニス協会ナショナルチーム マネージャー）

みなさんは「ドーピング」という言葉を知っているでしょうか。パフォーマンスを高めるためにスポーツのルールの中で禁止されている物質や方法を使用し、自分だけが優位に立って勝利を得ようとする行為のことです。

単純に禁止薬物を使用することだけでなく、ルールに反する方法で能力を高めたり、またそれらを隠すことも含まれています。スポーツをしている子どもたちであれば、自然と聞いたことがあるかもしれません。

しかし、実際に「アンチ・ドーピング」（ドーピング行為に反対するさまざまな活動）の一環として世界各地で行われているドーピング検査の実態を知らない人は多いのではないでしょうか。

トッププレーヤーを本気で目指すのであれば、ドーピングのリスクについて最低限の知識は持っておいてほしいと思っています。ルール上、ジュニア・プロのカテゴリーを問わずドーピング検査の対象になりえる可能性がありますし、プロになればテニスが職業となるため、ドーピング規則違反に問われればその後の選手活動に大きく影響します。

「ドーピング検査なんて自分には関係ないことでしょう」

そう思っている選手、そしてコーチをはじめとする指導者、保護者の方も多いのではないかと思いますが、実はドーピング検査で陽性反応が出てしまう可能性を持った物質というのは、僕たちの身の回りに溢れています。

　それでは、みなさんに質問です。次のうち、ドーピング規則違反に問われる可能性のあるものはどれでしょうか。

「風邪薬・花粉症の薬・目薬・痛み止め・サプリメント・プロテイン・喘息の薬・栄養ドリンク・漢方薬」

　正解は――これらすべてにドーピングで禁止とされている物質が含まれている可能性があります。つまり身近な物を何気なく口にするだけで、ドーピング規則違反に問われてしまう可能性があるということです。

　もちろん、これはあくまでも〝可能性〟の話で、身近な物すべてに禁止物質が含まれているわけではありません。ただ、中に含まれる成分を詳細までしっかりと確認できるのは効き目や安全性が証明されている医薬品だけです。医薬品は病気の診断、

治療や予防のために使用するもので、効き目や安全性などについて審査され承認を受けたものとなり、プロテインやサプリメント、栄養ドリンクは栄養成分を補給するためのものになるので、そもそもの意味が異なります。

漢方薬については天然の生薬を使用し、多くの成分が含まれていることから、ドーピングのリスクの面で考えると避けるべきと言えます。

選手は、ケガや病気に対する正当な治療を受ける権利をもちろん持っています。ですからドーピング規則違反の可能性を恐れて、医師や病院から治療目的で処方された薬を飲むことまで我慢する必要はありません。ただ、プロのアスリートを目指すのであれば医薬品はもちろん「中身の成分が正確に確認できない物はむやみに口にしない」という意識がジュニアの頃から必要です。

では、実際のドーピング検査とはどういうものなのか。一般の方はあまり目にする機会がないのではないかと思います。みなさんが少しでもイメージできるように、ここからは実際にプロの選手がどういった検査を受けているのかをお伝えします。

試合期間中に会場でドーピング検査を受ける程度……。みなさんが持つイメージはその程度かもしれませんが、実際のドーピング検査はそれよりもかなり厳しい内容になっています。ナショナルチームレベルの選手になると年間を通して、自分がどこに滞在し、どの大会に出場し、どこで練習しているかなどといった居場所情報をウェブの管理システムを通じて世界アンチ・ドーピング機構（ＷＡＤＡ）および国際テニス連盟（ＩＴＦ）、日本アンチ・ドーピング機構（ＪＡＤＡ）に毎日提出する必要があります。尿検査と血液検査は日常的に行われ、選手が提出したスケジュールをもとにドーピング検査員が抜き打ちで派遣され検査が行われます。

抜き打ちによるドーピング検査の対象者に年齢は関係ありません。たとえジュニアでも成長が著しいなど、注目度が高い選手は対象になりえます。また、プロになっても、ならなくても、選手活動をする限りはドーピングのリスクについて認識する必要があります。

ジュニアの頃から無意識に食事以外の物を摂り入れる習慣を身につけていると、知らず知らずのうちに禁止物質を摂ってしまっていることがあります。特にプロになると一人でツアーを回る必要があり、病気になったとき、体調が悪いとき、知らない人から何かをもらったときなどに何気なく口にしたものが、意図せずにドーピング規則違反となってしまうことがあるのです。

また、近年は普段の食事で補えない栄養素について、サプリメントやプロテインを使って摂取することも当たり前になってきました。ただ、強いフィジカルをつくる上で一番大切なのは、毎日の正しい食事と規則正しい生活を送ることです。決してサプリメントやプロテインに頼った体づくりをベースにしてほしくありません。

もちろん、それらを摂取すること自体を否定しているわけではありません。しかし、サプリメントやプロテインを摂る前にもう一度、毎日の食生活を振り返ってみてください。

また、日本にはスポーツファーマシストという禁止物質に精通した資格を持った薬剤師が各都道府県におり、直接、医薬品の相談ができる直通の相談窓口なども設置されています。一般的なドラッグストアに勤務されている薬剤師の方などもおり、身近に専門の資格を持った方がいます。また、ウェブ上で禁止物質が含まれている、いないを確認することができる専用のウェブサイトを各国のアンチ・ドーピング機関（日本で言えば日本アンチ・ドーピング機構）が運用している例などもあります。

そして、繰り返しになりますが、まずは正しい食事と健全な生活を心がけること。そしてジュニアである今のうちから少しずつ、ドーピングのリスクにアンテナを張っておいてください。

日常生活

親の役割とは

試合会場で、自分の子どもの試合を熱心にビデオ撮影している親御さんの姿を見かけることがよくあります。試合をビデオ撮影することはいいと思います。

ただし、そのビデオの使い道を間違えないでほしいのです。試合映像を練習のときにホームコーチと一緒に見て、どこがダメだったのか、改善する点はどこなのか、そういったコミュニケーションツールのひとつとして活用するのであればよいでしょう。しかし試合後、家に戻って試合映像を見ながら「なんでこんなミスをしたの？」と、親が子どものテニスに対して改めて〝ダメ出し〟をすることは、僕としてはお勧めできません。

実際にテニスコーチをしている親御さんはまた別ですが、テニスコーチを職業としていない親御さんが自分の子どものテニスを指導することは、とても難しいことだと僕は思います。

テニスの練習で心身ともにヘトヘトになって家に帰ってきた子どもたちにとって、唯一、テニスから離れてリラックスできる場所が自分の家であり、家族なのです。その時間をどうやって過ごしていくのか。そういったことが、テニスが強くなっていく過程ではものすごく重要なことです。

僕はこれまで合宿を通じて、多くの選手とその親御さんたちと接してきました。その中で感じたことは、親御さんの子どもへの接し方も、子どもたちがテニスをする上では重要であるということです。

僕もテニスをしている子どもを持つ父親なので、口出しをしたくなる気持ちは痛いほど理解できます。ジュニア指導のときならば冷静に対応できることも、自分の子どもに対しては感情的になってしまい、ついつい言ってはいけないことを言ってしまう。そのたびに反省するものの、やはり冷静に対応することがなかなかできません。親が自分の子どもにテニス指導をすることほど難しいことはない。僕自身がそう実感しているのです。親だからこそ、冷静に的確なアドバイスができず、感情が先走り、一方通行の伝え方になってしまいます。

では、親から指摘された子どもたちはどうなってしまうのか。ミスをして怒られたくない。負けて怒られたくない。そういう思いが強くなり、攻撃することを恐れ、守りのテニスに徹してしまいます。真面目な子どもであればあるほど、親御さんのアドバイスに耳を傾けてしまうでしょう。

テニスは守備と攻撃、この2つができて初めて、世界で戦うことができるスポーツです。ジュニアの頃からミスを恐れて守ってばかりのテニスをしていては、プロの世界では通用しません。

テニスをしている子どもたちにとって家族とは、唯一安らげる場所でなければならないのです。そして自分がくじけそうになったとき、最後まで自分を信じ、どんなときも応援し続けてくれる存在でいてほしいと願っているものです。

ならば、親だからこそできることは何でしょうか。

・子どもの意見や考え方に耳を傾けてあげる
・よい睡眠をとれるようにしてあげる
・栄養バランスを考えた食事をつくってあげる
・家族みんなで子どもを信じて支え続けてあげる

これらのサポートだけでも、子どもたちのテニスは断然変わってくるでしょう。ハードな練習にも耐え続けられる心の余裕を持つことができる。僕はそう思います。

だからこそ、「テニスが強くなってほしい」と願っているのであれば、テニス以外のことで家族にしかできないサポートをしてあげてほしいのです。

ちなみに親御さんがプロのテニスコーチの場合でも、コートに入って練習するときは〝コーチと選手〟という立場で指導し、コートを離れて家に戻ったら〝親と子〟として接してあげてください。オンとオフをしっかりと分けてあげることが、子どもにとって大切なことだと僕は思います。

勉強はテニスの大事な能力を育ててくれるパートナー

ジュニア選手にとって、勉強とその付き合いは大きなウェイトを占める要素のひとつ。

テニスは頑張れるけど勉強は苦手で頑張れない。そもそも勉強は必要だと言われるけど、なぜ必要なんだろう。勉強はテニスにどう役立つんだろう……。そう思っている人も多いのではないでしょうか。

僕自身も、ジュニアの頃は勉強そっちのけでテニスをしていたので、その気持ちはよくわかります。

勉強が苦手なままプロになった僕ですが、世界に出て戦ったり、指導者として子どもたちにテニスを教えたりするようになって、気づいたことがあります。

それは「テニスと勉強はものすごく似ている」ということ。そして「勉強を理解していくことは間違いなくテニスにも役立つ」ということです。

僕は17歳でテニス留学をしてアメリカに行きました。正直、日本国内で良い成績を残せていたこともあって、どこかに「自分のテニスが通用するんじゃないか」という期待を抱いて世界へと飛び出していったのです。

しかし一歩世界に出ると、国内では戦ったこともないようなレベルの強敵ばかりが待っていました。

「こんな相手からどうやってポイントを取ったらいいんだよ……」

そんな突破口すら見えないような強さを持つ同世代の選手と何度も戦いながら、何とか自分の通用する部分を見つけていこうと考えました。惨敗した次の日は、自分に足りない部分を埋めて自由に使いこなせるように、ひたすら反復練習。少しずつ自分の武器を増やしていき、相手と自分のできることを見極めて、自分が優位に立てる部分で攻め崩していく。そうやって、ようやく格上の選手からポイントを取れるようになっていきました。

世界で戦っていくためには、自分より強い相手から突破口を見つける能力、そして学ぶテクニックがものすごく重要になるのです。逆にこれがなければ正直、話にならないと言ってもいいかもしれません。

そしてこの2つの能力は、勉強によって磨いていくことができます。なぜなら勉強は、常に自分の実力よりも上の問題に対して向き合っていく作業だからです。

「この問題はどうやって解いたらいいのかまったくわからない……」

勉強が苦手な人であれば、一度はそういう体験をしたことがあるでしょう。この状況、実はテニスで強敵と戦っている瞬間と、脳の動きがものすごくよく似ているそうです。

問題に対して、自分が持っている武器をうまく使って正解を導いていく。わからなければ、公式を学んで基礎の問題を反復練習する。そうやって自分の知識を増やすことで、難しい応用問題を解くことができるようになっていく。難問と向き合うことは、まさにテニスが上達する過程とよく似ています。

ジュニア時代に勉強とテニスのつながりに気づけず、勉強をないがしろにしてきた僕の言葉には、強い説得力はないかもしれません。しかし困難にぶつかったとき、逃げずに新しい技術を学んで自分のモノにしていく。その強さは間違いなく、人生の糧になるはずです。

だからこそ、勉強が得意な人はそのやり方をテニスでも実践してほしい。テニスが得意な人はそのやり方を勉強でも実践してほしい。テニスと勉強という2つの軸から、困難を乗り越える能力と学ぶテクニックを磨いていってほしいと思っています。

〝我慢すべき痛み〟と〝休むべきケガ〟

テニスにケガはつきものですが、そこには２つの捉え方があります。

１つ目の捉え方は〝我慢すべき痛み〟です。

今日はちょっと頭が痛い。お腹が痛い。筋肉痛で足が痛い。このような痛みは〝我慢すべき痛み〟です。もしそこで逃げてしまったら、痛みに弱い選手になってしまいます。まして緊張やプレッシャーがかかる試合になれば、普通の状態だったら１の痛さのものが 10 の痛さに感じてしまうこともあるでしょう。普段から〝我慢すべき痛み〟から逃げていると、大事な試合でも些細な痛みやコンディションによって結果を左右される、弱い選手になってしまうのです。ただもちろん、発熱があったり病気を患ったりしているのであれば、休養を選択するべきです。

２つ目の捉え方は〝休むべきケガ〟です。

例えば捻挫や肉離れ。テーピングをしたり、何日か休養したりすればプレーできるようになるとは思いますが、完治しないままプレーを続けているとクセになり、将来取り返しのつかない爆弾になってしまいます。もちろん、どうしても勝たなければいけない試合が目の前に控えている場合もありますし、「絶対に休め」とは言いません。ただ、悪くなる痛みを抱えたまま練習を重ねる必要はあるのか。ケガを負ったままその試合を続ける必要はあるのか。ジュニア年代のうちからケガに対する知識を身につけておいて、自分で判断できるようになってほしいのです。

まずはケガをしない体づくりに取り組む。そしてケガとの向き合い方や練習を休む決断力を身につけるのも、テニスの一部だと思います。

日本をテニスの国へ
3
第3セット
SET

CHAPTER 1

日本をテニスの国へ

土台をつくる

世界一ではなく世界100位以内を目指す!

まず、みなさんに知ってもらいたいことがあります。

僕らが行っているジュニア強化プロジェクトでは、世界一の選手を育成することを目指しているわけではありません。正確には〝世界一〟ではなく、〝グランドスラム本戦に出場できる世界100位以内〟に入っていける可能性を秘めたジュニア選手の育成と強化を目指しています。

なぜ、世界一の選手を育成することを目指さないのか。それは、世界一の選手を育成する方法は存在しない、と思っているからです。

僕は、世界には2枚の壁があると考えています。「世界TOP100の壁」と「世界TOP10の壁」です。「世界TOP100の壁」は、簡単に言えば正しい道を歩んでいけば突破できる壁。世界で戦うための技術、メンタル、キャリアの過ごし方……。具体的に何をすればその壁を越えられるのか。そういったことをこの20年以上、ジュニア強化で行ってきました。そして今では何人もの日本人男子選手がその壁を飛び越え、TOP100にランクインしています。そういった意味では、今は「壁」ではなく「扉」となっていると言えるでしょう。

しかし、「世界TOP10の壁」はものすごく高くて分厚く、日本人男子でそれを乗り越えていったのは今のところ、錦織圭選手だけです。僕の現役時代を振り返ってみても、世界ランキングの最高位は46位。

TOP10には辿り着くことができませんでした。

では、どういった選手がTOP10の壁を越えることができるのか。

間違いなく言えるのは、持って生まれた特別なもの、自分だけの唯一無二の才能が大きく影響するということです。これは誰かに指導してもらうものではなく、自分自身で見つけて開花させていくもの。どんなボールにも食らいつくスタミナを持っている選手。ものすごく賢く相手を手玉に取ってしまう選手。圧倒的なテニスのセンスで相手を翻弄してしまう選手……。一流のテニスプレーヤーであることに加えて、世界中で他の誰にも負けないようなオンリーワンを、彼らは持っているのです。

ならば、子どもたちを指導していく上で、僕らには何ができるのか。

そう考えると、目指すべきは世界一の選手を育成することではなく、世界の100位に入っていける選手を育成することだと思うのです。

世界の100位に入ることができれば、グランドスラム本戦やATPツアーで戦うことができます。そこで強豪選手との試合の経験を積むことができれば、さらに上を目指すことができます。そういったチャンスをつかむことができる基準が世界ランキング100位以内に入ることであり、日本のテニスが本当の意味で強くなったという証にもなるでしょう。

だからこそ、まずは世界で戦っていくために必要なことを、できるだけ低年齢のジュニアのうちにしっかりと指導する。プロになる前に基礎となるものをしっかりと身につけておけば、そこから先は強敵と戦っていく中で唯一無二の才能を自分で見つけて伸ばしていけばいいのです。

そういう理由で、僕らは「世界一」ではなく「世界100位以内」を目指して指導しています。

“錦織圭二世”をつくろうと思ってはいけない

周りから、よくこんな質問をされます。

「錦織圭のような選手は、今後生まれてくると思いますか？」

僕の答えはＮＯです。

正直に言えば、あんなにテニスの才能を持った選手は、世界中を見渡してもロジャー・フェデラーくらいしか思い浮かばない。僕は「これから錦織圭以上のテニスの才能を持った選手には一生出会えないだろう」と思っています。それほど、彼の才能の大きさはジュニアの頃から圧倒的なものでした。

僕が圭の試合を初めて見たのは、圭が11歳のときに出場していた全国選抜ジュニアでした。

ジュニア合宿メンバーに選抜しようと思っていた別の選手の試合を観に行ったのですが、その対戦相手が錦織圭。当時、僕は圭のことをまったく知りませんでした。

いざ試合が始まると、圭のテニスを見て度肝を抜かれました。体も小さくパワーもないのですが、相手選手を嘲笑うかのようにポイントを重ねていくのです。中でも驚いたのは、彼のプレーの想像力です。

例えば「僕ならここはバックのクロスを打つ」と思って観ていると、圭は角度をつけたアングルショットを放つ。そうかと思えば急に「えっ？ここでドロップショットを打つのか！」というとんでもない選択をしてくる。まるでテニスゲームをしているかのように、僕の常識では考えられないプレーばかりでした。

ときにはメチャクチャな攻め方をするジュニア選手もいますが、圭のテニスはまったくそういう次元のテニスではありませんでした。現役を退いたばかりで、直近まで世界の最前線で戦っていた僕でさえ、想像もできないような戦術のテニスでポイントを重ねていく。圭は11歳にして、全盛期の僕以上の才能を持っていたのです。

「この子は僕なんか比にならないほどのテニスの才能を持っている」

スタンドで観戦しながら「彼の5年後、10年後のテニスはいったいどうなっているのだろう」と興奮してしまうほど、僕にとっては衝撃的な出来事でした。後にも先にも、こんな選手に出会ったことはありません。

日本には、錦織圭という天才がいる。


ならば錦織圭を参考にして指導すればよいのではないか、と思う方も多いかもしれません。実際に「錦織圭二世をつくったらいいんじゃないか」と言われることもあります。しかし、僕は断じてそうは思いません。圭のやり方を模倣したところで、圭と同じ才能を持っている選手なんて世界中のどこにも存在しないのです。圭の唯一無二の能力を、「同じ日本人だからできる」と再現しようとするのは非常に危険。もちろん、圭の打ち方やテニスに向き合う姿勢など参考にできる部分はたくさんありますし、トップ選手の真似をすることは決して悪いことではありません。

ただ、錦織圭になろうとしてはいけない。選手たちには自分だけが持っている武器を磨き、自分自身のテニスとしっかり向き合ってほしいのです。だから僕は、選手一人ひとりの長所を伸ばすことに重きを置いて指導しています。そして、その中で世界100位以内に入れる一流選手の育成を目標に掲げているわけです。

土台をつくる

「修造フェスタ」開催の意図と「修造チャレンジ」を始めた動機

僕の夢は、ウインブルドンのセンターコートに立つことでした。その夢が叶ったときの感動は今でも忘れることができません。ケガや病気で思うようなテニスができないことのほうが多いテニス人生でしたが、センターコートの芝生の感触やベンチに座ったときの景色は、子どもの頃にテレビで見ていた光景と同じもの。そして、ベンチから観客席を見渡したとき、自然と涙が流れてしまいました。それは、つらかった出来事がすべて報われた瞬間だったからかもしれません。

そしてこのとき、「このセンターコートで多くの日本人男子選手に戦ってもらいたい！」。心からそう思ったのです。

僕はプレーヤーを卒業してからすぐ実行に移しました。強化と普及を軸に立ち上げたテニス活性化プロジェクト、それが「修造チャレンジ」です。

最初はジュニアの強化策として、全国のトップジュニアを招集して合宿を行っていましたが、僕の中にはもうひとつの思いがありました。

当時、国内での国際大会が今ほどあったわけではなく、また長期にわたって海外遠征ができる環境にいた選手も少なかったので、そういった選手のために国際大会を日本で開催することが必要だと感じていました。日本にいながら国際大会のポイントを取れる機会が増えれば、日本のテニスは強くなると思ったからです。

さらに、ただ国際大会を開くことだけで日本のテニスは変わりません。もっと多くの人たちにテニスを知ってもらう機会、テニスを楽しんでもらう環境が増えていけば、本当の意味で日本が「テニスの国」になっていくのではないか。そう考えて1998年からの2年間、「修造テニスフェスタ」を実施しました。

「修造フェスタ」では、テニスに関してやりたいと思ったことをすべてやらせてもらいました。まずもっとも情熱を注いだのが、ITF大会「修造フューチャーズ」の開催。〝フューチャーズ〟は世界への登竜門であり、男子プロツアーの最下部大会。若手選手はみな、そこを通って世界の大舞台へと進んでいきます。また、プロの国際試合と同じ会場で一般の人たちがより多くのテニスに触れられるよう、親子で楽しめるテニスクリニック、車椅子の方でもテニスを体験できるコーナー、一般の人たちが参加するテニストーナメントなど、どの年代の人たちでも参加できるプログラムも盛り込みました。さらにジュニア選手に対しての指導も同時に行い、著名なプロ選手を招いてのエキシビションマッチも実施。テニスを体験しながら日本のトップ選手の試合も観てもらうことで、テニスの新しい魅力を知ってもらいたい。参加する楽しさ、見る楽しさ、遊ぶ楽しさ……たくさんの「テニスの楽しさ」を詰め込み、夢いっぱいの空間をつくったつもりです。

　そんな思いが込められた「修造フェスタ」は、たくさんの方々にご協力をいただいて実現することができました。そして、多くの人がテニスを心から楽しんでいる様子を目の前で体感することができ、日本が少しずつ「テニスの国」へと変わっていけると実感したのです。

「修造テニスフェスタ」主なプログラム

- **修造フューチャーズ**（ITF大会）
- **選抜ジュニアトーナメント**
- **ジュニアクリニック**（小学生の部、中学・高校生の部）
- **修造チャレンジテニストーナメント決勝大会**（一般テニス愛好者のための大会・事前に近隣各県で予選大会実施）
- **一般愛好家向けトーナメント**
- **レディーストーナメント**
- **各界ゲストを招待してエキシビションマッチ**
- **親子クリニック**
- **車いすテニスクリニック**
- **来場者参加アトラクション…etc.**

CHAPTER 1

日本をテニスの国へ

土台をつくる

過去、日本男子には何が足りなかったのか

ウインブルドンのセンターコートに立ち、「多くの選手たちにこのコートに立ってほしい」と感じたとき、僕の中では同時に自然とこんな疑問も沸き上がってきました。

「なぜ、僕の後に続いてグランドスラムに出場できる選手がいないのか」

当時、僕よりもテニスの才能があった選手はたくさんいました。間違いなく世界で戦える力を備え、僕にとって怖い存在になる日本人選手たちは存在していたのです。ただ、現実には誰も100位の壁を破れませんでした。

それはなぜか。

答えは、どうすればTOP100の壁を破ることができるのか、その明確な方法を誰も知らなかったからです。世界を目指してプロになった日本人選手を何人も見てきましたが、プレーだけではなく、世界で戦うための考え方や行動、そして日本人だからこそどうしても変えなければならないメンタル。誰もそれを知らず、目指し方をわかっていませんでした。

僕がフューチャーズを開催して一番感じたのは、試合をしている日本人選手たちから、世界で戦う覚悟や心構えのようなものがハッキリと感じられなかったということ。いくら世界に出ていくための国際大会をつくっても、選手自身の心構えができていないまま続けていては、世界へ向けた正しいステップにはならないのではないか。そんな疑問が生まれ

てしまいました。

　では僕の現役時代は……と振り返ってみると、ランキングを上げていく過程でそれまで100位を超えた日本人選手がいない、いわばお手本となるものがなかったので、世界で戦うための技術やメンタル、フィットネス、戦術……、すべてが試行錯誤の連続でした。しかも真剣に「プロになろう」と思ったのが18歳で、体づくりも含めてプロとしてやらなければならないことすべてがそこからのスタート。当然ケガも多く、ランキングが上がったかと思うとケガをして振り出しに戻る。それでも「テニスで強くなりたい！」という思いが強かったため、そこからいろいろな人たちと出会い、その人たちから学び、自分で考え、自分のテニスと常に向き合い、前へ進みました。ものすごく遠回りをしたテニス人生だったと思います。

　そんな僕がテニス強化において生かせる一番の武器は何だろう――。

　それは「世界へ導く道を知っていること」だと思いました。僕のように遠回りせず、もっと近道で世界に辿り着いてTOP100の壁を超えることができる、その道を知っている。だからこそジュニアの頃からプロの世界で戦うための基礎をつくり上げることが僕の使命なんだ、という思いがより大きくなったのです。

　もちろん、フューチャーズの開催によって、ジュニアたちが世界を知ることはできたと思います。また、日本のテニスファンにも国際大会を身近に感じてもらい、テニスフェスタ全体の目標を知ってもらえたことで、そこから先の僕の活動に賛同してもらえる良い機会になったとも思います。
　そして僕は、自分の進むべき道がハッキリと見えました。「普及」から「強化」へ。「修造フェスタ」の役割はいったんここで終え、ジュニアの強化に特化した強化プログラムの構築をしようと思ったのです。僕にとっての大きな挑戦でもありましたが、その思いがこれまで続いてきた「修造チャレンジ」（ジュニア・トップジュニアキャンプ）（ジュニア合宿）の基礎となっているのです。

土台をつくる

ジュニア強化の軸づくり

ここで、僕自身のテニス人生を少し振り返ってみます。

高校3年生のときに世界的な名コーチであるボブ・ブレットと出会い、彼の誘いを受けてアメリカに渡りました。そのとき、ボブからは「5年間、本気でテニスだけを一所懸命やれば、世界TOP100以内に入れるかもしれない」と言ってもらいました。その言葉を信じ、プロになってからはとにかくなりふり構わずテニスだけに打ち込み、世界で勝つ方法を熟知しているたくさんの指導者に支えられながら戦ってきました。僕が現役時代に活躍することができたのは、ボブをはじめとする素晴らしい指導者に巡り会えたからです。

日本人選手は決して弱くはありません。日本が世界で勝てなかった理由は、世界での戦い方、そして年間10カ月の海外遠征で戦い続ける方法を知らなかっただけです。海外を転戦しながらいろいろなことを学び、世界のテニスを誰よりも見てきた僕だからこそ、その問題点を変えていけると思いました。

僕が〈修造チャレンジ〉を立ち上げるとき、最初にこだわったことは、ジュニア強化をする上でのスタッフ選びです。僕のテニスの考え方や僕がどんな取り組みをしてきたのか、現役時代に僕を支えてくれたスタッフであればそれを熟知している。世界で戦うことのできる選手をつくる過程を知っているからこそ、彼らが適任だと確信していました。

僕はプロテニスプレーヤーでしたが技術、戦術、フィジカル、ボディケア、メンタル……、すべての指導をできるわけではありません。むしろ多くの方々から良い部分を学び、採り入れてきたほうの立場です。その実体験からも、やはり各分野の専門家がそれぞれの指導を行うという形が一番わかりやすく、必要なことだと考えました。

ジュニアに対し、それぞれのエキスパートを集結させ、ひとつのチームとしてチャレンジする。僕のテニスを近くで見て、その方法を知っている人たちであれば、僕のやりたいこと、伝えたいことをそれぞれの分野で子どもたちに指導することができます。そして、僕自身はその中でジュニア選手たちのモティベーションを上げたり、新しいことに対して何かを気づかせる役目となり、ときには厳しく接し、子どもたちが今まで味わったことのない状況に追い込まれたときに、自分自身の力で殻を破れるように導いていく。それがジュニア合宿における僕の役割です。

今思えば、このプロジェクトは当時の日本テニス界では画期的なことだったと言えます。なぜならジュニアに対し、すべての方向性から伝える形をつくったからです。ジュニアの頃から世界を意識し、正しい練習方法や価値観を育てていけば、必ず世界で活躍する選手は生み出せる。僕はそう確信していました。子どもに専門知識を教えるのはまだ早いと考える人もいますが、僕は低年齢のうちからインプットしたほうが、いいことがたくさんあると思います。

集まったスタッフたちはスタート時から20年以上、同じメンバーです。その継続によって今ではものすごい数の経験が蓄積され、僕らが考える「テニスの基本」は確実にここに存在しています。

松岡修造でもできたこと。低年齢から世界のテニス界が行っていない独自の強化をしていけば、日本は必ず世界に追いつくことができる――。「修造チャレンジ」は、そういう思いを持ったスタッフと僕の挑戦でもあるのです。

世界でもっとも優れたジュニア育成をしている国は日本だと言われていることをキミは知っているか？

数年前から、日本のジュニア育成の技術は世界的な評価を受けていることをみなさんは知っているでしょうか。

国際テニス連盟（通称ＩＴＦ）は毎年、世界各地域でコーチカンファレンスを実施しています。日本テニス協会からはジュニア強化プロジェクトを初期から支えてくれている櫻井準人コーチが代表して参加しています。そのカンファレンスで、櫻井コーチが日本のジュニア強化プロジェクトの発表を行ったことがあるのですが、日本のジュニア育成は海外からこんな評価を受けているそうです。

「なぜ日本は長期に渡り、継続して結果を出すことができているのか」

たしかに16歳以下のジュニア世代では、日本は圧倒的な成績を収めています。世界有数のジュニア育成大国と言っても過言ではないでしょう。

では、なぜ日本のジュニア世代はこんなにも結果を残すことができているのか。それは、日本テニス協会がつくり上げてきた日本独自の育成システムが存在し、そのシステムを

「ジュニア強化プロジェクト事業」として、さらに構築させていったからです。

そんなトップジュニア選手が参加する育成システムにはどんな役割があるのか。まずはそのシステムを説明していきます。

まず、日本のジュニア育成は11歳から始まっています。全国のトップジュニア選手たちを招集し、日本テニス協会の男子ジュニア育成&強化プログラムとして、12歳以下、14歳以下、17歳以下と年齢別に合宿を行っています。また、その中からさらに選抜された少人数での強化合宿、ジュニア日本代表選手として海外遠征に行くための遠征合宿なども、味の素ナショナルトレーニングセンターで行っています。それらすべての情報は、強化本部全体で共有しています。そして彼らがプロになり、そのままナショナルチーム（日本代表）へと

日本のジュニアデビスカップ（16歳以下の世界大会）での結果

2019年	優勝（望月、磯村、末岡）
2018年	5位（三井、望月、間仲）
2017年	6位（池田、斎藤、吉野）
2016年	5位（田島、川上、伊藤）
2015年	4位（清水、堀江、田中）
2014年	4位（徳田、千頭、大島）
2013年	7位（山﨑、高橋、福田）
2012年	9位（大西、中川、山﨑）
2011年	6位（西岡、斉藤、沼尻）
2010年	優勝（内田、河内、守谷）

※アジア予選では10年連続で世界大会への出場権を獲得

引き継がれていく。そんな育成システムを経て成長した選手たちが今、世界のトップで戦っているのです。

　では、なぜこんなにも若い年代から国内外での遠征合宿を行うのか。

　これまで世界のTOP100にランクインした選手の多くは、ITFジュニア大会に出場して高いレベルでの競争を経験し、成績を残しています。そして1995年〜2006年のITFのデータでは、各年のITF年度末ジュニアランキングでTOP10に入った選手の58%が、後年、世界ランキングのATP100位以内にランクインしています。また最近でも、50%弱がATP100位以内にランクインしています。

　もちろん例外もあり、ジュニア世代で頭角を表していなくても、プロになって大成する選手もいます。僕などは間違いなくそのケースです。

　しかし、ジュニア世代から世界で戦っていくことを見据えて指導していけば、実際に活躍できる可能性が広がることは間違いありません。そういったデータに注目し、ジュニアから世界を見据えた育成を行っているからこそ、多くの海外遠征を体験させ、身をもって〝世界のテニス〟を感じさせているのです。

　ならば、僕らが行っている合宿にはどのような役割があるのか。それは、参加したジュニアたちに〝気づき〟を与える場所であるということ。

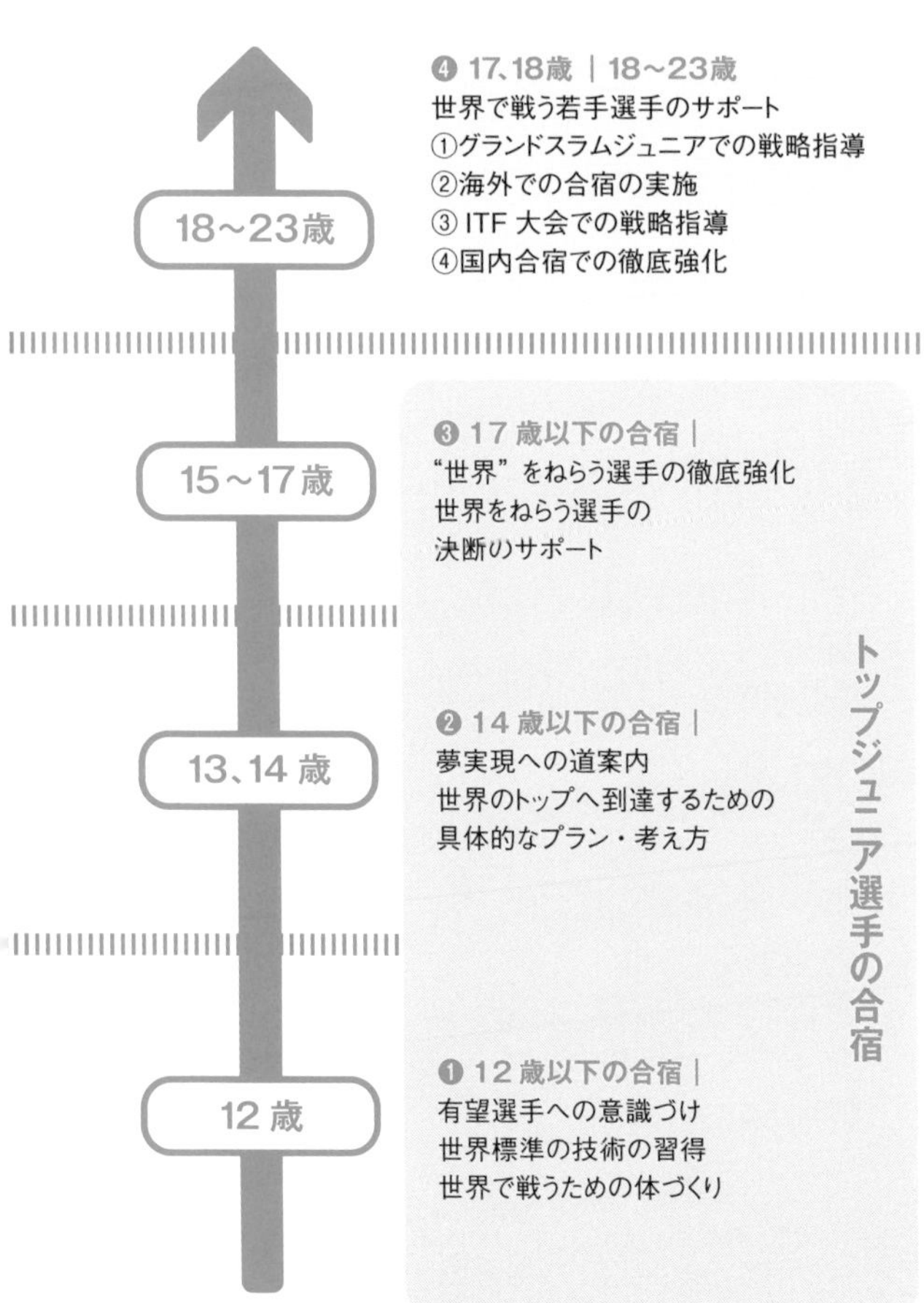

そして、心をひとつにする場所でもあるということです。

僕は合宿が選手を育てているとは思っていません。選手を育てているのはあくまでも〝ホーム〟。つまりホームコーチであり、家族のみなさんです。僕らは年に複数回、ジュニアたちに必要なことを伝える役目。一緒にいる時間はもちろん精いっぱい指導をしますが、それがすべてではありません。だからと言って、短期間ですからお互いにいい顔だけを見せて終わることもできますが、それで強くなれるわけがない。ですから、僕らはいつも真剣勝負をしています。つまり、合宿というのはジュニアやホームコーチや家族のみなさんへ向けて、情報を発信する場所、刺激を与える場所、活動を応援する場所。そういう役割があるのだと僕は思っています。

グランドスラム／デビスカップ／オリンピックで活躍する世界のトッププレーヤーになるための強化全体図

国内主要ジュニア大会	海外遠征
スーパージュニア（GA） ジャパンオープンジュニア（G2） 全日本ジュニア （インターハイ）	ITF ジュニアアジア B1 全豪・全仏・全英・全米ジュニア 南米遠征
スーパージュニア（GA） ジャパンオープンジュニア（G2） ITF ジュニア埼玉（G3）・兵庫（G4） 全日本ジュニア MUFG ジュニア 中牟田杯 （全国中学生）	南米遠征 ジュニアデ杯・アジア予選 ジュニアデ杯・世界大会 ITF ジュニアアジア遠征
ITF ジュニア埼玉（G3）・兵庫（G4） ATF 須玉 全日本ジュニア MUFG ジュニア 中牟田杯 RSK 杯 全国選抜ジュニア （全国小学生）	ワールドジュニアアジア予選 ヨーロッパ遠征 ワールドジュニア世界大会 オーストラリア遠征

環境は人を変える

ジュニア合宿に参加する選手たちは、全国大会で活躍した選手が中心となります。ただ当然、それだけではありません。ジュニア強化コーチたちはいくつかの全国大会の視察に行き、今はまだ結果は出ていなかったとしても5年後や10年後にはどんなテニスをしているのかという部分を見極め、その情報を共有し、僕も含めてスタッフ全員で話し合って合宿に参加する選手を選抜しています。

そんな子どもたち同士が集まって合宿をすると、最初は緊張した様子も見られますが、次第に打ち解けて真剣味が増していきます。

・自分のテニスのレベルはどのくらいなのか
・自分の武器は何か
・自分に足りないものは何か

トップジュニアとはいえ、まだ行動や理解力は子どもです。だからこそ、僕らはできるだけ彼ら一人ひとりの性格に合わせた指導を心がけて

います。

　この合宿でもっとも大切にしているのは、テニスの技術だけではありません。心技体、各分野の専門スタッフからの教えです。

　例えば海外遠征ではどんなことをしているのか、あるいはケガをしない体をつくるためのトレーニングやメンタル・トレーニング、コミュニケーション・トレーニングなど、世界のトップで戦うために必要なことを繰り返し伝えています。

　そして、子どもたちが持っているストロングポイントとウィークポイントを自覚させ、どうすれば課題を克服できるのか、今の自分に不足しているのは何なのかを、選手一人ひとりの心の中に入って気づかせていく。僕らは特殊な技術やメンタルを教えているわけではありません。僕らが伝えたいことを、どうやったらその子の心に一番響く言葉として伝えられるのか。そこを意識して、言葉を選びながら子どもたちと対話を繰り返しているだけなのです。

　ジュニア合宿では、もうひとつ大切にしていることがあります。それは、彼らの家族やホームコーチとの連携です。合宿で学んだことや気づいたことを、自分のホームグラウンドに戻っても正しく続けていくことができるかどうか。それが世界への道へとつながっていきます。だから、僕らスタッフから見た子どもたちのテニスの課題、身体バランスの状態

※1日の合宿スケジュール（例）

6時30分	起床
7時	朝食
8時〜	ウォーミングアップ
8時30分〜	練習
12時	昼食&休憩
14時〜	練習
17時〜	トレーニング
18時〜	夕食
19時〜	ミーティング
22時〜	就寝

や、さまざまなトレーニング方法。そしてこれから何を意識し、どんな練習をしていけばいいのか。合宿を通じて見極め、指導の様子を収めたビデオや要点をまとめた文書などを子どもたちの親御さんやホームコーチにも渡して、しっかりと指導方針を共有するようにしています。

同じ環境の中で自分を変えていくことは、特に子どもたちにとっては、ものすごく難しいことです。だからこそ、僕らが行っている合宿はいつもと違う厳しい環境の中で自分自身の長所・短所に気づき、それを伸ばしていくために必要なことを学ぶ場所でなければならない。決して特別なテニス論を教えているわけではありません。どうやったら強くなれるのか、そのきっかけを与えている場に過ぎないのです。ジュニア自身が本気で「強くなりたい！」という意識をしっかりと持っていれば、どんな環境でも強くなることができるのです。

大切なことは、ホームグラウンドに戻っても自身の課題と向き合い、合宿で学んだことをやり続けることができるかどうか、なのです。

もちろん実際には、いつもの環境に戻っても学んだことをやり続ける力を持っている選手もいれば、そうでない選手もいます。

ただ、試合に勝つことも大事です

が、僕らが見ているのはそこではありません。彼らがその後、コーチとともに学んだことを正しいやり方でやっているか。それができていれば、たとえ試合に負けても伸びしろがある。逆に試合では勝てていたとしても、学んだことをやっているかいないかというのはプレーを見れば一目瞭然。試合に勝っているからといって、次の合宿に呼ばれるとは限らないのがジュニア合宿です。

これだけはもう一度、伝えておきたいと思います。合宿に参加していないからといって、プロの世界で活躍できないわけではありません。自分が本気で強くなりたいという気持ちと、正しいやり方で練習を一所懸命に続けていく力があれば、どんな環境でも強くなれるのです。

基礎となる正しい練習を一所懸命やり続けることができれば、どこでだって強くなれる。ジュニアたちにはそのことをぜひ理解してほしいと思っています。

錦織圭の出現が、今のジュニアの活躍につながっている！

錦織圭選手の出現は、日本のテニス界に本当に多くのことをもたらしてくれました。彼の存在は、日本のテニスがどうしても変えられなかった課題の部分を大きく変えてくれたと思います。

　例えば最初の頃のジュニア合宿では、海外のトップ選手のプレー映像やデータを参考にして子どもたちに伝えていました。しかし、錦織圭が世界で活躍するようになってからは、彼が合宿に参加していたときの練習映像やデータを見せています。錦織圭が正真正銘の世界のトップ選手になってくれたから日本人を参考にできるようになり、指導方法をガラッと変えることができました。そして、ジュニアたちにも大きな心の変化が表れていきました。「日本人は世界のトップで戦えない」というコンプレックスを感じなくなったのです。

　圭は11歳で合宿に参加しましたが、参加選手の中では身長も低く、体の線も細いほうでした。それだけではありません。短距離走や持久力などの体力測定でも、他の参加選手に比べると平均以下の数値でした。

　合宿では、夜のミーティングで当時の映像やデータを子どもたちに見せています。自分の体のサイズや運動能力にコンプレックスを抱えている子どもたちは、圭の映像を見て考え方が変わっていきます。

「体が大きくなくても自分の長所を見つけ一所懸命努力すれば、錦織選手のような凄い選手になれるんだ！」

錦織圭が、日本人が呪いのようにずっと悩まされてきたコンプレックスを払拭してくれたのです。

過去、日本人選手は体が大きな海外の選手と戦うと、どうしても本来の実力を出し切れない側面がありました。いくらメンタルや体を鍛えて

試合に臨んでも、そのコンプレックスは消えませんでした。

でも錦織圭は、僕らがどうしても変えることができなかった日本人の一番弱い部分をいかに克服するか、自らの背中と結果で示してくれたのです。そして、日本人でも世界で対等に戦うことができるという自信と誇りを、後に続くジュニアたちに気づかせてくれました。圭が崩してくれた世界の〝壁〟が〝扉〟となり、今はその扉を次々と選手たちが開いてくれています。圭の存在が、日本のテニスを格段に強くしてくれたのです。

今、「世界のＴＯＰ10に入れるか」という質問に対して、どのジュニアもみな「できる！」と答えます。そんなジュニアが多いという事実が、今後の日本男子テニス界の一番の可能性を感じさせてくれます。

小さくてもやれる。日本人でもやれる。

体の小ささ、身体能力の低さでテニスをあきらめようとしている少年少女がいたら、僕はこう伝えたい。

日本には身長が低くても世界で戦っている選手がたくさんいる。キミがあきらめない限り、その壁は必ず越えられる、と。

CHAPTER 2

日本をテニスの国へ

道筋を立てる

なぜ低年齢からの指導が大事なのか

今から約20年前、僕は日本テニス協会と協力しながら指導者としての活動をスタートさせました。世界で活躍する選手たちを輩出する手助けをしたい。そんな目標を持って、これまで200人以上のジュニア選手と向き合ってきました。

しかし実際に指導を始めたとき、こんな質問をされたことがあります。

「どうして低年齢の選手の指導を中心に行うのか」

「なぜプロとして活躍している選手や高校生以上の選手ではないのか」

そんな意見に対して、僕はこんな考えを持っています。

――本気で世界を目指そうと思ったら、テニス以外の面でも身につけなければいけない要素はたくさん存在している。だからこそできるだけ早い段階、低年齢から世界を意識してほしい――

では、世界を目指す低年齢の選手は具体的に何を意識すべきなのか。僕がジュニア選手だったときの体験について少しお話ししましょう。

中学生や高校生のときの僕は、インターハイや全国大会で好成績を残すことに成功し、フロリダで行われていたホップマン・キャンプに参加したことで世界への道が拓かれていきました。その後、世界的な名コーチだったボブ・ブレットに「世界の100位以内に入れるかもよ」という言葉をかけてもらい、17歳にして世界を本格的に意識するようになりました。しかし、18歳でプロになって海外を転戦するようになると、苦難の連続が待っていました。テニスに対する考え方、メンタルの維持、海外を転戦しながら生活していく方法……。挙げればキリがないほどに、足りないことがたくさんあると痛感させられました。

そんな経験を踏まえ、世界のトップ選手を育成するためには低年齢の段階から、技術面だけではなく海外でのコミュニケーションや生活習慣も含めて、総合的に準備を進めておく必要があると考えているのです。

ただ、従来の習慣や悪いクセを自覚して変えていくことは非常に難しいことでもあります。そこで重要になるのが、低年齢から変化を受け入れる柔軟性を身につけておくことです。

人間というのは、大人になればなるほど自分を変えることが難しくなっていきます。それはテニスの技術や考え方についても同じです。

低年齢の選手は、自分に何ができるのか、何が正しいのかといった基準をまだあまり持ち合わせていないため、柔軟に考え方を変えやすいのです。しかし、年齢を重ねていくと、自分のできる範囲がわかってきたり、積み重ねてきた成功体験に自信を持つようになっていきます。すると、

結果的に自分の習慣や悪いクセを変えることが難しくなってしまうのです。

世界へ一歩踏み出せば、自分より体も大きく格上の相手と戦っていかなければいけません。その舞台で活躍するために必要なのは、心技体における正しい型を知ること。そして、自分を変えていける柔軟性を持つことだと僕は思います。

低年齢の選手はどうしても、目の前の試合に勝つために小手先の技術を磨いてしまったり、悪いクセを持ったまま年齢を重ねてしまうものです。

〝今勝てるテニス〟ではなく〝10年後に世界で勝てるテニス〟をする。

そんな視点で柔軟に考えながら練習を重ね、いろいろなものを吸収して世界で活躍するためのベースをつくっていってください。

ケガを理解することは世界への近道になる！

もうひとつ、僕がジュニア合宿を通じて選手たちに強く伝えていることがあります。それは、低年齢からケガに対する意識を強く持つことです。

スポーツ界には「たくさん練習したほうが強くなれる」という意識がいまだに深く根付いているように思います。もちろん、一所懸命に練習することは大事ですし、決して手を抜いてほしいわけではありません。ただ僕はこれまで、飛び抜けたテニスの才能を持ちながらも、幼少期のケガが原因で本来の力を発揮できなくなった選手や、ケガを理由にテニスをあきらめた選手を何人も見てきました。

そして僕自身も現役時代、ケガには何度も泣かされてきました。

初めてＡＴＰツアーのグランプリトーナメントで決勝に進み、やっとの思いで世界ＴＯＰ１００に入ったかと思えば、その後に両膝の半月板を損傷。約1年もの間、試合に勝てなくなったこともありました。そして、ようやく復帰できたかと思えば、今度は左足首3本の靭帯すべてを断裂。ランキングを上げても、ケガや病気で順位を大きく落とす。僕の現役時代はこの繰り返しでした。ケガをまったくせずにテニスを続けることはほぼ不可能に近いとは思いますが、他の選手と比べてもケガの回数がものすごく多い選手だったことは間違いありません。

振り返ってみると、僕はジュニア

時代から成長痛で両膝に慢性的な痛みを抱えていました。それでも我慢して練習を続けてきた結果、両膝は大きな爆弾に変わってしまいました。正直、プロになってからというもの、体の痛みや不安がない状態で試合をできたという記憶はほとんどありません。もし幼少期から自分の体とケガにしっかりと向き合うことができていれば、確実にもっとよい現役時代を過ごせていたと思います。世界ランキングでも、さらに上位をねらえていたかもしれません。

そんな経験があるからこそ、ジュニアの選手たちにはケガに対する意識を強く持ってほしいのです。

ジュニア年代には、後先考えずに体に負担をかける練習をする選手たちがたくさん存在しています。そうやって知らず知らずのうちに爆弾をいくつも抱えてしまうと、思うようなプレーはどんどんできなくなっていきます。

ジュニア年代のケガを防止するというテーマは、今では世界中の育成機関のトレンドになっています。

例えば欧州では、ジュニアの選手が大きなケガをすると、その指導者に失格の烙印が押されることもあります。場合によっては、指導者のライセンスが取り上げられることだってあるそうです。

実際に欧州で活動している選手に話しを聞くと、練習時間は1日2時間程度。土日に関しては練習すらできないケースもあるということを教えてくれました。さすがにそれだと練習時間が少なすぎるのではないかとも思いますが、その代わり、ケガで選手生命を棒に振る選手はほとんどいないそうです。それくらい、ジュニア年代でケガをしないことは重視されています。

「たくさん練習して、早く上達したい！」

「もっともっと練習しなきゃいけないんだ！」

そんな使命感を抱いている選手や親御さんも多いと思いますが、才能のある若い選手がケガによって選手生命を縮めないようにしていきたい。だからこそ、低年齢のうちからケガに対する正しい知識を持ち、無理のない体づくりを意識してください。

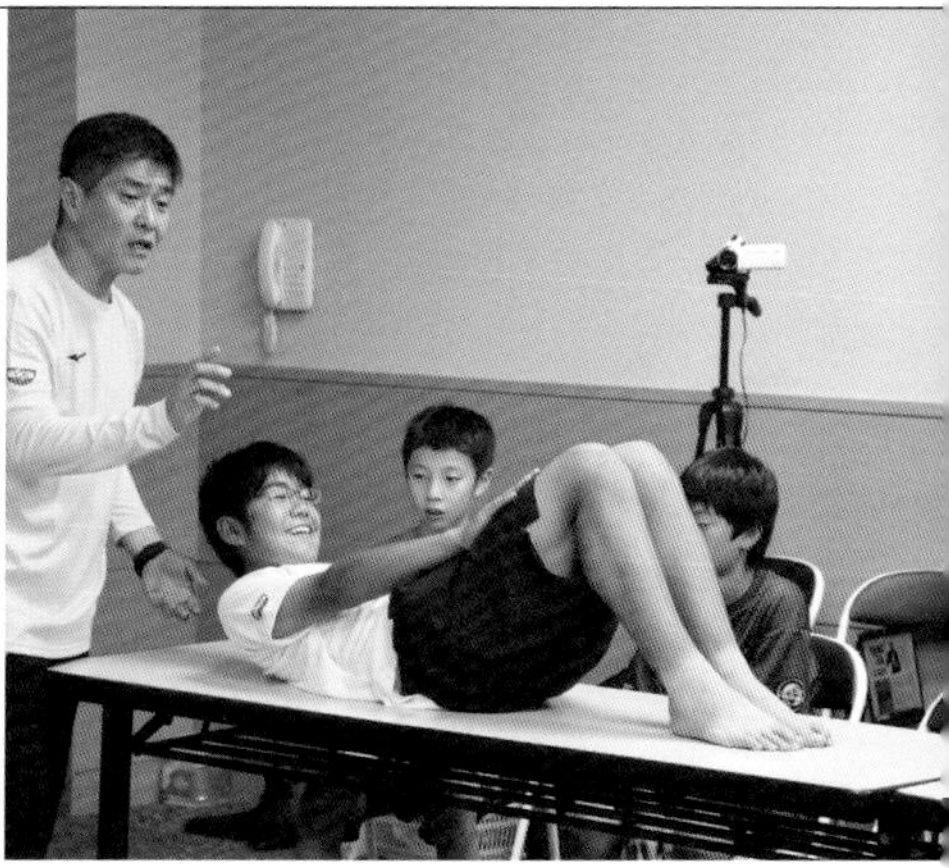

道筋を立てる

海外に行けば成功できるというわけではない理由

若いうちから海外に出て活動することは、選手にとってよいことなのか。

これはテニスに限らず、多くのスポーツにおける育成の現場で話し合われる議題です。プロ選手を目指す子どもたちならば、一度は海外での生活を想像したことがあるのではないでしょうか。

もちろん僕たちも例外ではなく、国内でのジュニア合宿を経て海外に活動の場を移した選手はこれまで何人もいましたが、錦織圭選手のように成功したケースもあれば、うまくいかなかったケースもあります。

では、両者は何が違ったのか。実際に海外での挑戦がうまくいかない選手に話しを聞くと、共通してこんな感想を口にします。

「こんなはずじゃなかった」

「あっちでは誰も自分を見てくれなかった」

つまり、自分のイメージと異なる点が多くて力を発揮できなかったということ。でも、僕が考える根本的な原因は、海外の状況をよく理解しないまま決断していることです。

例えばアメリカという国は、テニスコートなどの施設面では日本よりも確実に上だと言えます。そして世界中から優秀なジュニア選手が集まってきているので、効率よく経験値を高めることができます。日本にいるときよりも海外の公式戦に参加しやすくなりますし、海外の環境や雰囲気に慣れることができる点も大きなメリットでしょう。

しかし、一方でデメリットも多く

存在します。その中でも特に誤認されていると感じるのは、ジュニア選手の扱いについてです。

海外に拠点を置いて活動するということは、世界各国を代表する才能や実力を持ったジュニア選手の中に混じって戦うということです。ですから、日本国内で少し飛び抜けている程度では、ほぼ確実に埋もれてしまうでしょう。

「こんなはずじゃなかった」
「誰も見てくれなかった」

たしかにその通りかもしれません。しかし僕からすれば、こういう意見はその選手の認識の甘さだと捉えています。

世界中の才能の中でも、特に秀でた者にスポットライトが当てられる。世界に出ればそれが当たり前であり、ただ戦いの場を海外に移したというだけでは相手にされません。過酷な環境の中で結果を残し、生き残り続けられた選手にのみ、最高の環境が与えられていくのです。逆にそこで埋もれてしまったら、良い環境が与えられないということも十分に考えられます。

加えて海外に出るのであれば、中学生や高校生の段階で、ある程度は英語が話せなければいけません。誰とも会話ができなければ不安になりますし、テニスの面はもちろん、生活面でも支障が出てきます。家族と離れて生活するため、親御さんからの愛情を感じる機会もなくなり、ホームシックにもなるでしょう。思春期に自立した生活を送りながら、海外で調子をキープして本来の実力を発揮する。これだけでも相当難しいことです。

海外に出て成功する選手と、そうではない選手の差。それは、どれだけ詳しく海外の現状を把握して、どれだけその準備ができているかだと思っています。

異国の地で誰にお世話になり、どうやって生活をするのか。自立した生活を日々送れているのか。世界のジュニア選手と自分の差はどれくらいあるのか。お金はどれくらい必要なのか。そして、自分はいつ海外に行くべきなのか。

できるだけ多くの情報を集め、低年齢からその戦略を立てておかなければ成功は難しいものです。

「海外に行けば成功できる！」

もしそんなイメージを抱いているのであれば、考え方を変えていく必要があるでしょう。これから世界を目指す志を持った子どもたちには、早いうちからより具体的に海外で活躍するイメージを思い描いてほしいと思っています。

日本のジュニア強化プログラムの仕組み

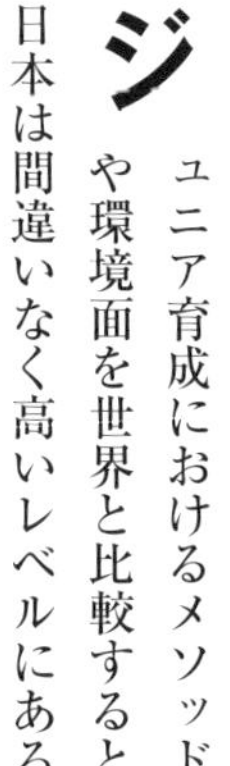

ジュニア育成におけるメソッドや環境面を世界と比較すると、日本は間違いなく高いレベルにあると思います。実際、ジュニア年代の選手たちは世界大会でもコンスタントに好成績を残しており、続々と世界TOP100の壁を乗り越える日本人選手が生まれてきています。

彼らのほとんどはジュニア強化プログラムを体験している選手です。必ずしも海外に出なければ活躍できないというわけではなく、国内にいても世界と戦うための指導を十分に受けられることを証明していると言えるでしょう。

ここからは、図を使いながら日本の育成システムについてお伝えしていきます。どうすればジュニア合宿に選ばれるのか。同年代のトップ選手たちはどういう経験をしているのか。それをぜひとも知ってほしいと思います。

日本のテニス界を大まかにカテゴリーで分けると、左の図のようなピラミッドが成り立ちます。強化プログラムの流れとしては、まず都道府県大会の時点からテニス協会の強化スタッフがジュニア選手たちのプレーをチェックし、9地域の大会や全国大会まで目を光らせていきます。そして全国大会で活躍した選手を中心に招集し、年齢別のジュニア合宿を行っていきます。強化をスタートする10歳から世界へ羽ばたいていく18歳の選手まで、すべての年代で「将来の世界TOP100にランクインする選手をつくる」ことを共通目標に置いています。

さらに日本のシステムが特徴的なのは、日本代表チームの監督やスタッフがジュニア選手の育成にまでしっかりと関わっている点です。全員がひとつの大きなチームであることを意識しており、例えばデビスカップの日本代表監督が12歳の選手を指導することも決して珍しくありません。

また年齢別の合宿だけではなく、各年代同士での合同合宿なども行っています。選手たちは先輩のプレーや行動をお手本にして学ぶことができますし、スタッフもさまざまな選手の特徴や課題を把握することができます。それによって、選手たちの年齢が上がっても一貫性のある持続的な育成を行うことができるのです。

そして、世界で戦うために必要なことを体感させるために、海外遠征なども積極的に行っています。

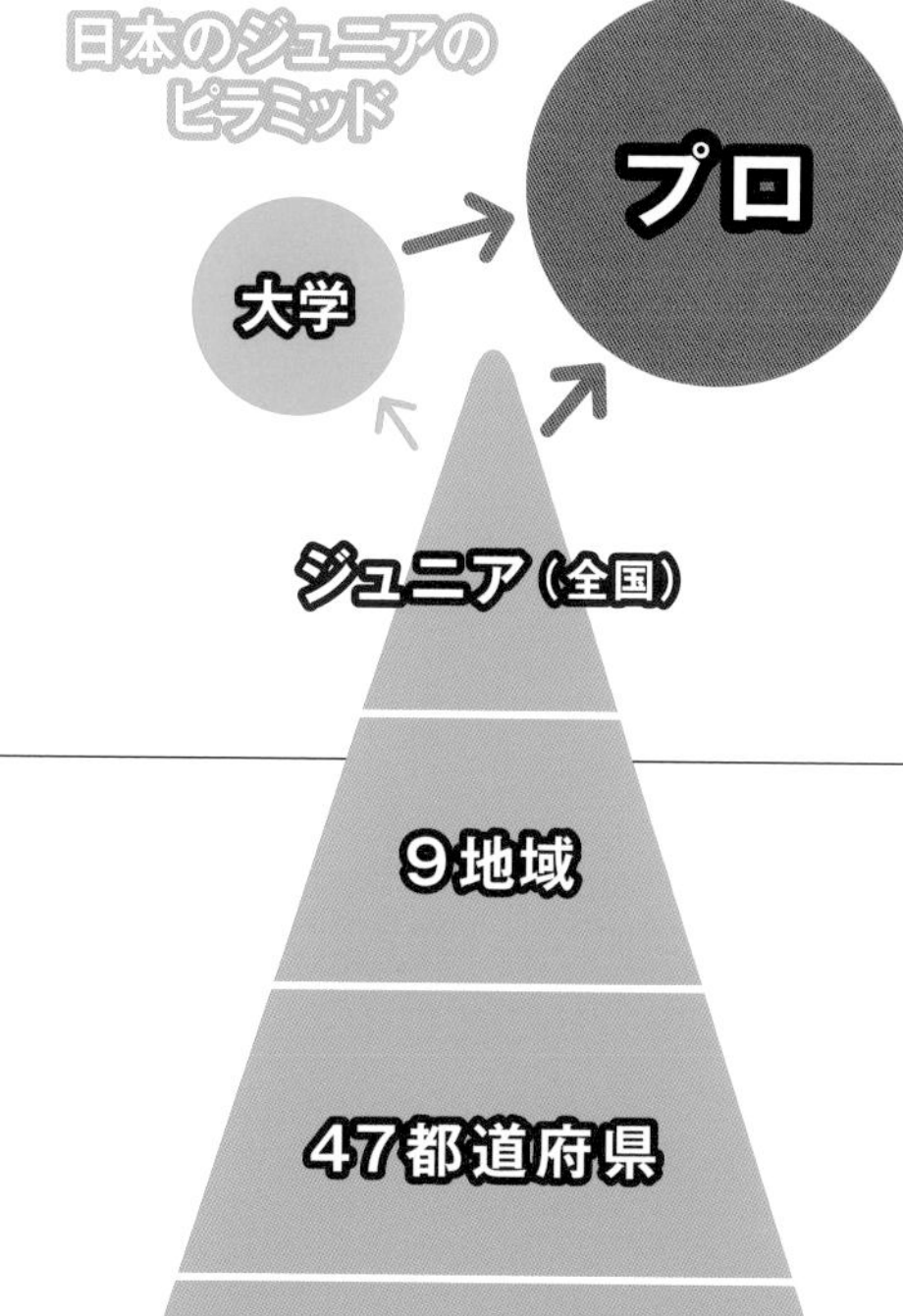

「年代別のジュニア合宿」
「海外遠征」
「年代を越えた合同合宿」

この3本柱で強化を行い、低年齢から貴重な経験や気づきを蓄えられるようにしているわけです。ジュニアのトップ選手はこういった経験を生かしながら、普段もホームコーチのもとで効果的な練習を積み上げています。

ワンチームでの育成システムと、3本柱のプログラム。日本には世界で活躍する選手を育成するだけの知識・人材・環境が間違いなく整っています。ですから、海外に行かなければ将来は活躍できない、なんてことはありません。日本でプレーをしながらでも、世界で活躍するために必要なことをしっかりと認

各年代の補足

U18	大人の世界へ向かう。世界でやれると思えるかどうか。 敵わないと思ってプロに行くようでは非常に厳しい。
U17	感覚的にはプロに近いものとなり、より個人になっていく。自分で試す機会が増えていく。17歳でグランドスラムジュニアに出場するということは、世界で生き残るための通過点。エリートは世界ランキングが高いので出場できる。17歳である程度うまくいけば、18歳ではジュニアの部をスキップしてもいい。
U16	ジュニアデビスカップ日本代表のポジションがある。大人になっていく階段を上っているところ。同年代の間で体格差が大きく出てくる。世界を目指して、みんなで力を合わせて踏ん張りたいところ。将来を考え始める時期で、2～3年先を見据えて考えていくようにする。
U15	ITF ジュニアランキングに踏み出していく。 この年代あたりからチームではなく個人で試合を回り始める。
U14	ワールドジュニア日本代表のポジションがある。代表ということで責任感が芽生える。出場できるのは3人だが、メンバーと一緒に合宿を行っていくことで、全員が同じ考え方、捉え方ができるようになる。合宿参加者は、自分も大会に出場するという気持ちで過ごす。
U13	身長がグンと伸びる時期で、気持ちも大きくなる。変化が大きい分、体の発育には注意を配る必要がある。バランスが崩れる時期でもある。練習量や試合数が増えていくが、テニスをやりすぎて睡眠が減ることのないように。親やコーチが結果を求めると、焦っていく年齢でもある。体のコントロールがうまくいかず、テニスのレベルが下がることもあるが、焦らず正しい方向性を保つことが大事。
U12	合宿を経験する。試合をたくさん行う。日本の大会で勝とうとしすぎると世界ではマイナスになることもある。親はプレッシャーをかけてはいけない。

知して正しく努力を続ければ、世界のＴＯＰ１００に入ることは十分に可能なのです。

プロテニスプレーヤーになりたい！　世界を目指したい！

そんな大きな夢を持って頑張っているジュニア選手たちには、まずは都道府県大会や全国大会での活躍を目指してほしい。また、たとえ合宿や遠征のメンバーに選ばれなかったとしても、世界で活躍するチャンスがなくなったわけではありません。テニスが強くなるためのあらゆる方法はこの本に詰め込んでいるので、よく読み、大きく成長して、次の合宿に選ばれるようにテニスと向き合っていってください。

ジュニア強化システムの関係性

すべての年代をひとつのチームとした育成方針

「年代別のジュニア合宿」
「海外遠征」
「年代を越えた合同合宿」

ホームコーチとの練習

年齢	テーマ	目標
18歳	選手活動 or 大学への移行	ITFグランドスラムジュニア ITFワールドテニスツアー＆ATP
17歳	進路決断	ITFグランドスラムジュニア
16歳		U16ジュニアデビスカップ世界大会
15歳	世界基準	ITFジュニアG5、G4
14歳	チームワーク＆グローバル	U14ワールドジュニア世界大会 TE（テニスヨーロッパ）主催のカテゴリー1の大会 USTA（全米テニス協会）主催の大会（ジュニアオレンジボウル）
13歳	教育＆育成	14歳を想定した準備
12歳	紹介	始めての海外経験

鉄則・一

日本の恵まれた部分を活用する

世界中のテニスプレーヤーとの競争に打ち勝つためには、まず日本の恵まれている部分を理解することが大切です。では世界の強豪国と比べて、日本はどこが恵まれているのでしょうか。それは選手を支える土台の強さです。

日本は全国的に教育の環境が安定しており、テニスにおいてもそれぞれの家族やホームコーチが選手をしっかりと支えている傾向が強いです。またシステムとしても選手育成に向けたピラミッドが確立され、各地域で定期的に大会が開催されていて、それを勝ち上がれば全国大会に出場して経験値を高めることもできます。さらに国内の大会での活躍が認められれば、ジュニア年代の国別対抗戦（ワールドジュニア、ジュニアデビスカップ）の日本代表入りへとつながっていきます。そして衣食住を含めた日常の生活水準の高さや便利さ、移動のしやすさなども含めて、あらゆる面でかなり恵まれていると言えます。全国のどの地域で生まれたとしても、そこから世界に出ていける環境は整っているのです。

ただし、いくら恵まれた環境にいるからと言っても、ジュニアのうちから焦って結果を求める必要はありません。選手によって発育の違いはあるわけで、自分のペースで成長していった先に世界への扉があるという認識をしてください。もちろん、恵まれている部分に満足して甘えていては成長が止まってしまいますので、ジュニアのうちから「勝ちたい」「負けたくない」という思いで競争をしていくことは重要です。そして日本の環境の良さを、将来的に自分が強くなるための準備に生かしてください。

鉄則・二

世界で勝つことが、世界で勝ち残ること

日本男子ジュニアの育成強化プログラムは、過去13年間でのべ40人以上の選手たちをワールドジュニアのアジア予選、ヨーロッパでの世界大会へと導いてきました。

実際に世界の舞台で戦うと、日本では見たことがないような体格の選手や独特な打ち方をする選手などが、しのぎを削り合っていることがわかります。そんな規格外の選手たちと戦っていく中で、いかに自分が勝つための新しい道を見つけていくことができるか。世界で勝ち残るためには世界基準のテニスを知り、自分のテニスが通用しないときには新しい戦い方を見つけて対応することが求められます。

日本の国内だけで戦っていると、どうしても対戦相手のレベルや体のサイズ、テニスの戦い方などもある程度決まってくるため、世界へ一歩踏み出したときに対応するのはなかなか難しくなってしまいます。だからこそ、早い段階から世界基準のテニスを子どもたちに伝えられる環境を用意することが必要なのです。

ただし、ジュニア年代というのは年間で10㎝も身長が伸びる選手もいるほど、体が急激に成長する時期。その中でテニスをしていれば当然、ボールに対する感覚も日々変わっていくものです。したがって、指導者は決して焦って成長を求めるべきではありません。試合の勝ち負けだけで判断するのではなく、将来の成長を見据えていくことが大切です。

ホームコーチとの練習、コミュニケーション能力、学校でいろいろな物事を学ぶ勤勉さ、課題を克服する力……。今後に向けてあらゆることが必要になるので、世界へ出ていくことを意識して取り組んでください。

鉄則・三

相手を知り（情報収集）、己を知る（鬼コーチを持つ）

現在では世界のトップ選手と対等に渡り合える日本人選手が多く生まれてきています。

そんな選手たちに対して、ジュニア年代から合宿などを通じて強く伝え続けてきたのは「相手を知り、己を知る」ということ。彼らは早いうちから世界のトップ選手と戦い、良きライバルだと認識しながら成長してきました。日本人選手は海外の選手よりも体の発育のピークを迎えるタイミングが遅く、年齢を重ねるごとに実力差が開いていくことも多いですが、ひと足早く活躍していく海外のライバルたちをジュニアのときから基準にしていることで「コイツにできるなら自分にもできる！」と意識を高く持ち、あきらめずにしがみついてきたのです。だからこそ、いま自分の周りにいる選手や国内の選手だけでなく、海外の選手にも目を向けて、将来のライバルの情報を収集しましょう。

また相手を知ることに加え、己を知ることも意識してください。試合で負けたときというのは、なぜ自分が負けたのか、自分にはどんな弱点があるのかを実感できる大チャンス。相手関係や調子のせいにしたり、「気合いが足りなかったから」などと精神論で片付けるのではなく、己の課題と正しく向き合って克服していくことが重要です。

そのためにはホームコーチや家族も含め、自分のレベルを上げてくれる人を大切にしましょう。特に〝鬼コーチ〟は自分を客観的に見て、足りない部分を指摘して鍛えてくれる存在。そのような人たちの言葉に耳を傾けるとともに、自分の中にも自分を客観的に見る〝鬼コーチ〟を持つようにしていきましょう。

鉄則・四

悩むのではなく考え抜く習慣（論理的思考）

テニスに限らず、何かで強くなるためにはどこかで必ず〝負け〟を経験するものです。たとえ今の段階で同年代の選手と戦って負けることが少なかったとしても、年上の選手や海外の大柄な選手と戦えば当然、負けることも増えていきます。そもそもプロになれば年齢や体格に制限はなく、常にそういう選手たちとの戦いをしなければなりません。そこで負けるたびにイライラしたり、悩みすぎて落ち込んでいたりしたら、いつまで経っても強くなることはできないのです。したがって、負けた瞬間から前向きに、論理的に考え抜いていく習慣を持つことが大切になってきます。

ただし「考え抜く」と言っても、自分の頭の中で答えを出せばそれでよいというわけではありません。ジュニア選手は試合での敗因を大人に話すとき、自分の素直な考えを伝えるのではなく、顔色をうかがってできるだけ怒られないような言葉を選んでしまうことが多くなります。特に現代の子どもたちは非常に賢く、平穏な対応をすることが普通になっているので、そうすると何気なく会話が終わり、本当の意味でお互いが納得できないまま次に進んでいく、つまり、大切な成長の機会を失ってしまうのです。

自分の考えを頭の中に持っているだけでは、何も変わっていきません。目の前の課題に対して論理的に考えたら、自分の言葉で他人に伝えていくこと。相手が目上であっても同年代であっても、正しくコミュニケーションできることが重要です。これは日本人選手の多くが不得意としている部分なので、テニス以外のあらゆる場面でもぜひ意識してください。

ジュニアの目標の立て方

経験を積みながら「目指す」「決める」「ねらう」

ジュニアの目標の立て方は「目指す」「決める」「ねらう」の3段階で考えてみましょう。まず15歳くらいまでは自分の夢を目いっぱいに思い描いて「目指す」時期。たくさん経験を積みながら、技術や心などいろいろなことを学んでいきます。15歳あたりになると、今度は高校進学も含めて自分の進路を具体的に考える時期が来ます。ここから18歳くらいまでの間には自分の現在地を知り、〝夢〟を〝目標〟にしてハッキリと見据えて方向性を「決める」ことが必要です。そして18歳以上は、覚悟を持って一気に突き進む時期。目の前の現実と向き合いながら「ねらう」のです。日本のジュニア育成ではATP100位以内を目指していますが、それを「ねらう」のは具体的に「これくらいの期間で行ける」という手応えのある選手。もちろんそこから数年はかかるものですが、早いうちに達成されればさらに60位以内、あるいは10位以内まで射程圏内に入ってくるでしょう。

勝田隆（2014）「トップアスリートを見つけ・育て・輩出するフロー・モデル」より改変

年齢はあくまでも目安。この「目指す」「決める」「ねらう」の流れが早く進むのがエリート選手であり、遅い人はパフォーマンスも上がりにくくなります。遅れてしまっているのであれば、自分が「ねらえる」ところに目標を見直していくことも大切です。

将来を見据えた具体的な目標設定

U16の目標は「U18で達成したいこと」に変えた

ナショナルチームのU16は以前、その年代の目標を「グランドスラムに出場すること」にしていました。しかし、今は「18歳になったときに年末のITFジュニアランキングがTOP10で終わること」を最終目標にしています。その目標を達成するためにはグランドスラム大会でベスト8以上が2回、そしてATPポイントを獲得することが視野に入ってきます。

最近では綿貫陽介がそれを実現しました。他にも中川直樹がUSオープン・ジュニアのダブルスで優勝、田島尚輝もフレンチ・オープン・ジュニアのダブルスで優勝、望月慎太郎はウインブルドン・ジュニアのシングルスで優勝しました。将来を見ながら設定する目標こそ、今すべきことを明確にしていくのだという感触を十分に得ています。

誰かが扉を開けて、誰かが目標を達成すると、それに続く選手が必ず出てくるということを知りました。この流れの先頭に立ったのは、間違いなく錦織圭のフレンチ・オープン・ジュニアのダブルス優勝（2006年）でした。

18歳で達成したいことは何か

U18
グランドスラムジュニア（ベスト8）
ITF ジュニア（年末ランキング）10 位
ITF 大会 ATP800 位

U17
グランドスラムジュニア
（予選から出場、本戦1回戦勝利）
ITF ジュニア（年末ランキング）50 位
ATP ポイント獲得

U16
ジュニアデビスカップ世界大会（ベスト8）
ITF ジュニア（年末ランキング）100 位
ITF 大会（一般）参戦

U15
ITF ジュニア（年末ランキング）250 位

U14
ワールドジュニア世界大会（ベスト8）
TE カテゴリー 1、ジュニアオレンジボウル（ベスト8）
ITF ジュニアポイント獲得（兵庫）

↑

これを達成するためには

グランドスラムジュニア大会でベスト8以上が2回
ATP ポイント獲得が視野に入ってくる

僕らが描く世界への道

世界に出て活躍するためにはどんな道を歩んでいけばいいのか――実際に大きな夢に近づいていく選手の道筋（Pathway）として、下記グラフをイメージしておきましょう。もちろん書いてある通りの結果が出せなかったからダメだというわけではなく、あくまでも指標のひとつです。

グラフを見ると、滑らかに上がっていた線が16～17歳から急激に上がっているのがわかります。男子の大半はこの時期に発育が終わり、競争が激しくなってより高いパフォーマンスが求められるようになるのです。そのため、多くの選手がここで振り落とされる。ここで大事なのはしばらくあきらめずにキツい上り坂を耐えること。そのためにも線が滑らかな時期に「16～17歳からが大変になるんだ」と理解し、「今のうちにこういうことをやっておこう」と

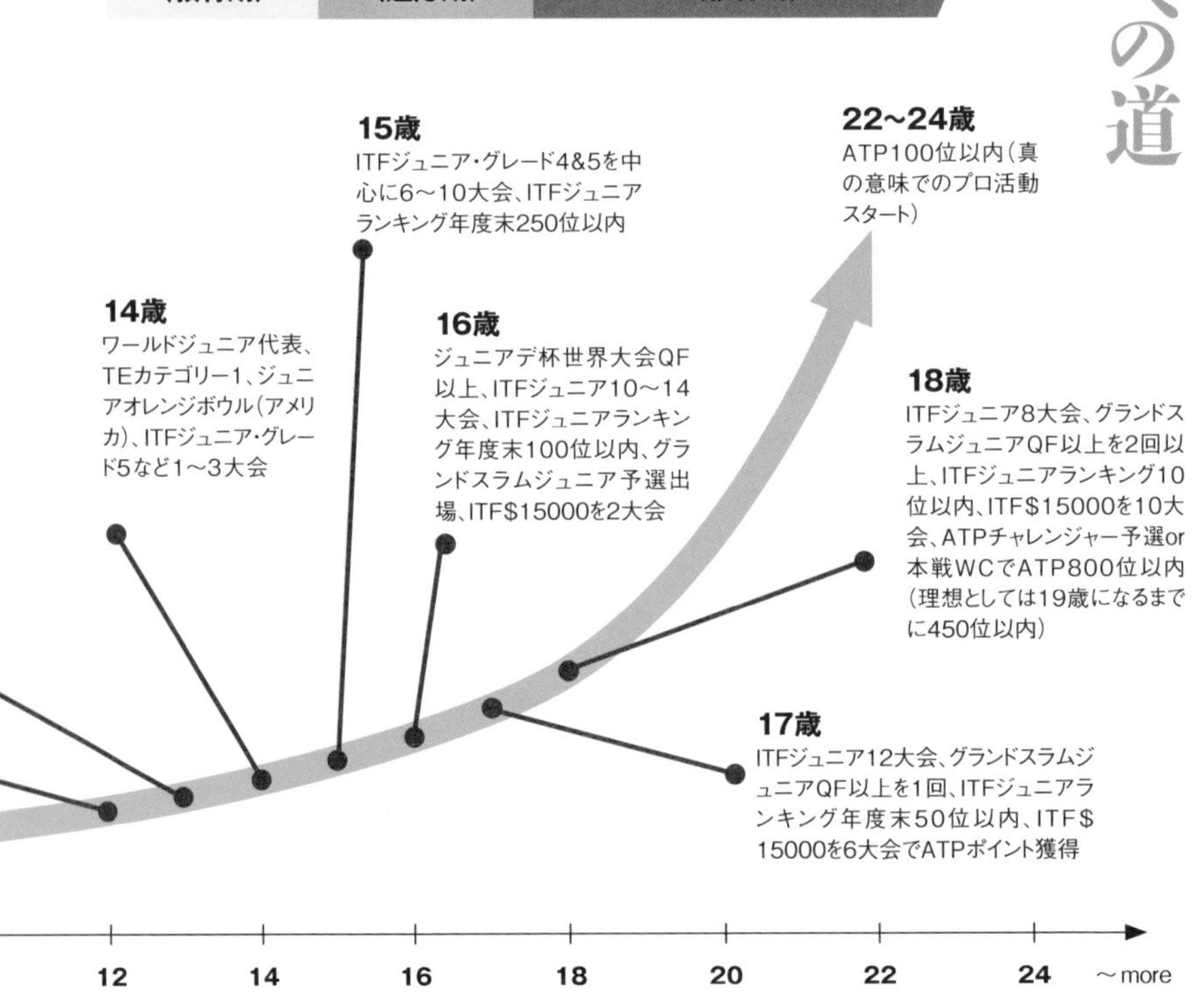

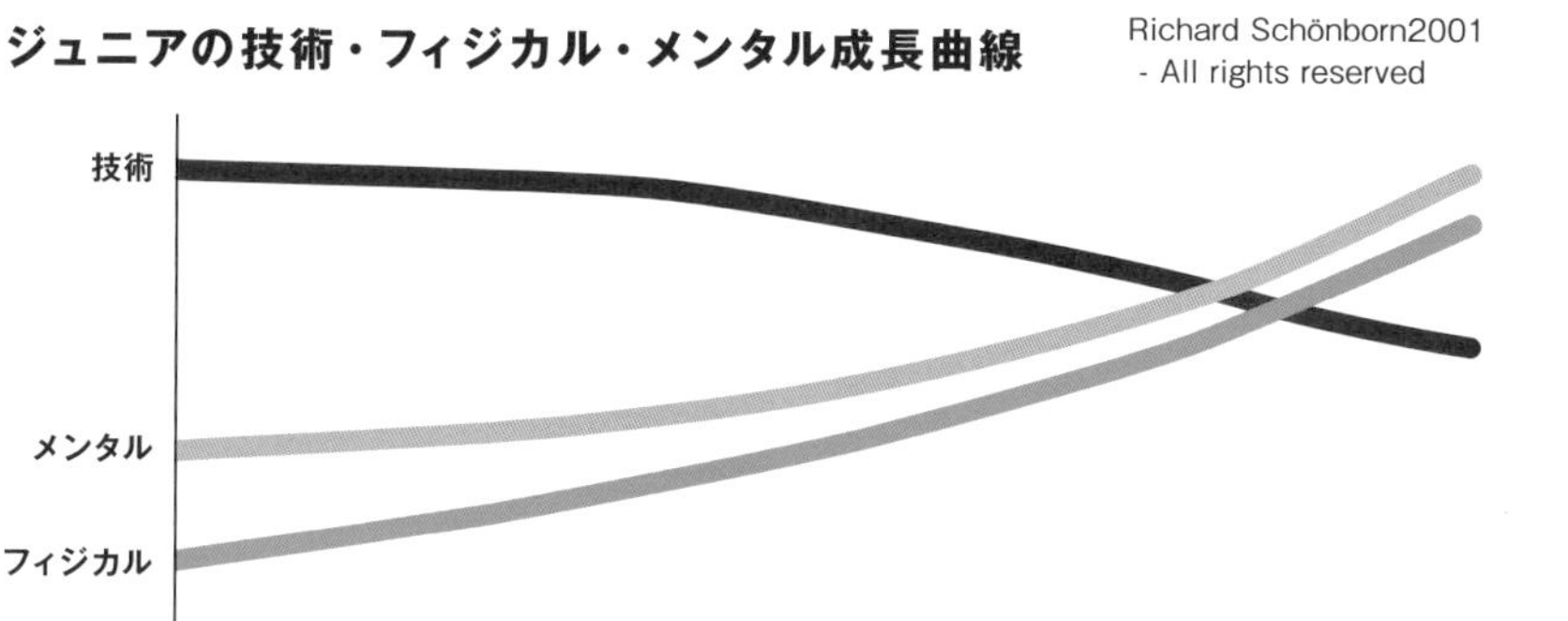

取り組んでおきます。低年齢から土台をつくっておけば、突然やってきた急な上り坂にも粘って対応できるはずです。逆に、低年齢のうちに好成績が出ているからといって「このまま行けば、いずれは世界で活躍できる」と思い込んでいると、世界に出た途端に勝てなくなってしまうケースも多いです。特に低年齢の時期は現状だけを見るのではなく、いろいろな経験を積んで我慢強く準備をしておくことが大切。だからこそジュニア合宿も16歳になるまでにできるだけ多く行っているのです。

さらに上記グラフを見ると、技術は早いうちから成長するもので、逆にメンタルとフィジカルは16歳以降からグッと伸びることがわかります。つまり、ショットを打つ感覚などの技術面を習得したいのであれば早いうちから経験を積んでおくと有利です。一方、メンタル面やフィジカル面についてはそれぞれの時期に見合った形で磨いていきながら、大きな成果が出始める16歳以降に向けて土台をつくることが大事です。

パフォーマンス レベル

世界を目指す
Pathway

エンジョイ

13歳
ATF(アジアテニス連盟)もしくはTE(テニスヨーロッパ)の大会参加、カテゴリー2と3、チーム戦の活用

11、12歳
海外遠征の経験、チーム戦の経験

10歳
Tennis10'sで提唱される範囲

アスレチック

年齢
6
8
10

「世界へのPathway」の実例

ここでは実際に世界へ出て活躍している選手たちが歩んだ道筋を、具体例として紹介します。必ずしも前ページのグラフと一致しているわけではなく、錦織圭選手のように理想的な形で階段を上がる人もいれば、添田豪選手のように遅咲きの人もいます。

ただ、いずれにしてもジュニア時代からたくさんの経験を積み、目標をより現実的に捉えて進んでいくことが大切です。

錦織圭のPathway

2014年（25歳） ATPランキング10位突破
USオープン（シングルス）準優勝

2010年（21歳） ツアー復帰

2009年（20歳） ATPランキング60位突破
右肘故障でツアー離脱

2008年（19歳） ATPツアー（アメリカ・デルレイビーチ）初優勝
ATPランキング200位突破（2月） デビスカップ初出場
ATPランキング100位突破（4月）

2007年（18歳） プロ転向

2006年（17歳） フレンチ・オープンジュニア（ダブルス）優勝
ITFフューチャーズ初優勝

2004年（15歳） G3ジュニア大会（モロッコ）優勝
ジュニアデビスカップ出場（11位）

2003年（14歳） ワールドジュニア出場（準優勝）

2001年（12歳） 全国選抜ジュニア、全国小学生、
全日本ジュニア優勝（ジュニア三冠）

（5歳） テニスを始める

2018年（23歳） ツアー復帰 ATPツアー（中国・深圳）初優勝

2017年（22歳） ATPランキング60位突破 左膝故障でツアー離脱

2016年（21歳） ATPランキング 100 位突破

2014年（19歳） プロ転向　ATPチャレンジャー初優勝
ATP 200 位突破　アジア大会（シングルス）優勝

2013年（18歳） ITFフューチャーズ初優勝

2012年（17歳） US オープンジュニア（シングルス・ダブルス） ベスト4

2011年（16歳） 全日本ジュニアU16優勝

2009年（14歳） ワールドジュニア世界大会出場（3位）

2007年（12歳） 全国選抜ジュニア、全国小学生、全日本ジュニア優勝（ジュニア三冠）

（4歳） テニスを始める

西岡良仁の Pathway

2012年（28歳） ATPランキング 60 位突破

2011年（27歳） ATPランキング 100 位突破

2007年（23歳） ATPチャレンジャー初優勝

2006年（22歳） ATPランキング 200 位突破

2005年（21歳） ITFフューチャーズ初優勝　デビスカップ初出場

2003年（19歳） プロ転向

2002年（18歳） ウインブルドンジュニア（ダブルス） ベスト8
世界スーパージュニア選手権大会準優勝

2001年（17歳） トヨタジュニア、インターハイ優勝

1999年（15歳） 全国中学生優勝、全日本ジュニアU16優勝

1996年（12歳） 全国小学生優勝

（4歳） テニスを始める

道筋を立てる

もう間に合わない……そんなことは絶対にない！

世界で活躍するテニスプレーヤーになるために、タイムリミットはあるでしょうか。

結果が出なくて焦っている選手やケガで満足にプレーできていない選手は、かなり多いのではないかと思っています。

プロになって世界で活躍するには、もう間に合わないかもしれない。夢をあきらめてしまおうか……。そう考えてしまうこともすごく理解できます。

しかし僕は、なかなか才能が開花していかない選手やケガで出遅れている選手でも「できる！」と思っています。世界で活躍するためのタイムリミットは絶対にない。そう思います。

もちろん、できるだけ早いうちに準備を進めておいたほうがよいことは間違いありません。テニスのベースとなる心技体の鍛錬だけでなく、海外で転戦していくための準備など、世界で活躍する選手になるためにはやるべきことがたくさんあるからです。

ただ、例えばジュニアの合宿にしても、16歳を過ぎてから初めて招集される選手が何人もいます。小学生や中学生のときには思い通りに勝てなくても、あきらめずに努力を続けて強くなった選手はたくさんいます。テニスを始めてわずか数年で日本のジュニアのトップまで上り詰めた選手だっています。やるべきことをやり続け、自分自身があきらめない限り、もう手遅れなんてことはないのです。

僕がジュニア選手だった頃は、日本に今のような育成システムはありませんでした。本格的に世界を志したのも17歳と遅かったので、それまではただがむしゃらに練習に打ち込むだけでした。

海外を転戦するようになると練習相手がなかなか見つからず、満足にトレーニングもできない。食事や寝泊まりをするときも、とてもプロのテニスプレーヤーとは思えない環境で日々を過ごしていました。

周りに日本人は誰もいない。移動の飛行機に乗るたび、「もう帰国してしまおうか」とくじけかけた瞬間が何度もありました。でも、そんな僕にだってできたのです。「ウインブルドンのセンターコートに立ちたい！」という夢をあきらめずに挑み続けた結果、数年後に夢を叶えることができたのです。

だからこそ、ジュニア選手たちには「自分自身があきらめない限り、夢は叶う」と伝えたい。たとえテニスを始めたのが遅くても、たとえ勝てるようになるのが遅くても、ケガや病気でたくさん遠回りしていても、キミがあきらめない限り、夢は叶えられる。遅いからダメだとか、結果が出ないからダメだとか、環境が悪いからダメだということは絶対にありません。もし、何の支障もなく順調に階段を上ってきた選手と、たくさん遠回りしながら自分で考えて強くなった選手が同じ順位だったら——僕は後者のほうが魅力的な選手だと思います。

もちろん早いうちから結果を出すことができれば、それはアドバンテージになるでしょう。ただ、結果が出なくてもあきらめず、考えて努力できる才能だって、大きなアドバンテージになります。

世界で活躍するために、遅いということはありません。今、結果が出なくて苦しんでいる選手には、あきらめずに目の前の壁を乗り越えて、全力で夢を追い続けてほしい。そんなキミといつか会えることを強く願っています。

世界を知る

トップ選手が集う国際大会の仕組み

近い将来に世界へ出て行ったとき、どんな景色が広がっているのか。世界のテニス界はどんなシステムで成り立っていて、その舞台で活躍するためには何をしていくべきなのか。この章ではそれをより具体的にイメージできるように、日本の選手たちがこれまで積み上げてきた世界の情報をお伝えしていこうと思います。

まず、ジュニア合宿に選抜された子どもたちに将来の夢を聞くと、ほとんどの選手がこんな夢を語ってくれます。

「世界で活躍したい！」

「グランドスラムで優勝したい！」

「世界一のテニスプレーヤーになりたい！」

選手の多くは低年齢から世界を意識してテニスと向き合っています。僕自身、世界を本格的に意識したのは18歳の頃ですから、12歳前後ですでに〝世界〟という大きな夢を掲げられていることは、ものすごく価値のあることだと感心しています。

ただし、彼らのほとんどはあくまでも「世界＝夢」であって、どうすれば世界のトップにたどり着けるのか、具体的なイメージまでは考えられていません。キミたちが目指しているプロの世界とはどんな世界なのか。その第一歩として、まずは世界ランキングや大会の仕組みを学んでおく必要があります。

最初に、世界ランキングの基本的な仕組みを説明しましょう。

プロのテニスプレーヤー（男子）は、国際テニス連盟（ＩＴＦ）および男子プロテニス協会（ＡＴＰ）が主催している公式戦に勝利することで与えられるＡＴＰポイントを獲得し、そのポイント数によって選手の世界ランキングが毎週変動していきます。

そして、公式戦は図のように6つのグループに分かれています。上から「グランドスラム（四大大会）」「ＡＴＰツアー・マスターズ1000」「ＡＴＰツアー500シリーズ」「ＡＴＰツアー250シリーズ」「ＡＴＰチャレンジャーツアー（チャレンジャー大会）」「ＩＴＦワールドテニスツアー（フューチャーズ大会）」。ピラミッドの上に行けば行くほど参加資格は厳しくなるものの、大会の規模は大きくなり、勝利時に獲得できるポイントも大きくなっていきます。一般的には上から4つの大会を総称して「ＡＴＰワールドツアー大会」と呼び、世界トップレベルの選手による男子の主要大会となっています。「チャレンジャー大会」と「フューチャーズ大会」は「ＡＴＰワールドツアー大会」への出場資格を得るためのポイント獲得を目指す「登竜門」的な位置づけとなる大会です。

世界を目指していくために、世界のトップ選手による「ＡＴＰワールドツアー大会」とトップ入りを狙う選手による「チャレンジャー大会」「フューチャーズ大会」に分かれていることを、まずは頭に入れておきましょう。

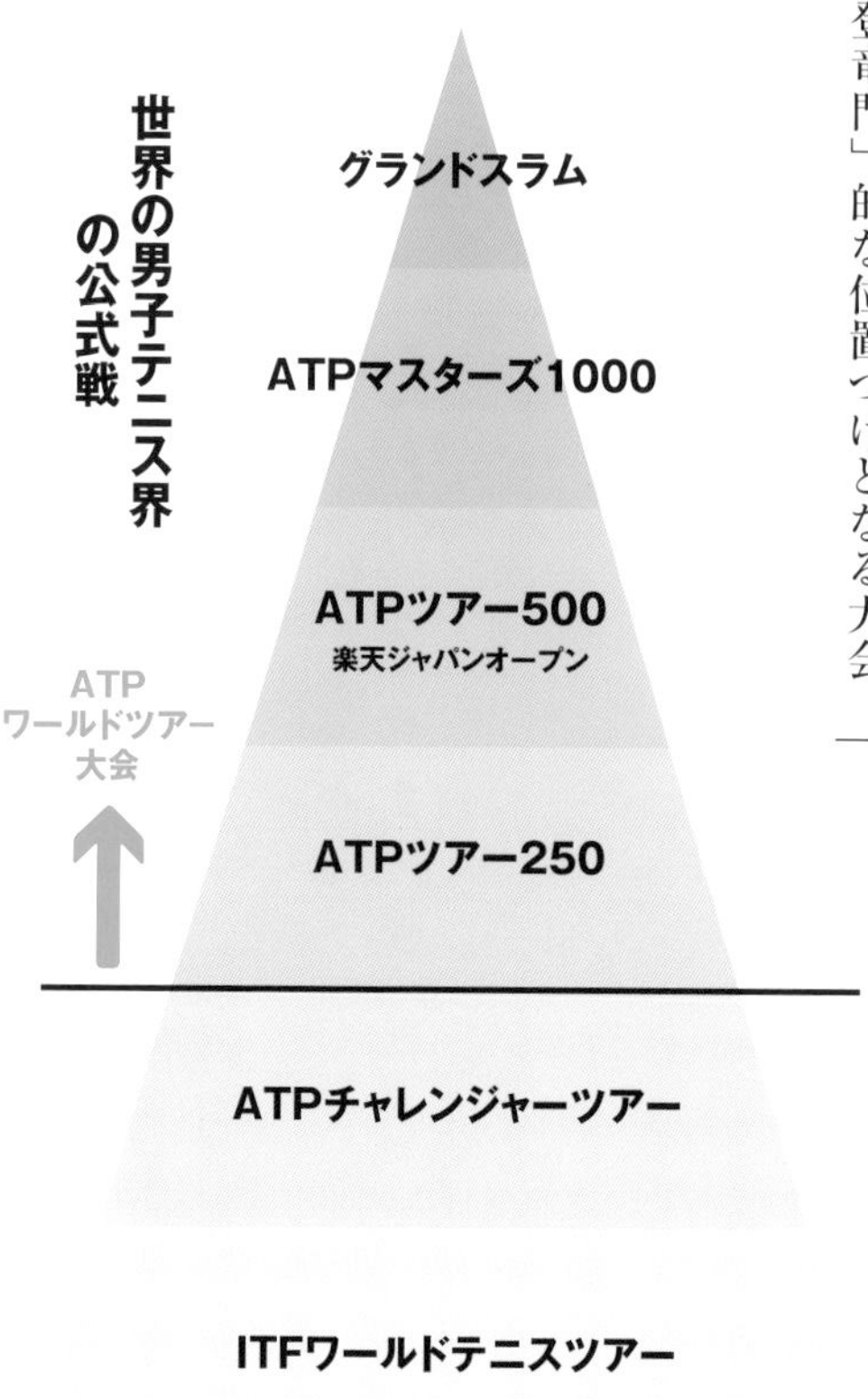

どのレベルの試合で戦うことが重要か

僕が現役の頃は、年間を通じて世界転戦をする日本人男子選手はほとんどいませんでした。それだけ、世界で戦い続けるということが難しい時代でした。

でも、ATPツアーやランキングシステムが変わり、今ではATPポイントをたくさん稼ぐことができるチャレンジャー大会が多くなりました。比較的ポイントの獲りやすいアジアのチャレンジャー大会も充実し、アジアツアーを中心に回ることで、ランキングを150位くらいにまで上げられる日本の男子選手が多く出てきました。ただ、それでもTOP100の壁はなかなか越えられない時代がありました。

ランキングが上がれば、自分が戦う場所もさらに上の大会になります。出場する大会のレベルが上がれば、一気に周りの選手の強さも変わってきます。ATPツアーでの格上の選手との試合で負けが続くと選手たちは次第にその挑戦を止め、戦う場のレベルを下げてチャレンジャー大会に戻ってしまっていました。

もちろん、チャレンジャー大会で優勝を重ねるだけでも、TOP100の壁を越えることはできるでしょう。しかし、その上のステージで戦うことを避けていれば、ランキング100位前後を行ったり来たりする選手で終わってしまう。でも、みんなの夢はそこではないはずです。

僕が世界を転戦している中で学んだこと。それは、テニスは練習だけ

でなく、試合で戦っていく中で成長していくことが多いということです。自分と同じくらいのランキングの選手たちと試合をするよりも、勝てなくても自分より強い選手と実戦をすることによって、戦い方、勝ち方を学んでいくのです。当然、タフな試合を最後まで戦い抜く体力も、こういった試合の中で培っていきます。そういう積み重ねをしていくと、今まで勝つことができなかった格上の選手に勝利し、ランキングが上がっていく。そして、その1勝が自信となり、「もっと強くなりたい」「もっと上に行きたい」という思いが生まれてくるのです。

　チャレンジャー大会のテニスに慣れてしまうと、その先にいる世界トップクラスの選手たちにはまったく歯が立たなくなってしまいます。世界でもっともレベルの高い環境に揉まれながら戦い続けた選手と、ひとつ下のレベルで戦い続けてきた選手とでは、数年後に埋められないほどの大きな差が生まれてしまいます。

　しかし時代は変わり、今、世界で戦っている日本男子トップ選手たちは、年間の世界ツアーをどのような計画で回っていくか。あるいはどのような方法でランキングを上げ、自分のパフォーマンスをどうやって上げていくのか、しっかりとした考えを持っている選手がたくさんいます。それは、錦織選手が切り拓いてくれた世界への道のりを自分のテニスに置き換え、自分なりにランキングを上げていく方法を見出す力を持っている選手が増えたということ。だからATPツアー優勝を果たした選手やTOP100、TOP50を超える選手が多く出てきているのです。僕が現役だった頃、こんなにも多くの日本男子選手たちがここまで結果を残すとは、誰も考えていなかったでしょう。

　だからこそ、本気で世界をねらうのであれば、より明確に世界をイメージして準備してほしい。ワールドツアー大会とチャレンジャー大会をバランスよく活用しながら、より具体的に世界で活躍する道筋をイメージして、世界への道を歩んでいってほしいと思います。

〝今勝つ〟よりも〝10年後に勝つ〟テニスを！

ジュニア合宿では、「今」ではなく「10年後」をイメージして指導することを強く意識しています。

試合で良い成績を残しているジュニア選手の中には、守りのテニスや小手先のテクニックに頼ってしまうテニスをしている選手が多くいます。今はそれで勝てているかもしれませんが、年齢が上がって同年代の選手たちの強打にパワーがついたり、世界に出て体の大きな選手と対戦したときに、今までのように勝てなくなってしまいます。そして自分のテニスのスタイルを変えなければならない瞬間があっても、年齢が上がれば上がるほど、今までのテニスを手放すことが難しくなります。

だからこそ、低年齢から正しい技術を身につけて、正しいフォームでボールを打つことが必要です。相手のミスを待つのではなく、自分から攻めるテニスができれば、必ずポイントは奪えるようになります。その技術を身につけることができれば、将来的には、自分から相手を動かしていく〝攻めのテニス〟ができるようになるのです。

だからといって、今勝てているテニスを変えることは、ものすごく勇気のいることだし、怖いと感じるかもしれません。でも、「世界のトップで戦う選手になりたい」という思いがあるのであれば、変える勇気を持つことが大切です。

自分のテニスを変えることによっ

て、今まで勝てていた相手に負けることもあるかもしれません。しかし、それはまだ習慣として身についていないだけ。「自分を変えたからミスが増えてしまった」ではなく、「10年後に活躍するための試練なんだ」と考えてほしいのです。

僕らがジュニア合宿で伝えているのは、「世界に通用するテニス」です。

試合の結果で判断しているのではなく、どんな戦い方をしたか、を見ているのです。

負けた試合でも、最後まであきらめない気持ちがあったのか。自分から攻めていくプレーができたのか。自分の持っている武器をすべて出し尽くしたのか……。そういうプレーをしたジュニアに対しては、たとえ負けたとしても「よくやった。学ぶことがたくさんある試合だった」と声をかけます。

だから、今勝てていなくても心配することはありません。今やらなければならないことをひとつずつ自分の武器にしていけば、〝10年後に勝つテニス〟を手に入れることができるのです。

CHAPTER 3

日本をテニスの国へ

世界を知る

日本人の発育のピークを知っているか？

海外の選手と日本人選手の身体的な発育の違いは、世界で戦っていく上で大きな影響があることは確かです。それはプロになってからではなく、ジュニア選手が海外遠征で初めて感じる最初の大きな壁かもしれません。

「なぜ自分と同い年なのに海外の選手はこんなに体が大きいんだろう」

「なぜこんなにパワーがあるんだろう」

自信に満ちて海外遠征に旅立ったジュニア選手であっても、同年代の海外選手と戦うことで圧倒されてしまうことが珍しくないのです。

でもそれは、海外選手は日本人選手よりも発育のピークを迎えるのが早いというだけなので、まったく気にする必要はないと僕は思っています。1980年代から2000年までのテニス界を振り返ると、10代の選手が四大大会で優勝するケースがよくありました。現在、錦織圭選手のコーチとして活動しているマイケル・チャンはその代表例。彼は17歳3ヵ月でフレンチ・オープンを制覇し、今でも四大大会の最年少記録保持者となっています。他にもボリス・ベッカーやピート・サンプラスなど、多くの選手が10代のうちに四大大会で優勝を果たしています。海外の選手はそれほど、世界で活躍できる体になるのが早いのです。

僕は日本人の発育のピークを知るために、専門家が集まる会議に出席したことがあります。そこでは「日本人は欧米人と比べると5年ほど骨の成長が遅い」と教えていただきました。海外の選手は18歳前後で骨格が完成するのに対し、日本人の場合は23歳前後だと考えられているのだそうです。ですから日本人選手の場合は23歳までをジュニアと考えてもいいのではないか。データとともに、そんな意見も出ていたほどでした。

しかし、日本にも一人だけ、若くして世界のトップに駆け上がった選手がいます。錦織選手です。体の完成が遅いといわれる日本人でありながら、彼は18歳にしてATPツアー大会（デルレイビーチ）で優勝という快挙を成し遂げました。これは本当にすごいことで、そこから錦織選手は日本のテニス界の歴史をすべて塗り替えることになるのです。

ただ、その時点で錦織選手の体が完成していたのかというと、そうではありませんでした。錦織選手がもともと持っているテニスの才能、想像力、予測力、そういったものがずば抜けていたからこそ、体が出来上がっていなくても、技術、戦術だけでも勝つことができたのです。

その後、錦織選手が戦うステージが上がれば上がるほどタフな試合は多くなり、勝てば勝つほど試合数も増えていきました。そして、しっかりとした体づくりができていない彼の体が悲鳴を上げ、ケガが重なることが多くなってしまったと僕は思っています。彼はジュニアの頃、他の選手と比べてずば抜けた体力や筋力があったわけではありません。どちらかというと地道な体づくりをするトレーニングが苦手な選手でした。

だからこそ、ジュニアの頃からの体づくりは大切なのです。最後まで戦い抜く体力だけでなく、ケガをしない体をつくることを低年齢から自分で意識してほしいのです。

錦織選手はケガをするたびに自分の体に耳を傾け、体づくりに専念して、強くなって復活し続けています。ジュニアたちには、錦織選手の技術だけではなく、こういった地道な努力、体づくりの大切さを真似して学んでほしいと強く願っています。

今は世界的に育成のレベルが上がり、若い選手が勢いのままに四大大会を制することはほとんどなくなりました。それでも海外のジュニア選手は早く世界に出て活躍しているので、現実に直面してショックを受けてしまうのも仕方ありません。ただ、そこで圧倒されたとしても、焦らずに勝てる手段を探していくことが大切。海外選手と比較せず、自分自身のピークに合わせてキャリアを組み立てるように心がけてください。

日本と海外のテニスコートの違いを理解しよう！

海外遠征での試合で、テニスコートの違いに衝撃を受けるジュニアが多くいます。

　世界のテニスコートのサーフェスはハードコートとクレーコートが主流ですが、日本では多くのテニスコートで砂入り人工芝が採用されています。ATPツアーで砂入り人工芝のコートを使用した大会はなく、海外のジュニアはテニスを始めたときからハードコートやクレーコートで練習をしているため、サーフェスの違いで戸惑うことはありません（あるとすればグラス／芝コートの大会くらい）。

　オーストラリアン・オープンとUSオープンではハードコートが使用されています。その特徴はボールがよく弾み、球足が速い。ややパワーのない選手でもポイントを決めやすいです。フレンチ・オープンで使われるのはクレーコート。ボールがよく弾み、球足が遅いので、「決まった！」と思っても相手に拾われてなかなかポイントが決まりません。ラリーが長く続くサーフェスです。スペインにはクレーコートが多く、粘り強くて強靭な足腰を備えているタフな選手が多いと言えます。クレーの王者と言われているラファエル・ナダルがフレンチ・オープンで13回も優勝しているのも、ジュニアの頃からクレーで練習していたことが大きいのです。

　ウインブルドンはグラス（芝）コートで行われます。グラスコートはボールが弾まず、球足も非常に速いため、ラリーが長く続きにくく、パワーヒッターに有利です。足も滑りやすく、選手にとっては対応が難しいコート。また、芝は日常の手入れも手間と維持費がかかることもあり、現在は世界的にグラスコート大会が少なくなっています。

では、日本の主流となる砂入り人工芝コートはどうでしょうか。

世界基準のコートとの最大の違いは、ボールの弾み方です。砂入り人工芝のコートはバウンドが低く、腰より下、ときには膝より下のかなり低い打点で打つことが多くなります。つまり、自分から決めにいく高い打点からの攻撃的なショットを打つことができず、またスピンを強くかけて高くボールを弾ませようとしても、かえって打ちやすい高さのバウンドになるため、どうしても全体的に「消極的で単調なテニス」となってしまうのです。一方、ボールが大きく弾む世界基準のコートで育った選手は、高い打点からの攻撃的なショットに加え、スピン量を増やして相手の体勢を崩すなど、「攻撃的で多彩なテニス」が身につくのです。

だからと言って、砂入り人工芝がダメだと言っているのではありません。僕が大切にしてほしいのは、砂入り人工芝の良さを生かしつつ、世界基準のコートを意識して練習してほしいということ。砂入り人工芝のコートでも、浅いボールは見逃さずに自分からコーナーをねらって攻めるなど、攻めと守りをうまく使い分けられるようになれば、コートが変わっても大きな武器になるのです。

コートの種類	特徴	主な大会
ハード	バウンドが高い・球足が速い	オーストラリアン・オープン、USオープンなど
クレー（土）	バウンドが高い・球足が遅い	フレンチ・オープンなど
グラス（芝）	バウンドが低い・球足が速い	ウインブルドンなど
砂入り人工芝	バウンドが低い・球足が遅い	日本の一般大会

ボールを待って打つ。ボールを落として打つ。主導権が握れずボールに操られるのではなく、チャンスボールはどんどん自分から攻めていく。そしてそれぞれのテニスコートの特徴を理解し、それに合わせて戦い方や自分の武器を使い分けていく、そんな〝考えるテニス〟をジュニアの頃から身につけていけば、どこに行っても戸惑うことなく、自分のテニスができるようになります。

海外遠征ガイド

先輩のエピソードに学ぶ ①

櫻井コーチが語る「ワールドジュニア日本代表からの教訓」

海外に出て行くと、日本とはまったく違う環境の中でテニスや生活をしなければならない。また国別対抗戦の場合などは当然、日本という国を代表して行っているという自覚も持たなければならず、ルールやマナーを守る責任も出てくる。そこに加えて、その土地ならではの文化やしきたりがあったりもするだろう。

世界基準の中で生き残っていくためにはまず、人として自立すること。そして、さまざまな環境に適応する力が求められるのだ。だからこそジュニア合宿では、子どもたちが将来どんな状況になっても対応できるようにいろいろな準備をしている。

ここからは、先輩たちがこれまで海外で経験してきたエピソードを紹介していく。世界に出たらいったいどんなことが起こり得るのか。ジュニア選手のキミたちも、そして指導者や保護者の方々も、具体的なイメージを湧かせながら心の準備を整えておいてもらいたい。

2007年 （喜多、綿貫、中川）

「適応力と準備の重要性」

この年のU14ワールドジュニアアジア予選は私にとって代表監督が初経験。しかも初めてのインド（ニューデリー）。日本代表がアジア予選でどう勝ち切るかという具体的なイメージもなく、チームのNo・1が前年の世界大会経験者でパワーもあったため、チーム内には何となく「勝てるだろう」という雰囲気があった。一人の選手に頼ったチーム編成、ホテルでの生活、テニスボールやコート、食事（飲料水はボトルのみ）、暑い気候、初めての対戦相手、英語……。環境に適応する準備は不足していた。また「どのようにプレーする」というプロセスの延長で勝つというよりは、「勝つ」という結果にばかり捉われていた。敗因は準備不足と油断。「何となく」では通用せず、しっかり適応できないとパフォーマンスは上がらないことを痛感させられた。

★教訓　チーム戦ではダブルスの練習が重要になる。ストロークは小手先でボールに合わせるだけでなく、足を使ってボールに回転を加えて、エッグボールで返球できること。高い打点でボールを打てること。そして体力（持久力）が必要。セカンドサーブはキックで弾ませること。よく走ること。

2008年（村松、高田、西岡）

「社交性」

3月にATF（アジアテニス連盟）が主催する14歳以下のアジアトレーニングキャンプ（インドネシア）に参加。ホテルの部屋はインドネシアやフィリピンの選手とシェアして、私もフィリピンのコーチとシェアして2週間を過ごした。言葉は通じなくとも食事などを含めた日常生活をともにし、インドネシアの楽器の演奏を習ったりもして、社交性を学ぶいい機会となった。

★教訓　テニス以外でも話題を共有できる経験の必要性。

2009年（西岡、斎藤、沼尻、中川）

「今の目的を達成するため、試合中に決断」

アジア予選の予選リーグ1位決定戦と本戦の3位決定戦では、シングルスで1勝1敗となった。勝敗が決まるダブルスの試合中、こんな会話があった。

選手1「俺、ボレーできないから、ベースラインで勝負する。キミはストロークができないから、サービスを打ったらそのままネットに出て行ってくれ」

選手2「わかった。じゃあベースラインからのラリーで、すぐに角度をつけないでくれ。自分がネットで動けなくなる。深いラリーを心がけてくれ」

選手1「わかった」

限られた時間でお互いの戦略を決めること。正直な意見を言い合える関係を築くこと。そして、決めたらお互いにやり切る覚悟を持つことの大切さを学んだ。

★教訓　日本国内ではあまり追い込まれる経験がないが、相手の実力を認めた上で「どうしたらポイントを取れるか」を考え抜いていけば、お互いのできることをやり切るようになる。

「現場で解決方法を見つける」

世界大会の試合中、ある選手はどうしても思うようにポイントを取れないことから自制が効かなくなり、ブツブツと否定的な言動を発し、物に当たってしまった。ただ、そうなってしまうことも考えて、試合前にはチーム全員でお互いの長所と短所を話し合っており、短所については乗り越えていくための約束事を決めていた。そのひとつが、ブツブツと否定的な言動を始めた場合に監督が「まる」と声をかけること。「まる」とは句点の「。」であり、ブツブツ言わずに切り替えるということ。選手自身が引きずらないことが大切だ。

★教訓　チームでの約束は弱気になったときに役立つ。信頼関係が土台にあれば、選手たちに立ち向かう勇気を与えることができる。

2010年（大西、中川、恒松、山崎）

「みな同じ人間。怖くない」

世界大会に初出場した選手は、自分よりも背の高いシード国の選手を相手に戦ったが、試合中に「思うようにプレーできない」「相手が強い」「ポイントが取れない」という焦りから自分を見失い、頭が真っ白な状態に陥った。エンドチェンジの際も目が泳いで顔面蒼白。そんなとき、着席していた選手の顔の前で私が両手を「パチッ」と叩いたら、急に目が覚めたように驚くのと同時にいつもの状態に戻り、少しずつパフォーマンスが上がっていった。

★教訓　テニスの面では日本代表でも、ジュニアはまだ子ども。発育している途中だということを忘れない。ただテニスをしているだけでは不十分。自分を客観的に見られる目を持つことが大切。

2011年（山崎、高橋、加藤、山佐）

「正しいライバル関係は大きなビジョンを共有できるもの」

ヨーロッパ遠征中、2人の選手に違いが表れた。国内における両者の結果やお互いの対戦成績はさほど大きく変わらないのに、ヨーロッパでは大会での結果に差が出てしまったのだ。

思うような成績が残せなかったほうの選手は「なぜ？」と自信を失いかけていた。何歳であっても勝てば自信が生まれ、負ければ自信がなくなるものだ。

そんなときには「どうしてあの選手は勝っているのだろう？」という論理的思考をすることが大切。勝っている選手の試合を見たがらず、練習することばかりを選んでいるその選手に対し、私は「勝っている選手の試合を見て、応援しながら〝勝ち方〟を学ぶことが大切だ」と説明。つらかったとは思うが、真面目な彼は意固地にならず、試合をよく見ることができた。

そこから少しずつ自分のテニスを見直し、辛抱できる心のゆとりも生まれ、結果、世界大会の大事な準決勝で勝利を挙げて、日本の決勝進出に大きく貢献してくれた。

★教訓　年齢的に考え方が柔軟な時期だからこそ、指導者が答えを与えるのではなく、選手が自分で解決策を見つけ出す時間を与えることが大切。そして、勝ち負けに至るプロセスをライバルと共有することでお互いに強くなれる。

「監督は将来に向けた道先案内人」

チーム戦を戦う中、試合で競り負けて泣きながらコートから出てくる選手に対して、出迎える選手たちが何も声をかけられず暗い雰囲気になりかけたことがあった。負けた選手にはつらいことだが、私がそこで言ったのは「今は泣くときではない。強く見せかけるくらいの演技をしてくれ」。

ひとつの試合が終わっても、チーム戦ではまだ負けたわけでない。ここからチームで逆転するためにも顔を上げて、エネルギーを伝えて次の選手をコートへ送り出すことが大切なのだと伝えた。

★教訓　チーム戦は全員が役割を遂行し、その先に勝利を見据えているもの。負けたとしても最後まで強く見せかける演技も必要。そのガイド役として導いてあげるのも監督の仕事。

2012年（徳田、大島、高村、正林）

「試合での起用」

アジア予選の大事な試合。対戦相手のNo・1が強敵だったため、シングルスで1勝1敗になってからのダブルス勝負というのを想定し、こちらはNo・2と3をシングルスに起用。そしてNo・1の選手をダブルスの試合に集中させるようにした。おそらくシングルスのNo・1としてのプライドもあったとは思うが、彼は私の考えを理解し、ダブルスで力を出して見事に勝ち切ってくれた。

★教訓　監督に求められるのは選手のモティベーションを高めることと、論理的に勝てる確率を高めること。そして、そのためには選手との会話が重要。「負けは監督の責任。勝ちは選手の頑張り」がキーワードだ。

「ダブルスで勝ち切るために」

世界大会に向けた事前大会ではダブルスの成績が良かったが、いざ本番を迎えるとシングルスが1勝1敗となり、決定戦となったダブルスで選手に大きなストレスがかかっていった。「負けない」という自信は、次第に「勝たなくてはならない」「もし負けたら……」という考えに変わっていたように思う。プレーにも硬さが見えてきた。

そんなときはペア同士で励まし合い、作戦に集中することが大切。選手たちはその状況の中でよく勝ち切り、最終的に準決勝まで進出してくれた。ダブルスでの勝利後、クーリングダウンのジョギングでそのペアがお互いに違う方向へ走り出したのを見て、試合中は精一杯の気持ちで臨んでいたのだと感じた。

★教訓　テニスの勝利という目的だけでつながっている関係は、いったん崩れ始めるともろい。日常生活においても何でも話せる関係、お互いを尊敬できる関係を築くことこそが、ジュニア年代の大事な要素だ。

2013年（田中、住澤、青木）

「Commitment（コミットメント）」

ジュニア年代のうちは未完成なテニスによってゲームの勝敗が決まる。わかりやすいのはパワー。見た目のパワーがあると、それだけで強い選手に見えるものだ。ただ、試合で競り合ったときというのはなかなか強く打てないもので、何とかポイントを奪うための糸口を見つけなくてはならない。日本国内で勝てるからと言って、少ない武器のまま〝お山の大将〟になっていると、世界に出てその武器が通用しなくなったときに自分を受け入れられなくなり、イライラも募って試合を捨てるようになってしまう。

そんなときに重要なのは「Win（勝つ）」という気持ちよりも、しぶとさが生まれる「Hate to lose（負けず嫌い）」。だからこそ同世代で競う国際大会は成長を促してくれる。ある大会で日本代表選手が過去1勝1敗の中国代表選手と戦うことになった際、対戦前にはみんなで過去の映像を見ながら話し合って対策を立て、対戦後には実際の試合のビデオを見ながらやはりみんなで話し合った。「有言実行」の難しさを感じるとともに、さらに上のステージで戦うにはそれを乗り越えることが大事なのだと痛感。Attitude（態度・心構え）も競技者としての土台の一部となるのだ。

★教訓　苦しくても覚悟を持って臨む姿勢が自立のための一歩になる。

「コーチの重要性」

国内で全国大会を視察していた際、日本人初のウインブルドン・チャンピオン（ダブルス）である吉田（旧姓・沢松）和子さんから「ジュニアの海外遠征において、テニス以外の部分で視野を広げられるかどうかは引率するコーチの役割だ」という話しをされたことがある。コーチはジュニアの可能性を広げることが大きな役割のひとつであり、試合への準備はもちろんのこと、遠征中のスケジュールをコントロールできなければならない。人間力の部分や、失敗から道を見つけていくこともまた然り。バランスのとれた〝よい加減〟が必要になる。

★教訓　コーチはテニスを指導するだけでは不十分。選手たちの人間力も鍛えてあげられるように見識を広めておくこと。

「出し切る姿勢」

世界大会でシングルスが1勝1敗になり、ダブルス勝負になった際、選手の体型を馬鹿にするような仕草と行動が相手を怒らせてしまった。ここで選手たちは「テニスで戦う」という基本から外れ、相手の大きなエネルギーから心が逃げてしまった。思考と行動のズレを自分で修正する機会から一度逃げてしまうと、また同じような機会が襲ってくるもの。同大会の最終戦でも、再びその機会が訪れた。

　このときは時間も限られる中、チーム全員で話し合い、今度こそチャレンジしていくことを決意。その結果、相手はアジア予選のときに敗れた国だったものの、ダブルスで競り勝つことができた。失敗から学び、再出発することができた。

★教訓　乗り越えられるハードルをしっかり乗り越えていくことが大切。自分の心を成長させることが、テニス選手としての成長にもつながっていく。

「Imagination（想像力）」

　冬季海外合宿で12〜13歳の選手、アシスタント、トレーナーとともに、アメリカのサドルブルックで行うハリー・ホップマン・キャンプに行った際、アメリカのプロで身長２０８cmのジョン・イズナー選手と写真を撮影。将来プロになれば身長差を感じながらプレーするのだということを、ジュニアのうちから想像してもらう絶好の機会となった。

★教訓　指導者は、将来に向けて選手たちを導くような機会を提供することが大事。ただの経験で終わらせないような工夫が重要だ。

２０１４年

（田島、青木、河野）

「ハードルを飛び越えろ」

　アジア予選の開催は２００７年以来のインド。ニューデリー在住の日本人クラブの応援もあり、病気の人などを出さずに試合を終えることができた。ただ、結果は6位止まりだった。サーフェスは球足の速いハードコート。埃がたまりやすく、ボールの毛は擦り切れて表面がツルツルになりやすく、弾むというよりも滑る感覚。この環境に適応できずに試合を終えた。また、同じグループに入った地元のインドに勝ち切れなかったことも世界大会を逃した原因。どの年にもドロー運はあるが、何かしらのハードルを越えなくてはならない。

　そのために準備（適応力）とチームワークが根本にあるのだ。敗戦の経験を活かせるかどうかは、選手たちの心と体の成長にも関わってくる。

★教訓　ときには負けから学ぶことも大きい。そこに選手自身が気づけるか。いざというときに自分の力を出し切れるかどうかは、日頃の練習から表れてくるものだ。

２０１５年

（松下、斎藤、横田）

「日本から世界基準へ」

　日本のテニス史上で初めて、代表3人が同じ県の出身者。12歳以下から全国大会で活躍し、競い合ってきた3人が、ライバルでもありながら仲のよいチームをつくり上げた。いずれも身長１６０cm未満と小柄だったが、動き、テニスのバリエーション、パワーなどの面で各選手に特徴があった。

私も監督として、前年から海外遠征などを行って準備。それでもアジア予選の結果は5位。体のサイズをカバーする手段が、もうひとつ足りなかったのだと感じた。

その要素こそ、最後に決めるショットの正確性。テニスは最後のボールをコートに入れて、相手のミスを促すスポーツであり、ポイントを取れなかったということは最後の詰めが甘かったということだ。まして自分たちよりも身長の高い選手と試合をするからには、ポイントが決まりにくいことも予想される。どう配球するかなどのコース選定や戦略、そしてショットの正確性、動きの質、持久系の能力などに優れていなければならない。

★教訓 最後にコートに入れるしぶとさ、やり遂げる力、正確性（コントロール）が重要。そして、その土台には油断せずに集中することが必要だ。

2016年（吉村、三井、石井、小柴）

「前向きに」

世界大会へ向けた遠征では、「いつもと違うな」などと自分自身を客観的に見ることが重要。それができないと焦りから心のゆとりを失い、負けが続くことがある。特に「勝たなくてはならない」という思いが強すぎると、結果に対して必要以上に固執してしまうことがある。

このようなとき、多くの場合は解決するための具体的な方法よりも、うまくいかない理由を探して言い訳を考えてしまうもの。消極的になりやすく、つらい時間を過ごしているので自然と笑顔が減ってしまう。前向きに考えることが大切だ。

★教訓 環境の変化に適応すること。できないことにもイライラせず、できることを優先して、前向きに考える。気持ちの切り替えについては日頃からの価値観が大きく影響する。

2017年（望月、磯村、有本、末岡）

「成熟した信念」

アジア予選でなかなか調子が出なかった選手が「自分はもっとできるはず」「こんなはずではない」と焦るようになり、試合前の練習でもイライラがチームメートに伝わっていき、何も言えないような雰囲気になった。それを試合前にもかかわらずハッキリと伝えたところ、彼は気持ちを整理できずに泣き出してしまった。

ただ、そこから彼は立ち直ったように振る舞った。それは、迷いながらも何かを決めた表れだったのだろう。最後は自分で決断すること。そうすることで信念が成熟され、苦境の際に自分を助けてくれるものだと感じた。

また、世界大会ではシングルス1勝1敗の後でダブルスに勝敗がかかり、ペアの編成で選手の意見を聞いた。すると、軸になる選手が「誰と組もうが自分は大丈夫」と発言。ブレのなさを強く感じた。

★**教訓**　勝ち負けという結果以上に、迷いなく決断できるかどうかがテニスには大きく影響する。選手はそれぞれ自分なりの強いキャラクターを持っているもの。チームワークにおいても、強い意志を持つリーダーが必要だ。

2018年（中村、森田、Jones、水口）

「国境を越えた仲間」

アジア予選のとき、ダブルスに勝敗がかかり、ファーストセットをダウン。地元のタイとの対戦で相手には多くの応援があり、苦しい状況だった。そんな中、他国の選手が日本を応援してくれて、タイの応援にも負けないほどの勢いが出た。そして、

最後はマッチタイブレークで逆転勝ち。日頃から仲間をつくれるキャラクターであることも、テニス選手には必要だと感じた。

★**教訓**　コートの外での社交性や英語力も大切。テニスのレベルだけでなく、友達との付き合いも重要になる。

2019年（Jones、眞田、前田、松岡）

「個人とチーム」

世界大会では各選手がベストパフォーマンスを出すために、練習なども個人に合わせて最終調整を行った。ただジュニア年代のうちは、自分で考えて動けるのか、それともコーチから指示を受けなければ動けないのか、個人差がある。お互いに信頼しながら行動するにはまだ時期が早く、さらなる成熟には時間が必要となる。

しかし、先を走る選手はやはり、見た目だけでなく内面の成長も進んでいるものだ。だからこそ2年先を見据えて取り組み、2年後にはしっかりとキレイな花を咲かせてほしいと思った。個人の発育や成長のもとでチームワークをつくっていけば、より強い日本代表が誕生する。それぞれが競り合って成長していきながら、優勝を達成したいと感じた。

★**教訓**　個人とチームのバランスは重要。お互いを尊重しながら成長する時間を過ごすことで、選手として花が咲いてチームとしても強くなっていく。

海外遠征ガイド

先輩のエピソードに学ぶ ❷

PART 1

12～14歳の海外遠征での出来事（櫻井コーチ）

初めての海外旅行

12歳の子どもが海外遠征に行く場合、約3～4割は初の海外旅行になる。パスポートを初めて持つ子どもも多いだろう。ただし、日本代表に選ばれるジュニアの多くはすでに海外を経験している。小さい頃にチームでの海外遠征の機会があると多くの子どもが海外を経験できるし、教育という点でも〝助け合い〟を知る良い機会になる。

海外旅行マニュアルを読む

出かける国のことを事前に勉強しておくことはとても大事なこと。あらかじめ準備しておけば、現地でより深く知ることにつながる。

ただし、マニュアルはあくまでもマニュアルなので、その通りにいかないことが起きた場合に次の手を考える力をつけておくことも大切だ。「こうでなければいけない」というものを理解しつつ、「こういうときはこうしよう」というものを見つける。海外に行くときにもっとも重要なポイントかもしれない。

お金の管理

子どもはお金に対する感覚が薄い。ましてや、海外に行くことになって初めて大きなお金を持つケースもある。そうすると人前で平気で札束を広げたりする子も現れるが、現金は人に見せるものではない。それから多額の現金は持ち歩かないこと。また1ヵ所に全部入れると、それを盗られた時点ですべておしまいになる。いくつかに分けておくのが得策だ。

ラケットは数本を布袋に入れて機内へ持ち込む

ラケットはテニス選手にとって一番大事なもの。できれば機内に持ち込みたいが、それができるかどうかは航空会社によって異なる。持ち込み可能な場合は3本、多くても5本までにして、布袋に収納すればわりとOKとなることが多い。ラケットバッグに入れると膨らんでしまい、手荷物として扱えるサイズよりも大きくなって機内に持ち込めないことがある。また航空会社のルールとして、ラケットバッグ自体がダメなケースもあるので注意しよう。

搭乗チェックインをしたときにはOKだったとしても、手続きもすべて終わっていざ搭乗しようとしたときに、搭乗ゲートで「ダメだ」と言われたことも過去にある。そのときは慌てて引き返し、チェックインをやり直そうとすると「その時間は終わった」と言われ……何とか事なきを得たものの、てんやわんやになってしまった。

ストリングは機内に持ち込めない

ストリングは機内には持ち込めない。凶器にもなり得るという理由で、危険物だと判断されるのだ。機内に持ち込むのはラケットの他、万が一、

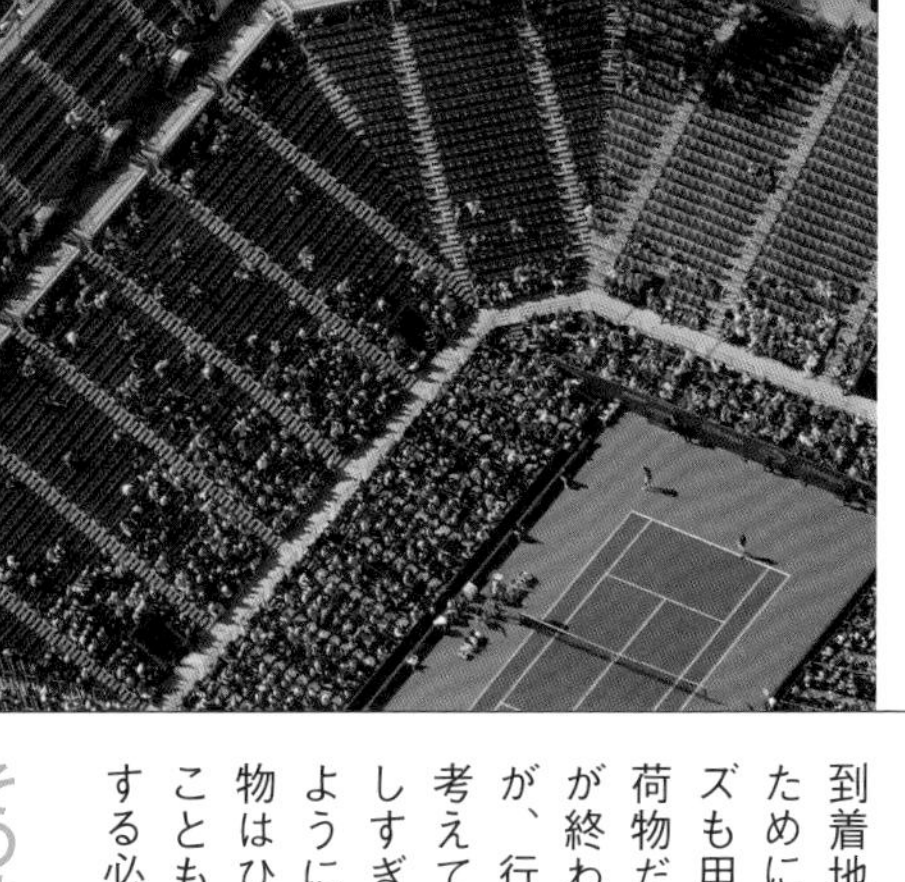

到着地で荷物が届かなかったときのために、テニスウェアとテニスシューズも用意しておき、あとは最低限の荷物だけ。帰りの便ではすでに試合が終わっているので心配はいらないが、行きの便ではその先のことまで考えて準備すること。ただし、心配しすぎて多くの荷物を持ち込まないように。航空会社によっては「手荷物はひとつまで」と決められていることもあるので、事前に調べて工夫する必要がある。

その他の荷物について

12～14歳の場合は普段着がテニスウェアでも構わないだろう。大会ではレセプションパーティー（歓迎会）などもあるが、ドレスアップ（正装）がまだ必要のない世代なので、ほとんどの場合はテニスウェアでOKとなる。よく起こる荷物の問題としてはストリングが足りなくなることと、テニスシューズの消耗が激しく、ダメになったときの替えがない

こと。現地で買おうとしてもそう簡単ではなく、だからと言って日本から送ってもらうとなると時間がかかり、大会から大会へと移動もともなうので適切な方法とは言えない。替えのシューズやストリングはきちんと準備しておくべきだ。

パスポートのコピー

パスポートのコピーはちゃんと用意する。万が一なくしたときにコピーがあれば身分証明になり、紛失の手続きが早く済む。ただ、もちろんなくすことを前提とするのはよくない。パスポートは大切に管理することを当たり前にする。飛行機の座席前の袋に入れておいて取り忘れるケースがよくあるので、気をつけたい。

出国→入国を自分でできるようにする

海外遠征では子どもたちにチケットとパスポートを持たせ、自分で出入国書類を管理させている。海外に行くということは、日本を出国して他国に入国するという手続きが必要。12歳なら出入国書類を自分で書けるようにしておきたいので、自分の名前をアルファベットで表記できるようにしておくことは必須だ。入国審査の際、コーチはあえて子どもたちの後ろからついていく。どうしてもうまくいかないときはもちろんコーチが先生役としてフォローするのだが、基本的には自分たちの力でこなすことが大事だからだ。イミグレーション（出入国審査カウンター）では相手国の審査官と英語で会話する。「どういう目的で来ましたか？」と聞かれたら、「観光（サイトシーイング）」と答えよう。ジュニアはプロではないので、「テニストーナメント」などと言う必要はない。逆にそれを言ってしまうと、国によっては「ビザ（入国のための事前審査証）が必要だ」と言われ、やっかいなことになりやすい。

海外旅行者保険に入っておく

海外に行くときは病気やケガをした場合に備えて、海外旅行者保険に入っておくこと。例えば遠征先のクレーコートで足のマメが破れてしまい、そこにバイ菌が入って腫れ上がり、病院に行かざるを得なくなったということもある。何が起こるかはまったくわからないので、準備しておいたほうがいい。

ケガや病気のとき

海外でケガや病気になっても、最初のうちは子どもたちが黙っていることがある。夜中にケガをしてバンドエイドを自分で貼っていたが、翌日になっても血が止まらない。その結果、大会の医者に診てもらってから移動することになったが、子どもの判断ではわからないこともある。

あるインドでの大会中には選手に腹痛と発熱が出たため、応援に来ていた日本領事館のスタッフの方から日本人医師を紹介していただくと、「もしかしたら盲腸かも」。すぐにインドの病院を手配していただき、そこに泊まることになった。結局、その選手はみんなと一緒に帰国はできず、領事館の方の助けを受けて数日後、別便で赤十字の医師団と一緒に帰国した。日本で再検査をすると、診断は腸炎。初めての海外や試合での緊張で、だいぶストレスがあったのだろう。海外では多くの方に助けられているのだということを痛感した。

同部屋の仲間に迷惑をかけない

子どもたちは基本的に複数人でホテルの一室に宿泊する。そこで我々スタッフは選手が各自で荷物を整理し、ゴミはゴミ箱に捨てて、部屋をキレイに使うように指示を出す。モノを失くして初めて「盗まれた」と誰かを疑うのではなく、その前にしっかりと自分の荷物にカギをかけて管理することが大事だ。また、遅い時間に携帯電話で日本とやり取りをすることは避けて、早く寝るように努める。遠征中はチームワークを優先し、むしろこういう機会に友達と会話をする習慣を持ってもらいたい。

ちなみにＩＴＦでは大会期間中、大人であるコーチと選手が同室になることを禁止している。コーチが選手とミーティングをする際も、部屋の中ではなく、公共の場所を勧めている。今はそういう時代だ。

ホテルの部屋を汚さない

ラケットのストリングにステンシルを付けるのはいいが、ホテルの部屋の絨毯の上で行って汚してしまった選手がいた。これはフィリピンでの話しで、実際に絨毯のクリーニング代を請求されることになった。そういった経験を積んで今ではスタッフが事前に注意するようにもしているが、子どもは考えが至らず、そういうことをしてしまうこともある。

スプリンクラーに洗濯物を引っかけない

海外遠征では、ときにはテニスウェアを自分で手洗いしなくてはならないこともある。その際、部屋の天井にあるスプリンクラーにヒモをかけて吊るそうとする人がいるが、これは故障の原因になってしまうのでよくない。また電気ランプに洗濯物を干したりすると、ときには焦げてしまい、火災報知器と連動して、スプリンクラーが作動してしまうこともある。日頃からハンガーなどを持参して活用することが大切だ。

クレジットカード

サンレモ（イタリア）での話。選手が親から持たされたクレジットカードを使って海外ＡＴＭから現金を引き出そうとしたところ、カードが出てこなくなった。関係者を呼んで対応してもらおうとしたら、「そのカードが本当にあなたのものかわからない」と言われ、ややこしい事態になってしまった。想定外のことは常に起こるので注意しておこう。

盗難

大会のオフィシャルホテルで食事をした後、観光に行くことになって部屋へ戻ると、食事をしているわずか30分程度の間にお金を盗られてしまっていたということがある。部屋に鍵をかけてはいたのだが、それでも狙われてしまう。悪事がどんな方法で忍び寄ってくるかわからないからこそ、前述の札束を見せる行為などをしてスキを見せてはいけない。

貴重品

移動をするときは深夜や早朝にホテルに到着したり、また出発したりすることがある。よくあるのは出発時、ホテルのセーフティーボックスに預けた貴重品を取り忘れること。忘れ物にはくれぐれも注意しよう。

トロフィー

強い選手は優勝トロフィーを自分で持って帰ることになるが、帰りの飛行機で超過料金を取られることもある。うれしい話でもある反面、やはり余計な出費は避けたいものだ。例えば錦織圭選手の場合だと、郵便局へ行って大きな段ボールに詰めて郵送したという経験がある。

食事

遠征中は体重を落とさないためにも、食事の量や栄養素を考えたほうがよい。海外遠征では基本的に、体重が増えて帰る子どもはほとんどいない。食生活を見ていれば一目瞭然で、日を追うごとに食べる量がだんだん減っていくので、ちょっとした工夫が必要になる。そのために栄養士からアドバイスをもらうこともある。低年齢で初めての海外遠征、しかも長期間となるとリスクは極めて大きい。選手をつらい目に遭わせないためにも、スタッフはさまざまな環境に対する適応力も持つこと。

大道芸人

ドイツでの話。〝天使〟の恰好をした大道芸人が現れ、子どもたちは一緒に写真を撮ったりして面白がって絡んでいたら、やがてお金を請求された。最初は「20ユーロ」と言われ、5ユーロを支払ってあちらには納得してもらった。「楽しませるのが仕事」という人たちなので、ある程度の金額を支払って折り合いをつける必要もあったわけだが、むやみに絡むとこういうことが起こってしまう。子どもたちには事情を説明したが、これも気をつけておきたいことだ。

水

海外では多くの場合、水を買う必要がある。これは子どもたちにもしっかりと説明しておかなければならない。ただし、大会に出れば無料でもらえることも多いため、そこはうまくやりくりすること。子どもたちが十分な遠征費を持っていることによって、水をあえて多めに買ってしまったり、買ってきた飲み物を冷蔵庫に入れなかったり、飲み残しのボトルをいっぱい並べたりと、無駄遣いしてしまうケースもある。無料でもらえるというのは、教育的には逆にマイナスなのかもしれない。お金が限られていたり、また自費の海外遠征であれば、もっと真剣にお金の節約を考えるだろう。

PART 2

15歳以上の海外遠征での出来事（岩本コーチ）

会場練習はいつも一番乗り

海外遠征の際、日本代表チームは必ず会場へ一番乗りしている。オープンと同時に練習を始めたいからだ。

一番乗りをするためにどうしたらいいのかは、選手たちが考える。ホテルから会場までの距離と時間を考え、ホテルを出発する時間を決める。ただ逆算すればいいだけとは言え、常にそういう考え方のもとで行動することを習慣づけたいので、最初から彼らに任せている。

「コートに着いたらすぐに練習を始めたい」ということは、それまでにウォーミングアップを終わらせておく必要がある。そうなると、ウォーミングアップの時間も計算してホテルを出発しなければならない。だから日本代表チームがホテルを出発するときにはまだ外が真っ暗なことが多く、ボールを打ち始める頃にはようやく日の出を迎える。最初のうちは子どもたちも戸惑うが、習慣づけていくとだんだん「それが当たり前」という行動と態度をとるようになっていく。

この逆算にはまだ続きがあり、ホテルを出発する時間が決まれば朝の起床時間が決まり、それにともなって前夜の就寝時間も決まっていく。朝一番の練習は本当に気持ちがよく、充実した内容になる。「限られた時間だから大切にしよう」と、最初から全力で練習するようになるのだ。ゆっくりとコートにやってきて、ゆっくりとウォーミングアップを開始して……などということは、今の日本代表チームは絶対にしない。

ダブルスでペアを探す

会場における練習コートの予約や練習相手を探すことも、選手が自分たちで行う。もちろん、話すのはすべて英語。コーチがやれば早いことはわかっているが、それは絶対にしない。たとえ英語が話せなかったとしても、どんなに時間がかかってもいいから自分たちの力で伝えるようにトライさせている。選手から「何と言えばいいですか？」と聞かれても「何て言ったらいいと思う？」と逆に問いかけ、すぐに答えはあげない。とにかく自分で方法を考え、行動に移すことが大事だからだ。

語学力を身につける方法としてよいのは、外国人選手とダブルスを組んで大会に出場すること。当然、そのパートナーも選手たちに自分で探してもらう。実際にパートナー探しの様子を見ていると、声をかけやすい選手やもともと知り合いの選手、あるいはアジア系の選手にしか声をかけていないことが多い。だが、自分を高めていくためにもまったく戦ったことのない選手や強い選手、組んでみたいと思う選手などを見つけて積極的に声がけをしていくことが大切。そして自分を紹介し、「自分と組んでほしい」とアピールすることが必要になる。

ペアを組めば同じ時間を過ごすことが増え、試合中はもちろん英語でコミュニケーションをとらなければならない。それと同時に、相手のテニスから学ぶことも多い。成長できる素晴らしい機会になるのだ。

日本チームの特性を生かす

チーム戦を戦うときは、チームメートがお互いのことを知る必要がある。そのためには一緒に生活をすることが大事。その点で言うと日本のシステムは非常に恵まれており、年間を通じて行っている合宿や海外遠征を通じて選手同士の関係性をしっかりと高めていくことができる。さらにコーチも選手たちのことをしっかり理解することができ、逆に選手もコーチのやり方がよくわかるようになる。一緒に生活することで見えてくるものがたくさんあるのだ。

自立心

大会へ出場するためにはエントリーが必要。ITF大会ならまずIPINに登録して、各大会へエントリー用紙を提出しなければならない。選手に「エントリーは終わった?」と聞くと、「親に聞いてみます」と返ってくることがあるが、世界のツアーを回るつもりならすべて自分でやるべきだ。最初だけは親に手伝ってもらってもいい。ただ、その次から自分でエントリーを済ませるのが当然のこと。すべて親任せにしているようでは、世界に挑戦する選手としての自覚がない。IPINを必要とする試合に出始める平均的な年齢は15~16歳くらい。その世代からは自分一人でできるようにしてもらいたい。

挨拶

日本人選手は海外に行くとどうも委縮して、消極的になりがちだ。英語が話せない場合はなおさらで、そうなると挨拶もせず、目も合わせなくなる。だが、これは実にもったいない。一度会った人は「また会うことになるかもしれない相手」であり、挨拶をしておけば次につながっていく可能性があるのだ。テニスがいくら強くても、挨拶ができない選手は応援されない。テニスのレベルに関係なく、選手同士の挨拶、選手のコーチへの挨拶、関係者への挨拶……。それらをしっかりとできる選手は印象に残り、顔も覚えてもらえて、応援されやすい。

また挨拶だけでなく、困っている

選手には手を差し伸べてほしい。例えば水を多めに持っているとき、水がなくて困っている選手がいたら分けてあげる。疲労困憊の選手が同じバスに乗ってきたら、快く席を譲ってあげる。強くて、挨拶ができて、困っている人を助けられる選手なら、誰もが応援したくなるだろう。そんなときに思わず目を伏せてしまうような選手にはなってほしくない。

親との距離感

日本代表のコーチは選手たちに厳しいことをさせるが、嫌なことや苦しいことを習慣づけることができれば、いずれそれが嫌でも苦でもなくなって、必ず力になると信じている。何か嫌な状況になったとき、また苦しいことを背負ったときに、それを乗り越える力がきっと生まれ、選手の心も強くしてくれるのだ。だから厳しいトレーニングの後、選手たちには「今やっていることがマイナスだと思うか？　自分の胸に聞いてみてほしい。マイナスだと思うならやらなくてもいい」と伝えている。

　こうした話については選手たちと直接やり取りをし、一方で彼らの両親とはほとんど話さない。親は自分の子どものことになると当然、熱が入る。そうなると、どうしても感情的な話し合いになってしまうからだ。そういう意味では、コーチは客観的に物事を捉えている存在とも言える。

試合中の心構え

「握手するまでわからない。最後までファイトしよう」

　選手たちによく言う言葉だが、これを実践できる選手はあまり多くない。しかし外国人選手、特に南米系の選手の勝利に対するエネルギーは凄まじいものがある。ときにはマナーの悪さに対して怒りを覚えることもあるが、主審へのアピールの仕方、ジャッジなど、勝利への駆け引きの部分に対するエネルギーの使い方は驚くほど。「何があっても最後に勝つのは俺だ」という執念を感じさせる。

　逆に日本人選手は大人しく、シュンとしやすく、駆け引きも下手。「何としてでも勝つ」というエネルギーはあまり感じられない。やられたらやられたまま、というシーンも何度もある。1ポイントにかける執念や心構えなどの部分では、日本人選手は南米系の選手を見て何かを感じ取ってほしい。

食事は残さずバランスよく

プロは体が資本であり、だからこ

そ食事は重要。ただ日本代表に選ばれる16歳以上のジュニアたちは、日本にいるときから食事についても十分にトレーニングされているので、基本的にバランスよく食べることを心がけているものだ。また勉強もしているので、例えば「アジア圏の遠征なら衛生面を考えて生野菜よりも温野菜を摂る」といった知識もある。だからコーチは「自分で頼んだものは責任を持って残さずに食べなさい」と伝えるくらいで済む。

とはいえ、海外遠征では使っていい金額が「一日いくらまで」と決まっている。選手たちはその範囲内で何とかしようとするため、食費をセーブしようとする。それは正しいようで、実は間違っている。必要な栄養を十分に摂らないということは、体が資本ということをまだわかっていないということになってしまうのだ。例えば、インドでの食事は簡単ではない。まず水に問題があるため、気を遣わなければならない。これは東南アジア系の国でも同じ。それでも食事をしないわけにはいかないので、自分なりに工夫してしっかりと栄養を摂らなければならない。「口に合わないから」といってまったく食べない選手もいるが、それでは「戦いに来たけど戦えない」と言っているようなもの。日本からインスタント食品を持っていく選手もいるが、それも工夫の一部とみなしている。

海外のチームから学ぶ

外国人選手、特に体の大きな選手と戦うと、日本人には絶対的に体力が足りないと感じさせられる。彼らに対抗するためにはやはり体力が必要で、動き続ける能力は生命線と言えるだろう。競り合いになったときに体力がないと動きが封じられ、できることが少なくなって簡単に勝敗がついてしまう。

海外のチームの練習を見ていると、例えばアルゼンチン代表チームは常にトレーナーを同行させ、選手たちは黙々と練習に打ち込んでいる。遅くまでコートで延々と打ち続けているのだが、その内容もものすごくエネルギーを感じさせるもので、短い時間で何度も水分補給が必要になるほど集中している。その横で軽くウォーミングアップをしているような選手では、おそらく生き残ってはいけないだろう。一方で日本を見てみると、軽く汗を流して適当にボールを打っている選手が何と多いことか。

ラリーで相手のボールがアウトになってもそこでプレーを止めるのではなく、アウトボールもしっかり相手コートに入れて返していく。それによってコートにボールを入れる能力の向上と、体力アップも目指しているのがアルゼンチン代表チーム。だからこそ、その横でエネルギー溢れる雰囲気を感じながら練習をするようにして、いろいろなことを学ばせている。

修造チャレンジの「みんなで守ルール」

「ルールを守る」ということはテニスだけに限ったことではありません。僕たちが生きていく上で、守らなければならないルールというのはたくさんあります。みんなも、家でのルール、学校でのルール、テニスクラブでのルールなど、たくさんのルールの中で生活していますよね。もちろん、ジュニア合宿でもルールがあります。これは特別なルールではなく、普段から心がけて行動してもらいたいものばかりです。①〜⑤の「守ルール」を徹底して、人としての基礎をつくってください。

守ルール①

あいさつをしよう!

大きな声で「おはようございます!」「こんにちは!」「よろしくお願いします!」、このような言葉は、言った自分も言われた相手も心が明るくなるよね。しっかりとしたあいさつで、心も体も元気でいこう!

守ルール②

みんなで助け合おう!

お互い力を貸し合う、いっしょに困難を乗り切ること。世界を目指しているみんなにとって、力を貸し合うことで目標に近づいていく。どんなときもみんなで助け合って乗り切ろう!

守ルール③

時間を守ろう!

自分が遅刻したことでチーム全員が試合に出られなくなってしまった、なんてこと、したくないよね。だったらいつもギリギリに行動するのではなく、少し余裕をもって行動するように心がけよう!

守ルール④

最後まであきらめない!

一所懸命やって、それであきらめるのなら仕方がない。だから、あきらめそうな気持ちが出てきたら「本当に全力を出し尽くしたのか?」と自分で心に聞いてみよう。キミの心は「まだあきらめない!」と答えてくれるはずだ!

守ルール⑤

「ありがとう」を言おう!

誰かに何かをしてもらったら、必ず「ありがとう」と言おう。「ありがとう」は相手にとっても自分にとっても心が前向きになる気持ちのいい言葉。みんなは家族から何かをしてもらうことが一番多いんじゃないかな? 今すぐご両親に「ありがとう」を言ってみよう!

夢を叶えた選手たち

現在は多くの日本人テニスプレーヤーが世界の最前線で戦えるようになってきました。そんな夢を叶えていった選手たちも、ジュニア時代から特別な才能を持っていたから成功できたわけではありません。

ジュニア合宿を通じ、彼らをジュニア年代から見てきて感じるのは、世界で活躍している日本人選手のほとんどが、周りから「無理だ」と思われるような困難を乗り越えているということです。幾度となく困難にぶつかりながら、必死に食らいつき夢を叶えようとしていること。無理だと思われても、圧倒的な成長で評価を一変させてきたこと。こだわりやスタイルを大きく変えてまで、壁を乗り越えていること。一流の選手にはみな、そういう経験があるのです。

例えばATPランキング自己最高48位を記録している西岡良仁選手は、ジュニアの時点では決して高い評価を得ていたわけではありません。正直に言えば、僕は当時、彼がこれほどの選手になることを想像できていませんでした。ジュニア時代の西岡選手は国内では良い成績を残していましたが、身長が低く、世界に出て体格が大きくてパワーのある選手と戦うとまったく通用しない、という壁にぶつかっていました。ただメンタルが非常に強く、こてんぱんにやられても「絶対に世界一になる!」と言って立ち向かっていける選手でした。誰もが「このままじゃ海外の選手に勝てないだろう」「プロとして戦うのは難しい」と感じるほど世界との差は存在していましたが、あきらめることはありませんでした。

そんな西岡選手が壁を乗り越えるために取り組んだのは、フィットネスと戦略面の強化。身長2mのビッグサーバーが相手でも「コート中を速く走り回ればいい。相手の倍の体力があれば対抗できる」と考え、誰よりもフィットネスの強化を積み重ねていました。そしていつの間にか、彼のフィットネスや動きの素早さは、他を寄せつけないほど圧倒的な武器となりました。さらに相手選手を徹底的に研究し、駆け引きを覚えたことで、新しいスタイルを確立させました。自分の得意なプレーを前面に押し出すテニスではなく、誰よりも粘り強く相手の弱点を突いていくテニスに変わり、小さくても大きな選手に対抗できるように変わっていったのです。それからの西岡選手は、周囲も驚くようなスピードで結果を残し続け、世界のトップへと上り詰めていきました。

また、ATPランキング自己最高60位の伊藤竜馬選手。ジュニア時代はとにかくケガが多く、12歳から手術なども繰り返して、満足にテニスができない状態が続いていました。僕やスタッフの評価も「根性は人一倍あるものの、飛び抜けた武器がなく平均的なテニスをする選手」。

そんな中、彼は入念な体のメンテナンス、ケガで動かせない部分以外のトレーニング、そしてイメージトレーニングに重点を置くようになり、国内で誰も寄せつけない圧倒的なパワーを身につけ、海外の大柄な選手とも渡り合えるテニスをすることで壁を乗り越えていったのです。

日本のトッププレーヤーたちは、こうして必死に食らいつきながら今のポジションをつかみ取ってきました。若いうちに思うようなテニスができなくても、現実と向き合い、原因を分析して努力を積み重ねていくこと。そうすることで、夢が叶う可能性は広がっていくのです。

世界へ羽ばたく

努力を重ねて“人生のチャンピオン”になれ！

これまで20年以上の活動の中で約200人以上のジュニア選手を指導してきました。全国各地から夢を持った才能のある選手が参加していますが、すべての選手がプロテニスプレーヤーになったわけではありません。

「もっと違う伝え方をすればよかったのかもしれない」

「もっとできることがあったのかもしれない」

僕らはいまだにそうやって後悔することが絶えません。参加する子どもたちはみな「世界で活躍するトップ選手になりたい！」という夢を持って合宿にやってきますが、その夢が叶わなかった選手がたくさんいるのが現実です。

では、夢が叶えられなかったらダメなのか。僕は、まったくもってそうは思いません。どの分野においても、必死に頑張っても夢が叶えられないこともあるでしょう。ただ、大切なのはその夢への向き合い方だと思うのです。

なぜなら、テニスというのは競技人口が1億人以上もいると言われる世界的なスポーツだからです。その中には恵まれた体格を持った選手、とてつもない身体能力を持った選手もゴロゴロいます。そんな選手たちが本気で頂点をねらって戦っているわけです。そういう厳しい現状を体感して知っているからこそ、夢が叶わなかった選手たちに対して「もっとできただろう！」「なんであきら

めてしまうんだ！」という想いを抱くことはありません。
小さい頃からずっとテニスを一所懸命に続けてきたのに、その夢をあきらめるというのは本当につらいことです。だからこそ、限界まで自分と向き合った上でその判断をした選手のことは誇りに感じます。テニスを通じて本当に自分のやりたいことを見つけ、テニスと同じように努力して新しい夢を叶えられる人間になれたのなら、それはもう大成功ではないかと思うのです。
たとえテニスプレーヤーになるという夢が叶わなくても、自分の限界まで努力できる人間になってほしい。それこそが〈修造チャレンジ〉の根底にある想いです。

何よりも大事なのは、夢が実現する可能性がどんなに小さくても、本気でやり切ることです。夢を叶えようと本気で向き合っていれば、目の前に何度も壁が現れます。それを打ち破るために何度も自分を変えていった先には、「できることはすべてやり切った」と思える瞬間がやってくるでしょう。

そして本気で夢と向き合った人間は必ず、人生を豊かにするための大きな力を得ることができる。それが新たな夢の実現において大きなアドバンテージとなり、キミたちは必ず〝人生のチャンピオン〟になれるのです。だから、決して失敗だと思う必要はありません。

テニスで学んだことを生かして次の夢にチャレンジする子どもたちを、僕はこれからもずっと応援し続けます。

修造チャレンジスタッフより

~20年以上の歴史を振り返る~

コーチ

櫻井準人 さくらい・はやと

日本テニス協会ナショナルチーム 男子ジュニアヘッドコーチ
同協会S級エリートコーチ
ワールドジュニア(14歳以下)男子代表監督

修造チャレンジの合宿の緊張感の中、選手やスタッフと多くの機会を通じて学び合い続けていることは大変貴重なことだと感じています。

3つの思い出を振り返ろうと思います。

1つ目は錦織圭との思い出。彼とは2001年6月の山梨県でのキャンプで初めて出会いました。今は亡き柏井正樹コーチから紹介され、その半年後には初めての海外遠征でオーストラリアに行きました。ボブ・ブレットの勧めで将来を見据えて違う大陸に出るということで、翌年はオーストラリア、ヨーロッパ、アメリカを回りました。13歳になる年に14歳の選手を相手にする。しかも12月生まれの錦織にとっては、発育面で大変不利でした。その中でも、負けても次の試合に備える姿勢、彼の考えるテニスが着実に育ったことがうれしかったです。02年夏のヨーロッパ遠征では4大会中、予選を勝ち上がったのは2大会とまずまずの内容。1年後のヨーロッパでパフォーマンスと気持ちの成長を見て、盛田ファンドでアメリカに行くには良いステップになったと思いました。

シングルスの試合ではクモが巣を作って罠を張るような戦略が面白く、ダブルスの競り合いの中では、普通では考えないようなショット選択、やり遂げる強さ、集中力などが群を抜いていました。あれから20年近く経っても世界の競争の中で生き残っている彼には、敬意を表します。

2つ目はワールドジュニア国別対抗戦に向けた育成です。08年から味の素ナショナルトレーニングセンターの専任コーチとなり、テニス協会では男子ジュニア育成に関わらせていただき、07年から国別対抗戦の14歳以下の監督を務めています。日本の小学生から中学生までに渡って、将来を見据えた育成&教育の時間です。年3~4回の修造チャレンジの間にNTC合宿を入れることで選手への課題を継続し、上達の過程を見ることができました。世界基準を念頭において取り組むことは、18歳以降の成長においても大きな違いを生みます。13年間でアジア予選を9回勝ち抜き、世界大会に出ることができました。この年代のジュニアは未完成の部分が多く、足りない部分をチームで助け合い、自己を成長させることが不可欠です。自分で限界をつくらずにチャレンジする姿勢は修造チャレンジの基本でもあり、その手助けをするのが私たちの役目。他のスタッフとも協力し合って乗り切ってきました。「鉄は熱いうちに打て」ということわざのように、将来のライバルに出会う機会はまさにこの年代だと思います。そしてここがゴールではないので、将来に向けて準備することが大切。乗り越えるべきハードルと真剣に向き合い続ける姿勢が大切なのだということを伝えるべき年代だと、強く思います。

３つ目はボブ・ブレットとの出会いです。00年から毎年1回は来日して、修造チャレンジで世界への道を示してくれました。17年から19年は日本テニス協会の男子ジュニア育成&強化アドバイザーとして、ジュニアから一般の選手まで、必要があれば助言をくれました。NTCでの合宿、海外遠征帯同、日本テニス協会U12地域合宿、ワンコイン合宿でも指導してくれました。選手だけでなく指導者に対しても、世界の雰囲気を感じさせてくれました。

日本の文化や歴史から来る固定観念を理解しつつ、世界を目指す上でマイナスになる部分は切り捨てるという選択も持つボブは、選手や指導者が自分から向かってくる積極的な姿勢を常に喜んでいました。世界で戦うには、自分から湧き出るエネルギーを継続させる動機が大切です。私が強く印象に残っているのは、「(他人との)違いは良いこと」と認識し、その違いを生かして個性を磨くことが大事だという話。コーチとしてはチームワークと個人のバランスをとるのが難しいのですが、答えを探すのではなく、常に生き残るための最善な方法を探す姿勢と、間違った際の修正の速さが大切なのです。その経験が将来目指す道を照らしてくれます。毎日休むことなく、現状に満足せず、常に上を向いて臨むのは厳しいことのようにも感じますが、それをやり続ける意思と乗り切るためのキャラクターが人生のチャンピオンになるひとつの方法なのだということを、ボブから学ばせてもらいました。

これからも人生のチャンピオンになる方法のひとつを、選手や指導者の皆様とぜひ共有していければと思います。

コーチ

岩本 功 いわもと・こう

日本テニス協会ナショナルチーム 男子ジュニアコーチ
同協会S級エリートコーチ
ジュニアデビスカップ（16歳以下）男子代表監督

1998年の修造チャレンジ初回からスタッフとなり、2003年から日本テニス協会のナショナルコーチに就任し、最初のうちは男女のITFジュニアの遠征、国内視察、04年から3年間はジュニアフェドカップの監督などを務めました。その頃はまだ海外遠征と成果が思うように噛み合っておらず、合宿でも縦の流れがうまく機能していなかったと思います。

もっとも大きな分岐点は櫻井さんが07年にナショナルコーチに就任し、ワールドジュニア男子の監督になって男子ジュニア全体の管理が行き届くようになったこと。翌08年にNTCが完成してミニ合宿を年10～12回、09～16年は年15～18回も行うことができました。17～19年はボブ・ブレットを招いて年28回の合宿を実施。また12歳から18歳以下までの選手たちを年齢別に分けるだけでなく、各年代での合同合宿も行い、各選手の大まかな年間スケジュールを作成して大会数や試合数、ランキングなど、現状の課題から今後の課題へと進めたことが大きかったと思います。その結果、幅広く選手たちの成果を見ることができ、修造チャレンジからジュニアの日本代表、グランドスラムジュニアまで、縦の流れをつくることができるようになりました。私は常に5年後、10年後を見据えて継続することが大事だと思っています。

ジュニアデビスカップのチーム編成についても、特にここ10年ほどは年3～4回の修造チャレンジを通して12～17歳までの選手たちを関わらせることができ、合宿や海外遠征にも行ってきました。その年のメンバーだけでなく1～2年後に可能性がある選手も交え、ITFランキング220位前後を目標に継続できたことは大きかったと思います。代表メンバーはわずか3人なので選考には苦労しましたが、チームのバランスを重視しました。そして合宿や海外遠征を含め、選手たちと少しでもたくさんの時間を過ごし、10～19年まで10年連続で世界大会出場。アジア・オセアニア予選では優勝4回、準優勝5回、3位1回とすべて上位を占めることができ、世界大会でも優勝2回、4強2回、5位3回、6位2回、9位1回という結果を残すことができました。これも修造チャレンジのスタッフとの連携、ボブ・ブレットとの共有、そして同スタッフでもある櫻井さんとの連携を続けてきた成果だと思います。

なお、海外遠征の話で言うと私はこれまでのやり方を変え、選手選考のときに必ず本人と会い、目を見て5つの約束事を伝えてきました。挨拶をすること、時間を守ること、夜には携帯電話を預かること、食事の好き嫌いをしないこと、自分に限界をつくらないこと。そして、これらができないのであれば辞退してほしい、と。この姿勢こそ、日の丸を背負って自分の夢や目標に向かっていくための大事なステップになると思っています。世界に出れば厳しい環境、荒波の中で生き残りをかけ、ときには思い通りに勝てない悔しさも経験しながら成長していかなければなりません。その中で16歳以下についてはＩＴＦポイント取得を目指し、16歳までにＩＴＦランキング200位前後を目指す。18歳以下では海外のタフな環境をメーンにしながらランキングをさらに上げ、年末のジュニア世界ランキングＴＯＰ10、グランドスラムジュニアのベスト8以上を2回、ＡＴＰランキング700位以上を目指していくのです。

目標をクリアできない年もありますが、昔とは違い今では海外の選手と対等に戦える日本人選手が育ってきていると思います。また、かつて修造チャレンジで学んでいた現プロの選手たちから、ＮＴＣやデ杯の会場でのヒッティングに入れてもらえたり、グランドスラムの会場で錦織圭選手にヒッティングパートナーとして指名してもらえたりと、ジュニアたちに良い経験ができる形もつくれていると思います。これまで積み上げてきたことから得られたその素晴らしい環境を生かして、今後も世界で戦えるエネルギーのある選手を育てていきたいと思っています。

フィジカル

佐藤雅弘

さとう・まさひろ

JAMプランニング代表兼コンディショニングディレクター
日本オリンピック委員会強化スタッフ（医・科学スタッフ）
ミズノブランドアンバサダー（アドバイザー）

1998年9月の修造チャレンジのスタートからフィットネスを担当してきました。

私自身はもともと陸上競技の棒高跳びを経験していたので、日々のフィジカル・トレーニングの継続は当たり前のことでしたが、大学時代にトレーニングコーチとして民間のテニスクラブの指導に行った際、ジュニアたちのウォーミングアップが簡潔に済まされているという状況を見ていました。彼らが「トレーニング＝キツいだけで試合の勝敗には関係なくて面白くないもの」という雰囲気を醸し出していたのを覚えています。そこで指導にあたっては、昔も今もまず意識改革からスタートするようにしてきました。いわゆるコーディネーション系の種目にチームで協力して競い合う要素を取り入れ、キツいけれども楽しい、そしてテニスのパフォーマンス向上のみならず、スポーツ障害の予防にも効果的だということに気づけるような内容でプログラミングしてきました。

修造チャレンジのスタートにあたり、私がフィジカル面で最初に取り組んだのは、トレーニングの面白さ・楽しさを伝えていくことはもちろん、真のアスリートづくりを目標として障害予防とテニスパフォーマンス向上のためのウォーミングアップとクーリングダウンのプロセス指導をすること。そして、トレーニングの基本を徹底的にマスターさせることでした。

具体的には正しい姿勢づくりからの強化種目と、参加するジュニアの運動能力を把握するためのフィールドテストを実施。またウォーミングアップについては、テニスの競技特性を理解した上でさまざまな身体動作を加味した「テニス体操」を考案し、そこから身体機能をアップさせる流れを理解させるようにしました。さらにウォーミングアップの成功と失敗の評価基準を明確にするため、心拍数や運動強度なども用いながらスポーツ科学の理論もわかりやすく指導してきました。

　そして、フィジカル強化の基本を「正しい姿勢づくり」としました。正しい姿勢こそが、それぞれの種目を行う際のフォームやテニスの打球パフォーマンスに直結してくるからです。さらに体力の土台となるのは各年代や個々における筋力とスタミナであり、同じ種目でも個人のレベルに合った方法で実施しなければならないという点にも気をつけてきました。

いきなり完成形を実施するのは体への負担も大きく、強化するためのトレーニングが逆に障害へつながってしまうケースもあります。それを踏まえ、まずは「静」での基本フォームづくり。その後、「動」の動きづくりに移行していくことが最善だと考えて指導してきました。

　実際、合宿に年に何度か参加できているジュニアたちを観察すると、前回に指摘された課題をしっかりクリアする人とそうでない人に分かれるようです。ジュニア期においては、特にフィジカル・トレーニングをしなくてもフィットネステストの数値は向上しますが、それは成長過程の形態変化によるもの。指摘された課題に対して、日常から強い意志と高いモティベーションを持って継続的にトレーニングをすること。それがフィットネスの強化に結びついていくことは間違いありません。

　最近のジュニアの育成強化の現場を見て感じるのは、選手がケガをした際の回復から復帰までのプロセスについて、保護者も含めた現場のスタッフ間での情報共有があまりされていないということ。競技レベルを向上させ、世界に挑むためには、さまざまな難題を乗り越えなければなりません。そのためにも各専門分野のスタッフが一丸となり、「情報の共有化」をすることが重要なカギではないかと考えています。

　テニスは個人競技でありながら、チームで活動していかなければならないスポーツです。そう考えるとやはりスタッフ間での「情報共有」と、現場で活動する同じ分野の専門家の間での「ネットワークの構築」「研鑽の場を設けていくこと」が必要不可欠。そんな現状ともしっかり向き合いながら、これからも指導をしていきたいと思っています。

ボディケア

山下且義

やました・かつよし

治療院「コンディショニング ヤマシタ」院長
日本スポーツ協会公認スポーツ指導者・アスレティックトレーナー
はり師・きゅう師・あん摩マッサージ指圧師

私はスポーツメーカーの専属アスレティックトレーナーとして10年ほど勤務し、いろいろなスポーツに携わりました。その後、テニス専門の会社に所属し、１９９９年より修造チャレンジのケアトレーナーとしてジュニア育成に携わるようになりました。

ケアトレーナーは主にケガ予防のアドバイス、ケガをしたときの対応、アライメントのチェック&改善の補強運動アドバイスなどを行います。

私は松岡修造氏の現役時代にケアトレーナーとして同行させていただいていたので、彼が修造チャレンジで何を求めているのか、理解することは難しくありません。そのビジョンを基本として、さまざまな取り組みをしてきました。

修造チャレンジ初期のジュニアたちは体のケアの知識がほとんどありませんでした。アイシングやテーピングを行ったことがない人も多く、テーピングであれば固く巻きすぎて血流が悪くなったり、逆に緩すぎて逆効果だったり、練習後もテーピングを外さずに一晩過ごして患部を悪化させたりしていました。アイシングもほとんどの人が氷のうなどのアイテムを持っておらず、最初から最後までフォローが必要な状態でした。

しかし、今ではジュニアたちの間でもケアの知識が浸透し、以前のように私がすべてを手伝うことは少なくなってきました。突発的なケガはできる限りのフォローをしますが、予防的なケアはなるべく自分で心がけてもらう。そうすることによって彼らは以前よりも自分で状況を判断し、正しい行動を選択できるようになってきたと感じています。

　そしてケアの分野で一番変わったのは、アライメント（骨格や筋肉の形態）の部分だと思います。合宿では選手たちのアライメントを毎回チェックし、いろいろなアドバイスをします。初期の頃はほとんどの選手に大きな歪みが出ており、頭のポジションや筋肉の左右差、背中の歪み、足の形状の左右差など全身のバランスがバラバラで、まっすぐ立てないジュニアもいました。前屈や後屈が十分にできず、柔軟性に欠けているジュニアも多かったです。

　アライメントが歪んでいると、激しい動きをすればするほど体の細部に渡って負担が大きくかかり、違和感や痛みが出やすくなってしまいます。そのため、合宿の終盤になると私がケアをしなければならないケースもよくありました。錦織圭選手もその一人で、小学生時代には何度も練習を中断してケアをしながら、最後まであきらめずに頑張っていたのを覚えています。

　今ではホームコートでもバランスを整える補強運動やバランスのよいトレーニングを行っているので、以前のように酷い歪みを抱えているジュニア選手は少なくなってきました。これはテニスやトレーニング、ケガ予防やケアの情報を密に収集できていて、ホームコーチやホームトレーナー、保護者の方々が子どもたちを励ましながら導いて継続してくださっているおかげなのだと思います。この場を借りて、感謝を申し上げます。そして、選手たちの努力も重なってジュニアのアライメントは確実に整い、以前と比べると体力までもが格段に優れてきているように思います。精神面もまったく同じことが言えると思いますし、すべてにおいてとても素晴らしい結果が出ていると感じています。

　これまで修造チャレンジのスタッフとしてジュニア育成に携わらせていただき、さまざまなことを体験して勉強させていただきました。松岡修造氏、ボブ・ブレットコーチ、各専門分野のスタッフのみなさまと人生の約半分を一緒に活動できた経験、そして個性あるジュニア、他にもたくさんの方々との出会いや関わりは、私にとって人生の宝です。今後も今までの経験を生かし、今まで以上の〝気づき〟で、一丸となってジュニアたちの人間力の成長の後押しをしていけたらと思っています。

メンタル

佐藤雅幸

さとう・まさゆき
専修大学教授（スポーツ心理学）
同大学スポーツ研究所顧問
同大学女子テニス部顧問

1999年4月、研究室に一本の電話が鳴り響きました。

「相談に乗っていただけませんか！」

声の主は松岡修造君でした。内容は「グランドスラムで活躍できる日本人男子選手を育成していきたい。これは日本のテニス界だけでなく僕自身のチャレンジでもあります。ぜひともメンタルサポートの分野で力を貸していただきたい」。その夜、「グランドスラムで活躍できる日本人男子選手の育成＝無理」という言葉が何度も浮かんで眠れなくなったのを覚えています。

彼は自身がプロテニス選手として過酷なツアーを転戦する中で、心技体のすべてがタフでなければ目標の達成はあり得ないということに気づいたと話していました。そして修造チャレンジの選手育成システムを構築する中で、選手だけでなく指導者に対するメンタルサポートも含めてお願いされたことを思い出します。

あれから20年以上も修造チャレンジに関わってきて強く感じているのは、心理サポート実施の初期段階では、選手だけでなくホームコーチおよびチームスタッフとの信頼関係の構築が重要だということです。また成長段階における指導については、14歳までは選手の「学ぶ能力」を育てるために「物の考え方・見方・感じ方」「行動」に自ら気づくことができるように促し、16歳以降はそれらを土台として「決断」「覚悟」を持ってチャレンジさせていくことが大切だと考えています。

そして、メンタル・トレーニングというのは問題が即時に解決する特効薬ではなく、あくまでも段階的にトレーニングしていくことで効果が得られるものだということ。さらに、パフォーマンスを向上させるためには心理スキルの習得だけでなく、人間的な成長や気づきを促すことが重要だと強調し、メンタルタフネス・トレーニングの本質を再認識することの大切さを教えてくれたジム・レーヤー博士からの教えも大切にしています。

ボブ・ブレット氏は修造チャレンジの活動について、世界に通じるテニス選手を育てるための重要な組織だと高く評価していました。世界レベルのテニス選手を育成するためには、試合でも練習でも競い合いの場を提供すること。競争相手として相応しいレベルの選手の存在（ライバル）が不可欠であり、チーム内では火花が散り、対外試合になると強力な味方となる。ダブルスにおいてはパートナーのミスを補い、お互いに励まし合いながら協力して勝利を目指すことで、心理的にも成長すると述べていました。

世界で通用する選手を育てるためには、修造チャレンジでの経験がとても大切なのです。

これまで修造チャレンジから多くの選手が巣立っていきましたが、世界に出てATPツアーで活躍している選手もいれば、残念ながらテニス選手としては自分の夢にたどり着かなかった選手もたくさんいます。しかしあのとき、あの日に合宿に参加したジュニアたちは、誰もが本気で、真剣で、そして一所懸命でした。世界に行けなかったあのときのジュニアたちは失敗したのか。私はそうは思いません。世界を目指し、一所懸命にチャレンジすること、自分のすべてを出し切る体験をしたことが財産となっているのであれば、成功だと思います。

最近も、修造チャレンジの卒業生から「僕はテニスでは世界レベルで活躍することができなかったですが、今は○○の世界で頑張っています。あのときは本当に苦しかったけど、今は○○という目標に向かって必死に頑張っています」と言われました。あのとき、あれだけ真剣にチャレンジできた彼なら、きっとやれると私は信じています。「人間万事塞翁が馬」という言葉のごとく――。

メンタル

田中伸明 たなか・のぶあき
明治大学文学部専任教授
日本スポーツ心理学公認 スポーツメンタルトレーニング上級指導士
日本オリンピック委員会強化スタッフ（医・科学スタッフ）

私が初めてグランドスラムの大会を見たのは2005年のオーストラリアン・オープン。00年3月から修造チャレンジに関わるようになり、目指すべき世界をしっかり知るために見に行ったわけです。このときに私が感じたのは「合宿で実施していることをやり切ることができればTOP100、絶対に行けるじゃん」。この瞬間の感覚は今でもよく覚えています。

合宿の良さを私なりに考えると、小さいうちから参加することで「一緒に練習をする仲間」になることができ、「アイツがやれるなら俺もやれる」と切磋琢磨する環境がつくれていること。それが今の日本男子のテニス界の状況をつくっているのではないかと思います。

そんな合宿で大切にしてきたものはいったい何か。まずは主宰である松岡修造氏の代名詞でもある「熱」だと思います。これは色や形、出力量の違いこそあれ、他のスタッフも同様でしょう。彼の恩師であるボブ・ブレット氏の「教える」ということに対する「情熱」や「真摯な態度」が、私たちをそうさせたのかもしれません。

そんなボブの教えで印象的なのは、世界のトップ選手を指導できる人物でありながら、対象がジュニアであろうとも基本を非常に大切にしているということです。基礎的なことを練習するというのは、選手からすれば非常に退屈でもあると思います。しかしボブは、それができていなければ世界には到達できないということを明確にわかっていました。技術、フィットネス、ボディケア、メンタルだけでなく日常生活、感謝、挨拶……。あらゆる要素において、「熱」

と「基本・基礎」を土台にしていた印象があります。

そして、このような土台に対してジュニアたちは「言われたからやっているだけ」なのか、それとも「本当に必要なことを理解してやっている」のか。これが大きなポイントになっていると思います。

合宿に関わる時間が長くなるにつれて、強くなるために必要なことはいわゆる〝メンタル〟以前の問題なのではないかという想いが高まっていきました。「メンタルが弱い」「メンタルに問題がある」という選手は多いですが、あまりにもメンタルにフォーカスしすぎると、本来やるべきこと、やらなければいけないことに目が向かなくなってしまう危険もあります。

特に私はメンタル面を担当し、合宿では毎回必ずメンタルテストを実施してきましたが、これもあくまでもひとつの目安。その先、長く続くであろう競技人生を考えると、合宿で生活をともにするということがより大切であり、その中でテストの結果などを参考にしながら、私たち大人がサポートしていくことが大事なのだと思っています。

昨今、日本のスポーツ界は世界で活躍できるようになってきました。その理由のひとつとして、ナショナルトレーニングセンターが整備され、やるべきトレーニングをできるようになってきたことは大きいと思います。やるべきことをできているのかどうか。これが大事だということを理解させるのが、メンタル面の基本中の基本だと思っています。

ちなみにメンタルテストは低年齢で初めて行う場合、回答が難しい部分もあります。ただ「面倒だ」「意味がわからない」という場面にぶつかったとき、それでも何とか回答しようとする子もいれば、集中を切らしてしまう子もいます。これは、困難が向かってきたときに立ち向かっていくのか、それとも逃げてしまうのか、その第一歩を感じられる瞬間でもあります。困難とどう向き合うか。そこが大事になると思います。

この20年以上を振り返ると、一般社会でもリーマンショックや東日本大震災などがあり、それらはことごとくスポーツ界にも影を落としてきましたが、不死鳥のごとく、スポーツ界は乗り越えてきました。2021年3月の今なお、COVID-19によりスポーツ界は大変困難な状況になっています。しかし、このような状況もスポーツは不滅であり、必ずや乗り越えていくものだと私は信じています。合宿に参加した選手たちもまた、困難を乗り越える強さを持つことができているはず。これからも、修造チャレンジに参加した選手たちが輝きを放ってくれると信じています。

I believe!

2001				
2月	6月①	6月②	11月〈前半〉	11月〈後半〉
17歳以下	14歳以下	18歳以下	14歳以下	17歳以下
平田敏規	門司英輔	和田太一	天野真廣	中川優介
中川優介	牛田敦之	平田敏規	門司英輔	羽石　祐
中原健一郎	岡田　真	中川優介	牛田敦之	石井大裕
羽石　祐	岡田遼介	羽石　祐	浅利悠生	鳥屋智大
鳥屋智大	藤井貴信	石井大裕	岡田遼介	成瀬廣亮
石井大裕	竹内研人	鳥屋智大	藤井貴信	中原健一郎
成瀬廣亮	竹内優志	成瀬廣亮	竹内研人	宇井　啓
宇井　啓	酒井正利	石岡孝浩	竹内優志	
宮腰洋人	海野健太	狩谷大樹	小野加寿也	
狩谷大樹	小ノ澤新		小ノ澤新	
	会田　翔		富田玄輝	
	藤井信太		藤井信太	
	熊谷宗敏		喜多文明	
	喜多文明		錦織　圭	
	錦織　圭		松尾友貴	
	松尾友貴			

2000		
3月	7月	12月
16歳以下	16歳以下	18歳以下
平田敏規	岩橋祐介	近藤大生
岩橋祐介	平田敏規	和田太一
羽石　祐	羽石　祐	小川敦央
熊田浩也	石井大裕	平田敏規
石井大裕	鳥屋智大	添田　豪
鳥屋智大	宇井　啓	羽石　祐
中原健一郎	野口敏裕	石井大裕
宇井　啓	狩谷大樹	鳥屋智大
宮腰洋人	宮腰洋人	中原健一郎
狩谷大樹		山本英智
		宮腰洋人
		狩谷大樹

1999
10月
15歳以下
小川敦央
岩橋祐介
熊田浩也
羽石　祐
鳥屋智大
石井大裕
中原健一郎
宇井　啓
宮腰洋人
山本英智
野口敏裕
ロンギ武和
佐藤直也
林　雄也

1998
9月
14歳以下
杉村拓三
丹野瑞木
米沢　翔
渡辺　準
岩橋祐介
小川敦夫
坪田泰幸
西改拓人
富田真吉
羽石　祐
熊田浩也
宮腰洋人
宇井　啓
和田太一
山本英智
中川優介

2003			
3月	4月	11月〈前半〉	11月〈後半〉
15歳以下	15歳以下	14歳以下	16歳以下
竹内研人	藤井貴信	大野貴央	藤井貴信
小野加寿也	竹内研人	伊藤　潤	小ノ澤新
小ノ澤新	小野加寿也	飯野翔太	鵜沢周平
会田　翔	小ノ澤新	ロンギ正幸	熊谷宗敏
富田玄輝	会田　翔	渡辺輝史	
鵜沢周平	富田玄輝	只木信彰	
藤井信太	鵜沢周平	関口周一	
喜多文明	喜多文明	内山靖崇	
錦織　圭	錦織　圭	三橋　淳	
ロンギ正幸	ロンギ正幸		
松尾友貴	松尾友貴		

2002				
3月①	3月②	4月	11月〈前半〉	11月〈後半〉
18歳以下	15歳以下	15歳以下	18歳以下	15歳以下
中川優介	門司英輔	浅利悠生	中川優介	藤井貴信
羽石　祐	牛田敦之	藤井貴信	石井大裕	竹内研人
石井大裕	浅利悠生	竹内研人	成瀬廣亮	小野加寿也
鳥屋智大	藤井貴信	小野加寿也	石岡孝浩	小ノ澤新
成瀬廣亮	竹内研人	小ノ澤新	井藤祐一	会田　翔
天野真廣	竹内優志	伊藤竜馬	天野真廣	富田玄輝
	小野加寿也	富田玄輝		鵜沢周平
	小ノ澤新	藤井信太		喜多文明
	富田玄輝	喜多文明		錦織　圭
	藤井信太	錦織　圭		
	喜多文明	松尾友貴		
	錦織　圭			
	松尾友貴			

2006			
3月①	3月②	4月	11月
12歳以下	12歳以下	16歳以下	16歳以下
薮中利直	高田航輝	守屋宏紀	ロンギ正幸
若松健太郎	古田海人	廣田耕作	守屋宏紀
村田捷樹	和久井亮平	片谷祥吾	松尾友貴
村上　幹	西岡良仁	江原弘泰	渡辺輝史
小林浩貴	大長俊貴	遠藤　豪	廣田耕作
伊藤大輝	河内一真	喜多元明	関口周一
斉藤貴史	森　彩人	本藤　優	鈴木　昴
諱　五貴	奥田　悠	綿貫敬介	江原弘泰
村松勇紀	高木　智	奥田　悠	斉藤　秀
小堀良太	増尾怜央楠	村松勇紀	喜多元明
塚越雄人	井上哲平	斉藤貴史	本藤　優
中野佑汰	梶下怜紀	松浦優太	綿貫敬介
松浦優太	荒川祐太		松崎勇太郎
槙翔太郎	山崎銀次郎		
田口洋介	村上彰啓		
細田　凱	井上敬博		
坂西祐弥	成松智希		
中澤祐也	吉開健太		
飯島啓斗	福井康介		
三好健太	近藤雄亮		

2005	
2月	4月
17歳以下	16歳以下
藤井貴信	鈴木俊哉
竹内研人	ロンギ正幸
杉田祐一	大野貴央
鈴木俊哉	飯野翔太
松尾友貴	松尾友貴
関口周一	関口周一
鈴木　昴	鈴木　昴
内山靖崇	内山靖崇
10月〈前半〉	10月〈後半〉
18歳以下	15歳以下
会田　翔	守屋宏紀
杉田祐一	廣田耕作
富田玄輝	江原弘泰
三橋　淳	片谷祥吾
渡辺輝史	斉藤　秀
関口周一	本藤　優
鈴木　昴	綿貫敬介

2004		
3月	4月	11月
14歳以下	14歳以下	17歳以下
鈴木俊哉	鈴木俊哉	藤井貴信
大野貴央	大野貴央	竹内研人
伊藤　潤	三橋　淳	会田　翔
ロンギ正幸	伊藤　潤	杉田祐一
渡辺輝史	飯野翔太	三橋　淳
只木信彰	井上悠冴	鈴木俊哉
関口周一	ロンギ正幸	飯野翔太
鈴木　昴	渡辺輝史	ロンギ正幸
内山靖崇	松尾友貴	松尾友貴
井上悠冴	只木信彰	関口周一
松尾友貴	関口周一	鈴木　昴
飯野翔太	鈴木　昴	内山靖崇
	内山靖崇	

修造チャレンジ・
トップジュニアキャンプ

参加者リスト 1998-2019

2008

3月	4月	10月〈前半〉	10月〈後半〉
14歳以下	14歳以下	14歳以下	15歳以下
高田航輝	高田航輝	吉田元樹	高田航輝
山崎銀次郎	山崎銀次郎	鳴海碧理	守谷総一郎
松浦優太	松浦優太	斉藤貴史	松浦優太
梶下怜紀	梶下怜紀	西岡良仁	河内一真
河内一真	河内一真	沼尻啓介	増尾怜央楠
増尾怜央楠	増尾怜央楠	大西　賢	後藤翔太郎
遠藤　実	遠藤　実	井上　晴	内田海智
小堀良太	小堀良太	松村亮太朗	
後藤翔太郎	後藤翔太郎	中川直樹	
吉田元樹	吉田元樹	畠山成冴	
鳴海碧理	鳴海碧理	柴田優貴	
斉藤貴史	斉藤貴史	高橋悠介	
西岡良仁	西岡良仁		
矢多弘樹	矢多弘樹		
沼尻啓介	沼尻啓介		
井上　晴	井上　晴		

2007

5月	9月	11月〈前半〉	11月〈後半〉
17歳以下	14歳以下	14歳以下	17歳以下
守屋宏紀	高田航輝	高田航輝	守屋宏紀
松尾友貴	山崎銀次郎	山崎銀次郎	松尾友貴
廣田耕作	松浦優太	松浦優太	関口周一
渡辺輝史	守谷総一郎	守谷総一郎	江原弘泰
江原弘泰	梶下怜紀	梶下怜紀	斉藤　秀
斉藤　秀	河内一真	河内一真	喜多元明
喜多元明	増尾怜央楠	増尾怜央楠	蜂谷翔希
本藤　優	奥田　悠	遠藤　実	中川　航
綿貫敬介	槙翔太郎	小堀良太	綿貫敬介
	小堀良太	吉田元樹	
	吉田元樹	鳴海碧理	
	鳴海碧理	斉藤貴史	
	斉藤貴史	西岡良仁	
	西岡良仁	沼尻啓介	
	笹月佑哉	大西　賢	
	矢多弘樹	井上　晴	
	沼尻啓介		
	大西　賢		
	井上　晴		

2010

3月	6月
14歳以下	16歳以下
大西　賢	守谷総一郎
恒松拓未	河内一真
松谷俊希	内田海智
伊藤雄哉	後藤翔太郎
畠山成冴	斉藤貴史
山佐　輝	西岡良仁
逸﨑凱人	沼尻啓介
野内健之助	大西　賢
山﨑純平	恒松拓未
加藤大貴	山﨑純平
渋谷　仁	
福田創楽	
加藤彰馬	
高橋悠介	

9月〈前半〉	9月〈後半〉
14歳以下	16歳以下
大島立暉	恒松拓未
山中恭兵	大西　賢
白藤　成	斉藤貴史
工藤颯人	守谷総一郎
宮本大勢	河内一真
綿貫陽介	内田海智
住澤大輔	村松勇紀
徳田廉大	
久保田誠彬	
山﨑純平	
加藤彰馬	
山佐　輝	
栗田健太	
林　大貴	

2009

3月	9月
16歳以下	12歳以下
河内一真	山﨑純平
増尾怜央楠	高橋悠介
内田海智	加藤彰馬
吉田元樹	山佐　輝
鳴海碧理	畠山成冴
斉藤貴史	伊藤雄哉
西岡良仁	逸﨑凱人
沼尻啓介	渋谷　仁
大西　賢	望月勇希
松村亮太朗	徳田廉大
中川直樹	福田創楽
畠山成冴	野内健之介
高橋悠介	高木　修
山﨑純平	加藤大貴
	堀　泰也
	大島立暉

11月〈前半〉	11月〈後半〉
12歳以下	16歳以下
山佐　輝	守谷総一郎
伊藤雄哉	河内一真
畠山成冴	増尾怜央楠
逸﨑凱人	内田海智
加藤大貴	斉藤貴史
渋谷　仁	西岡良仁
高橋悠介	沼尻啓介
加藤彰馬	大西　賢
野内健之助	山﨑純平
福田創楽	
David Volfson	

2011

3月	6月	11月
14歳以下	17歳以下	14歳以下
大島立暉	大島立暉	田中優之介
山中恭兵	徳田廉大	堀江　亨
工藤颯人	山﨑純平	田形諒平
宮本大勢	高橋悠介	白井淳也
綿貫陽介	加藤彰馬	藤本達朗
住澤大輔	山佐　輝	米田利玖
徳田廉大	大西　賢	住澤大輔
堀　泰也	恒松拓未	大島立暉
福田創楽	沼尻啓介	工藤颯人
山﨑純平	斉藤貴史	宮本大勢
高橋悠介	河内一真	綿貫陽介
加藤彰馬	内田海智	徳田廉大
山佐　輝		山﨑純平
林　大貴		高橋悠介
恒松拓未		加藤彰馬
大西　賢		福田創楽
		畠山成冴

2012

3月	6月	9月〈前半〉	9月〈後半〉
16歳以下	14歳以下	14歳以下	18歳以下
田島尚樹	徳田廉大	住澤大輔	河内一真
田形諒平	高村佑樹	田中優之介	沼尻啓介
白井淳也	安上昂志	堀江　亨	大西　賢
藤本達朗	正林知大	田形諒平	高橋悠介
米田利玖	大島立暉	伊達佳祐	福田創楽
田中優之介	渡辺裕輝	白井淳也	加藤彰馬
住澤大輔	千頭昇平	木本涼介	徳田廉大
白藤　成	工藤颯人	青木一真	安上昂志
大島立暉	宮本大勢	田島尚樹	畠山成冴
宮本大勢	住澤大輔	星木　昇	綿貫陽介
綿貫陽介	田中優之介	山岸勇貴	白藤　成
正林知大	堀江　亨	森田翔一朗	正林知大
徳田廉大	田形諒平	市川泰誠	渡辺裕輝
加藤彰馬	木本涼介	松下龍馬	千頭昇平
福田創楽	青木一真	河野甲斐	工藤颯人
畠山成冴	星木　昇	丹下将大	
	山岸勇貴	貫井健司	
		伊藤竹秋	

2013

3月	6月	9月	11月
14歳以下	16歳以下	16歳以下	12歳以下
住澤大輔	山﨑純平	山﨑純平	松下龍馬
田中優之介	福田創楽	高橋悠介	横田大夢
堀江　亨	徳田廉大	福田創楽	齋藤惠佑
田形諒平	安上昂志	徳田廉大	吉野郁哉
伊達佳祐	綿貫陽介	綿貫陽介	福永公平
白井淳也	千頭昇平	千頭昇平	三宅悠介
木本涼介	高村佑樹	宮本大勢	丸山隼弥
青木一真	田中優之介	田中優之介	坂川広樹
田島尚輝	青木一真	住澤大輔	池田朋弥
星木　昇	白石　光	堀江　亨	赤西大樹
山岸勇貴	河野甲斐	星木　昇	田中瑛大
市川泰誠		青木一真	平野太陽
河野甲斐		河野甲斐	小坂祐生
丹下将太		白石　光	築山柊哉
貫井健司		田島尚輝	宮脇大志
伊藤竹秋		松下龍馬	小林拓夢
白石　光		横田大夢	小柴遼太郎
松下龍馬		齋藤惠佑	稲田幸一郎
		吉野郁哉	藤川侑志郎

2014

3月	6月	9月〈前半〉	9月〈後半〉
14歳以下	12歳以下	12歳以下	17歳以下
星木　昇	藤川侑志郎	藤川侑志郎	山﨑純平
伊藤竹秋	七尾岳俊	南　成星	高橋悠介
青木一真	南　成星	飯泉　涼	徳田廉大
河野甲斐	間仲　啓	間仲　啓	千頭昇平
白石　光	飯泉　涼	木原啓汰	大島立暉
市川泰誠	木原啓汰	鈴木久統	田中優之介
田島尚輝	鈴木久統	木村優希	堀江　亨
松下龍馬	木村優希	望月慎太郎	田島尚輝
横田大夢	柴崎充志	三井駿介	白石　光
齋藤惠佑	松尾滉哉	高木　凌	松下龍馬
坂川広樹	三井駿介	中留諒太	横田大夢
田中瑛大	高木　凌	稲田幸一郎	齋藤惠佑
平野太陽	豊島彰人	金田諒大	吉野郁哉
小坂祐生	木本達也	中村　元	池田朋弥
小柴遼太郎	磯村　志	松尾滉哉	吉村大生
藤川侑志郎	中村　元		
	稲田幸一郎		
	金田諒大		

2015

3月	6月	9月
14歳以下	12歳以下	17歳以下
松下龍馬	下天摩輝	千頭昇平
横田大夢	菅谷優作	田中優之介
齋藤惠佑	田中　佑	堀江　亨
吉野郁哉	山田倫人朗	清水悠太
池田朋弥	望月慎太郎	白石　光
築山柊哉	上野山大洋	トゥロター ジェームズ
平野太陽	細川暖生	田島尚輝
坂川広樹	飯田康介	河野甲斐
吉村大生	中村健太	市川泰誠
小柴遼太郎	井上玄意	松下龍馬
藤川侑志郎	南　颯汰	横田大夢
南　成星	ジョーンズ怜音	齋藤惠佑
飯泉　涼	末岡大和	吉野郁哉
三井駿介	新出悠月	池田朋弥
鈴木久統	磯村　志	小柴遼太郎
金田諒大	塚原歩己	三井駿介
望月慎太郎	大島　望	間仲　啓
	金田諒大	金田諒大
		末岡大和
		有本　響
		井上玄意
		ジョーンズ 怜音
		中村健太

2017		
3月	6月	9月
14歳以下	12歳以下	17歳以下
末岡大和	宿田凛太郎	市川泰誠
有本　響	小柳遥人	田島尚輝
井上玄意	小堤康太郎	齋藤惠佑
山田倫太朗	中島　暁	池田朋弥
磯村　志	松岡　隼	山中太陽
菅谷優作	金田晴輝	石井涼太
細川暖生	石川晄大	三井駿介
水口翔瑛	坂本健英	間仲　啓
川口敦史	海野優輝	末岡大和
三好健太	眞田将吾	有本　響
中村健太	渡邉拓己	磯村　志
森田皐介	若松泰地	森田皐介
松村康太郎	間野由大	ジョーンズ怜音
平川朝陽	武方駿哉	中島　暁
中島　暁	前田　優	前田　優
前田　優	武藤守生	眞田将吾
	花田海翔	大岐優斗
	大岐優斗	松岡　隼
		坂本健英

2016			
3月	6月	9月〈前半〉	9月〈後半〉
14歳以下	12歳以下	14歳以下	18歳以下
三井駿介	松田　空	末岡大和	堀江　亨
小柴遼太郎	佐藤駿弥	有本　響	清水悠太
飯泉　涼	中島　暁	井上玄意	トゥロター ジェームズ
高木　凌	栗原颯友	山田倫太朗	市川泰誠
太田佳人	森田皐介	菅谷優作	齋藤惠佑
石井涼太	清水勇至	細川暖生	吉野郁哉
磯村　志	細川暖生	水口翔瑛	池田朋弥
金田諒大	中村健太	川口敦史	小柴遼太郎
末岡大和	三好健太	三好健太	三井駿介
有本　響	山内日斗	中村健太	間仲　啓
井上玄意	ジョーンズ怜音	森田皐介	石井涼太
菅谷優作	水口翔瑛	松村康太郎	竹田　耀
細川暖生	原﨑朝陽	平川朝陽	
ジョーンズ怜音	角　陽太	ジョーンズ怜音	
中村健太	藤田真叶	中島　暁	
	川口敦史	前田　優	
	前田　優		
	伊藤俊太朗		

2019			
3月	4月	6月	9月
14歳以下	12歳以下	12歳以下	16歳以下
眞田将吾	小堤慶太	古田　仁	森田皐介
中島　暁	石川　楓	三宅道之介	ジョーンズ怜音
前田　優	田畑　遼	山口雄大	眞田将吾
坂本健英	山本悠太	吉田貴史	中島　暁
松岡　隼	日野　煌	新実剛生	松岡　隼
坂本日色	菅　功志	松村　怜	山本夏生
山本夏生	天谷俊介	鈴木琉斗	服部伶矢
服部伶矢	宮岸亮太朗	筏　優介	原﨑朝陽
小柳遥人	横堀陽太郎	永田　瞬	本田尚也
本田尚也	神山宏正	永嶋　煌	宮里琉星
前田透空	櫻井　成	高橋廉汰朗	坂本　怜
富田悠太	高橋　光	岩井　惺	若松泰地
若松泰地	安藤雄哉	中島璃人	神山宏正
宮里琉星	石橋煌志	糸嶺昊樹	畑　泰成
武藤守生	畑　泰成	二條慧太	永田　瞬
浅田紘輔	内田弘心	廣瀬勇太	鈴木琉斗
間宮友稀	鈴木荘太郎	児島龍太郎	
	瀧崎悠生	吉武真輝	
	岡　皇輝	井上温仁	
	松元大和	力武朋也	

2018		
3月	6月	9月
14歳以下	12歳以下	17歳以下
森田皐介	小柳遥人	藤原智也
水口翔瑛	五十嵐涼太	石井涼太
笹元紀吾	渡辺翔太	磯村　志
山田矢音	海野優輝	有本　響
清水勇至	大岡歩生	森田皐介
中村健太	佐々木智哉	水口翔瑛
三好健太	曽根大洋	山田矢音
ジョーンズ怜音	高橋遼介	眞田将吾
中島　暁	本田尚也	中島　暁
前田　優	前田透空	前田　優
眞田将吾	間宮友稀	小柳遥人
大岐優斗	富田悠太	本田尚也
小柳遥人	遊川大和	前田透空
海野優輝	若松泰地	富田悠太
若松泰地	戌亥一真	若松泰地
武藤守生	小野クリストファー滉生	宮里琉星
	伊藤　拓	武藤守生
	宮里琉星	浅田紘輔
	武藤守生	
	浅田紘輔	

「Challenge」――僕とボブとの思い出はいつもこの言葉とともにあります。

「シューゾー、アメリカでチャレンジしてみないか？」

ボブのこの言葉から僕のテニス人生は始まりました。

「シューゾー、プロになってみないか？」

これは人生で初めてATPポイントを獲得することができたとき、ボブが僕にかけてくれた言葉です。そして僕がセカンドドリームに力を貸してくれないかと投げかけたとき、ボブはまったく迷いなく応えてくれました。

「シューゾー、世界にチャレンジしよう！」と。

こうしてボブはいつも「Challenge」という言葉で僕を導いてくれたのです。あなたがいなければ僕のチャレンジは始まらなかった。約束します。あなたが僕に教えてくれたこと。

「I will Keep Challenging！」

ボブが日本の選手たちにチャレンジする大切さを伝え続けてくれた23年間は、まさに挑戦の日々でした。〈修造チャレンジ〉は〈ボブチャレンジ〉でもありました。そのボブはもういません。しかし、これまでボブの教えを受けたジュニアたちの中にボブの魂は生き続けています。

「Never Give Up！ Keep Challenging！」

苦しいとき、つらいとき、壁にぶち当たったとき、ボブのこの声がきっと聞こえてくるはずです。

これまでジュニア合宿に参加してくれた選手のみなさん、そのご家族のみなさん、そしてホームコーチのみなさんと、本気の時間を共有させていただきました。みなさんと一緒に重ねてきた一つひとつの経験が、修造チャレンジの宝物であることは間違いありません。

志をともにする日本テニス協会の強化本部のみなさまは、常に僕の背中を押し続けてくださいました。また、デビスカップの監督に就任されるまでの初期の7年間をサポートしてくださった竹内映二さんには、総合的な指導法をご伝授いただき、修造チャレンジの土台の幅を広げることができました。みなさまのアドバイス、サポートによって、より充実したジュニア合宿プログラムを築き上げることができました。

また、長きにわたり「修造チャレンジ・トップジュニアキャンプ」を取材してくださったベースボール・マガジン社のみなさまには、この本を製作する貴重な機会をいただき、本の製作にあたっては、各分野の専門家のみなさまにもお力を貸していただきました。みなさま、多大なるご協力をいただきまして、本当にありがとうございました。心から感謝申し上げます。

そして、この強化プロジェクトを長年にわたりサポートしてくださっているスポンサーのみなさま、みなさまの温かいご理解とご支援があるからこそ、20年以上という長きにわたってこのプロジェクトを続けることができています。心より御礼申し上げます。

最後に、どんなことも一緒にチャレンジし続けてくれた修造チャレンジスタッフのみなさん、20年以上もの長い間、よくぞついてきてくださいました！　つらい状況に陥ったとき、あきらめそうになったとき、どんなときでも一緒に乗り越えることができたからこそ、僕はここまで走り続けることができたのです。本当にありがとうございます。まだまだ道は続いていきますので、これからも一緒にチャレンジしていきましょう！

「挑み続けろ！　戦い続けろ！」、今この瞬間もボブの魂の声がはっきりと聞こえてきます。

全身全霊で叫びます！

「ボブ、ありがとう！　そして、どうかこれからも日本のテニス界のチャレンジを見守っていてください」

さあ、ともに世界に挑もう！
チャレンジしよう！　キミならできる！

松岡修造

キミにもできる! キミでもできる!

世界にチャレンジ!
キミにもできる! キミでもできる!

SHUZO Challenge

2021年3月31日　第1版第1刷発行

著者　松岡修造&修造チャレンジスタッフ
協力　(公財)日本テニス協会

発行人　池田哲雄
発行所　株式会社ベースボール・マガジン社
〒103-8482 東京都中央区日本橋浜町2-61-9 TIE浜町ビル
電話 03-5643-3930(販売部)
03-5643-3885(出版部)
振替口座 00180-6-46620
https://www.bbm-japan.com(BBM Sports)
https://tennismagazine.jp(テニスマガジン)

印刷・製本　大日本印刷株式会社

Printed in Japan
ISBN 978-4-583-11337-1 C2075